Heinz Zahrnt
MUTMASSUNGEN
ÜBER GOTT

Heinz Zahrnt

MUTMASSUNGEN ÜBER GOTT

Die theologische Summe
meines Lebens

Piper
München Zürich

ISBN 3-492-03734-8
© R. Piper GmbH & Co. KG, München 1994
Gesamtherstellung: Clausen & Bosse, Leck
Printed in Germany

Meiner Frau

»Sorgt euch nicht um Gott!«

Rabbi Meïr von Stabnitz

»Menschen sind die Worte,
mit denen Gott seine Geschichte erzählt.«

Edward Schillebeeckx OP

Inhalt

Einladung an den Leser 11

Erstes Kapitel: *Herkunft: Christ durch Geburt –*
Theologe von Beruf 15

Zweites Kapitel: *Horizont: Die kopernikanische Wende*
in der Theologie 27

Drittes Kapitel: *Vom Buchstaben zum Geist* 43
Die Bibel – ein Buch von menschlichen
Erinnerungen an Gott (Memoria Dei
in memorabilibus hominum)

Viertes Kapitel: *Von Jerusalem nach Galiläa* 69
Seht, welch ein Mensch! –
Entwurf einer jesuanischen Christologie

Fünftes Kapitel: *Vom Jenseits zum Diesseits* 97
Gotteserfahrung – Aufklärung
der Welt durch den Glauben

Sechstes Kapitel: *Vom neuen Himmel auf die alte Erde* . . 129
Glaube und Politik –
Abschied von der Utopie

Siebtes Kapitel:	*Von der Institution zur Inspiration* . . 161	
	Kirche –	
	Aufgebot des Glaubens in der Welt	
Achtes Kapitel:	*Vom Absolutheitsanspruch*	
	zum interreligiösen Dialog 195	
	Weltverantwortung –	
	Ökumene der Weltreligionen	
Neuntes Kapitel:	*Vom raumzeitlichen Jenseits*	
	zur Geborgenheit in Gott 219	
	Die letzten Dinge –	
	Glaube auf Leben und Tod	
Zehntes Kapitel:	*»– und leider auch Theologie«* 243	
	Von der Kathedertheologie	
	zur Weisheitslehre	
Anhang:	*Gedanken zur notwendigen Reform*	
	des Theologiestudiums 259	

Einladung an den Leser

> »Ich habe keinen ganz neuen Gedanken
> gehabt, nichts ganz fremd gefunden,
> aber die alten sind so bestimmt, so leben-
> dig, so zusammenhängend geworden,
> daß sie für neu gelten können.«
>
> *Goethe, Italienische Reise*

Soll ich meinen Glauben als Christ auf einen kurzen Satz
bringen, so kann ich sagen: Ich habe eine gute Vermutung
zu Gott. Denke ich aber über diese gute Vermutung nach,
so ergeben sich nur Mutmaßungen über Gott. Das geht
jedoch nicht allein dem Theologen so, sondern jedem
Christen, der über seinen Glauben nachdenkt – und wer
täte dies nicht?

Damit kommt die Absicht des Buches in Sicht. Ich versuche in ihm meinen *religiösen Lebensweg* zugleich als *theologischen Denkweg* nachzuzeichnen: wie Glauben und Verstehen, religiöse Erfahrung und theologische Reflexion
sich für mich spannungsvoll, oft auch widerborstig aufeinander bezogen und wechselseitig korrigiert haben. Von
der Kindheit bis ins Alter wollte der Glaube Stück um
Stück immer neu gelebt und bedacht sein: Die Autorität
der Bibel ebenso wie die Christologie, die Kirche wie die
Weltreligionen, das politische Handeln wie das ewige Le-

ben und in all dem immer wieder die Frage nach Gott. Was der Christ und der Zeitgenosse in mir sich dabei zu sagen hatten, worüber sie sich ausgetauscht, auch miteinander gestritten haben, darüber hat der Theologe nachgedacht, und der Autor hat es niedergeschrieben.

Dem Anliegen des Buches entspricht sein Titel »Mußmaßungen über Gott«. Der Ausdruck geht nicht auf Uwe Johnsons Roman »Mutmaßungen über Jakob« zurück, sondern stammt von Nikolaus von Kues (»conjecturae Dei«). Für den Kusaner ist Gott in seinem Wesen vom Menschen nicht zu erkennen und zu benennen. Weil er unsichtbar ist, gibt es nur Ansichten von ihm – Projektionen, je aus der Perspektive des Betrachters verschieden und entsprechend vielfältig und ungenau. Die Vielfalt und Ungenauigkeit bedeutet jedoch keine Beliebigkeit! Weil das Unendliche im endlichen Erkennen gegenwärtig ist, gibt die Welt dem Menschen Anhaltspunkte für seine Bilder von Gott an die Hand.

Mutmaßungen über Gott sind demnach keine grundlosen Behauptungen, sondern Aussagen mit Wahrheitsgehalt. Bieten sie auch keine endgültige Erkenntnis Gottes, so gewähren sie doch Teilhabe an seiner Wahrheit. Diese ständige Unfertigkeit aller Gotteserkenntnis versetzt den Menschen in Unruhe; sie nötigt ihn zu immer neuen Revisionen. Es gibt keine abgeschlossene kartographische Erfassung des Wesens Gottes – das Gelände muß immer neu erkundet und vermessen werden.

Wie dieser Prozeß in meinem Leben aussieht, davon handelt das Buch. Ich nehme mit ihm die Thematik meines vor fast zwanzig Jahren geschriebenen und seit langem vergriffenen Buches »Warum ich glaube« noch einmal auf

Einladung an den Leser

– nicht in Neuauflage, sondern als eine neue Arbeit. Seitdem habe ich noch eine ganze Reihe von Büchern geschrieben. Auch ihr Stoff ist in dieses Buch eingeflossen. Dabei meinte ich es verantworten zu können, früher Geschriebenes, weil nach meiner Ansicht endgültig ausformuliert, wieder aufnehmen zu dürfen. So ist schließlich die *theologische Summe aus achtzig Lebensjahren* entstanden, geprägt von dem immer stärkeren Streben nach dem Einfachen und Elementaren.

Dabei war es wie stets meine Absicht, den christlichen Glauben zwar verstehbar, aber nicht für die Vernunft gefällig zu machen. Statt Probleme zu verschleiern, habe ich sie lieber überzeichnet, statt Harmonisierungen anzustreben Dissonanzen markiert. Denn wir mögen es drehen und wenden, wie wir wollen – der Glaube an Gott bleibt angesichts der Welt, wie sie ist, eine unglaubliche Zumutung.

Ich habe mich bemüht, das Buch so persönlich und ehrlich wie möglich zu schreiben. Darum hoffe ich, daß auf mich nicht der Satz Max Frischs zutrifft: »Jeder erfindet früher oder später eine Geschichte, die er für sein Leben hält.«

Heinz Zahrnt

Erstes Kapitel

Herkunft:
Christ durch Geburt –
Theologe von Beruf

»Eigentlich weiß das Kind schon alles,
was der Erwachsene jeweils wissen
wird. Er weiß nur nicht, was es weiß.«
Carl Friedrich von Weizsäcker

Mein Glaube ist ein Erzeugnis der christlich-kirchlichen
Tradition. Gleich anderen Millionen Europäern bin ich in
das Christentum hineingeboren. Wäre ich in Kairo geboren, wäre ich höchstwahrscheinlich Muslim; wäre ich in
Indien oder Japan geboren, wahrscheinlich Hindu oder
Buddhist. Weil meine Wiege in Schleswig-Holstein stand,
enthält mein Religionspaß den Sichtvermerk »evange-
lisch-lutherisch«. »Evangelisch« hätte mir genügt, »Protestant« wäre mir am liebsten gewesen.

Von vielem in meinem Leben weiß ich den Anfang zu
nennen, aber wodurch ich den ersten Anstoß zum Glauben empfangen habe, bei welcher Gelegenheit ich zum erstenmal so etwas wie ein religiöses Gefühl verspürte, dafür
vermag ich keinen bestimmten Zeitpunkt anzugeben. Ich
habe auch später keine »augenblickliche« Bekehrung erlebt. Vielmehr habe ich im Maße meines Erwachsenwerdens, ohne Bruch und Sprung, in allmählicher Entwicklung und durch menschliche Vermittlung meinen zufälli-

gen religiösen Geburtsstand bewußt als eigene Glaubensentscheidung übernommen. Ich kann – in gebührendem
Abstand, versteht sich – nachsprechen, was der Prophet
Jeremia von sich gesagt hat: Gott hat mich überredet, und
ich habe mich überreden lassen. (20,7)

Es gibt keinen Fortgang des christlichen Glaubens ohne
den Vorgang der »Überlieferung« von einer Generation
zur nächsten. Der Glaube erbt sich ebensowenig fort wie
Lesen und Schreiben. Auch das Wort »Gott« ist zunächst
wie alle Wörter unserer Sprache, gefördert oder gehindert
durch die Umwelt, ein Wort der Überlieferung. Zur Sprache gehört stets eine vorgegebene Lebensform – ein
»Sprachspiel«, wie Ludwig Wittgenstein die Einheit von
Tätigkeit, Benennung und Sinn bezeichnet hat. Durch
solchen vorgängigen Gebrauch der Wörter erlernen Kinder ihre Muttersprache. Durch den gleichen Vorgang
habe ich das Wort »Gott«, überhaupt die Grundwörter der
christlichen Überlieferung kennen und verstehen gelernt.
Indem ich in einer von der christlichen Tradition geprägten Lebenswelt aufwuchs, lebte ich mich wie von selbst in
das dazugehörige Sprachspiel ein.

Ich bin noch im wilhelminischen Kaiserreich geboren; die
erste Phase meines bewußten Lebens fällt in die Zeit der
Weimarer Republik. Sie erscheint mir im Rückblick als
Ausgang der christlich-bürgerlichen Epoche. Der Glaube
an Gott war schon längst keine Selbstverständlichkeit
mehr. Christen und »Freidenker« standen sich nicht nur
als weltanschauliche, sondern weithin auch als politische
Gegner gegenüber, und ihre gegenseitige Feindschaft ging
bisweilen bis zum Haß.

Christ durch Geburt – Theologe von Beruf

Eigentlich hätte man annehmen sollen, daß nach dem Ende des jahrhundertelangen Bündnisses zwischen Thron und Altar die neue Republik eine streng laizistische Trennung zwischen Staat und Kirche vollziehen würde. Doch dies war keineswegs der Fall. Die »Religionsgemeinschaften« behielten ihre Rechte und Freiheiten, die christlichen Kirchen überdies ihre bisherigen Privilegien: staatlicher Kirchensteuereinzug und Dotationen, christlicher Feiertagskalender, Religionsunterricht in den Schulen und Theologische Fakultäten an den Universitäten.

Dies alles sicherte den Fortbestand der Dreiheit von Elternhaus, Kirche und Schule, seit altersher das Fundament der christlichen Tradition in der Gesellschaft – die »Volkskirche« genannt. Auch mein Glaube ist zum Teil noch das Ergebnis des Zusammenwirkens dieser drei Größen, wobei ich kaum zu unterscheiden vermag, was ich jeweils wem verdanke; dazu waren alle drei Institutionen noch zu sehr ineinander verwoben.

Die religiöse Atmosphäre in meinem Elternhaus entsprach der sozialen Stellung unserer Familie: Sie war gutbürgerlich und mild-christlich. Entsprechend hat sich meine religiöse Sozialisation vollzogen.

Die Familie »hielt sich zur Kirche«. Das sah so aus, daß man nicht nur am Heiligen Abend zur Christvesper und am Karfreitag zum Abendmahl ging, sondern auch sonst ab und an den Gottesdienst besuchte, die Kinder taufen und konfirmieren ließ, sowie an den Höhe- und Tiefpunkten des Lebens die diesbezüglichen kirchlichen Amtshandlungen in Anspruch nahm. Am »Gemeindeleben« beteiligte man sich ansonsten kaum.

Im Hause selbst war von einem christlichen Lebensstil wenig zu erkennen. Es gab kein Tischgebet, schon gar nicht eine gemeinsame Andacht. Laut betete nur die Mutter mit den Kindern, solange sie klein waren, abends im Bett zur Guten Nacht; morgens geschah Gleiches nicht. Über religiöse Fragen wurde in der Familie nur selten gesprochen; die Bibel spielte so gut wie keine Rolle.

Der Sinn meines Vaters war, durch seinen Beruf geprägt, ganz auf das Praktisch-Pragmatische gerichtet. Sein Inneres verbarg er scheu. Die Mitgliedschaft in der Kirche gehörte für ihn zu den nie erörterten, aber auch niemals in Frage gestellten bürgerlichen Selbstverständlichkeiten. Meinen Entschluß, Theologie zu studieren, hat er zwar nicht begeistert begrüßt – er hätte lieber gesehen, daß ich Jura studiert hätte und gleich ihm ins Bankfach gegangen wäre –, aber er ließ mich gewähren. Mit zunehmendem Alter ist mir die Figur meines Vaters immer nähergerückt und nachträglich zum Vorbild geworden.

Die entscheidende Mittlerrolle auf meinem Weg zum Glauben kommt meiner Mutter zu. Sie hat mir das »Christentum« vor allem dadurch nahegebracht, daß sie mir den Glauben an Gott als eine reale Lebensmöglichkeit leibhaft vor Augen stellte. Den tragenden Grund ihrer Frömmigkeit bildete eine innige, unerschütterliche Gottesgewißheit. »Befiehl dem Herrn deine Wege und hoffe auf ihn – er wird's wohlmachen« – das war für sie die Richtschnur, an die sie sich in allen Lebenslagen hielt. Die gelernten kirchlichen Lehren waren für sie zwar keine leeren Formeln, aber eben doch nur Lehrformeln, darum mehr eine dogmatische Pflicht als eine fromme Kür. Sie lebte in einer so unmittelbaren Verbundenheit mit »ihrem Gott«, daß es

Christ durch Geburt – Theologe von Beruf 19

für sie dazu keiner besonderen göttlichen Heilsveranstaltungen oder kirchlichen Vermittlungen zu bedürfen schien.

In meiner Erinnerung hat sich das Vertrauen meiner Mutter auf Gott allzeit mit ihrer Zuwendung zu mir verbunden. Mag sein, daß sich darin unbewußt eine Art »Übertragung« ihres Glaubens auf mich vollzogen hat – als habe sich ihr Vertrauen auf Gott in meinem Gottvertrauen fortgesetzt. Was ich später in der Psychologie als »Grundvertrauen« (Erik H. Erikson) kennengelernt habe, das ist mir in meiner Kindheit zuteil geworden. Von dorther stammt die »gute Vermutung«, die ich zu Gott habe.

Daß ich als Kind getauft worden bin, hat mir in meinem Leben wenig bedeutet. Von daher ist mir in Zeiten der Bedrängnis und des Zweifels kein Trost gekommen. Aber als ein Zeichen dafür, daß am Anfang eines Menschenlebens Empfangen und Vertrauen stehen und allem Handeln und Leisten vorangehen, halte ich die Kindertaufe für einen sinnfälligen Ausdruck der Gottesverkündigung Jesu und darum nach wie vor für einen guten kirchlichen Brauch. Darum habe ich auch unsere vier Söhne getauft und bin allzeit für die Beibehaltung der Kindertaufe eingetreten. Sie erscheint mir als ein sichtbares Zeichen dafür, daß die Religion in erster Linie eine geöffnete Hand ist, Gaben entgegenzunehmen, und erst in zweiter Linie eine tätige Hand, die empfangenen Gaben auszuteilen, und markiert so von vornherein den Unterschied zwischen Religion und Moral: daß Christsein noch etwas anderes bedeutet als anständig sein.

Nicht viel anders als mit der Taufe ist es mir später mit

der Konfirmation ergangen. Weder vom Unterricht ist etwas in mir haften geblieben, noch hat die Feier selbst in mir einen bleibenden Eindruck hinterlassen. Ich weiß von beidem nur noch meinen Konfirmationsspruch: »Ich schäme mich des Evangeliums nicht, denn es ist eine Kraft Gottes, die selig macht alle, die daran glauben.« (Römer 1,16) Was mich darüber hinaus bis auf den heutigen Tag begleitet, ist die Gestalt des Konfirmators. Er galt als ein liberaler Theologe und stand in dem Verdacht, nicht an die Gottessohnschaft Jesu zu glauben – aber er war ein menschlicher Mensch, dem man anspürte, daß er in der Nachfolge Jesu aus Nazareth lebte.

In der Schule habe ich zwölf Jahre christlichen Religionsunterricht genossen, in der Woche regelmäßig zwei Stunden – das ergibt insgesamt an die tausend Stunden »Religion«. Es hat mir nicht geschadet, aber mich im Glauben auch nicht gefördert. Drei Ausnahmen muß ich dankbar nennen: die »Biblische Geschichte« bei einer Lehrerin auf der Grundschule, die Bekanntschaft mit der historisch-kritischen Bibelforschung durch einen Studienreferendar auf der Oberstufe des Gymnasiums und die glaubwürdige Gestalt eines Lehrers, der als junger Kriegsfreiwilliger noch gegen Ende des Ersten Weltkriegs schwer verwundet worden war und durch den Ernst seines Glaubens überzeugte. Er las mit uns ebenso von Walter Flex »Wanderer zwischen beiden Welten« wie von Joseph Wittig »Leben Jesu in Palästina, Schlesien und anderswo« und von Karl Marx das »Kommunistische Manifest« – für ein humanistisches Gymnasium Anfang der dreißiger Jahre eine ungewöhnliche Zusammenstellung.

Christ durch Geburt – Theologe von Beruf 21

»Religion« wurde auf der »Kieler Gelehrtenschule«, die ich besucht habe, durch die ganze Atmosphäre vermittelt. Es war die unteilbare Einheit von griechisch-römischer Antike, Christentum und Deutschtum: die Religion eines großen Teils des deutschen Bildungsbürgertums. Ihre historischen Wurzeln hatte sie im deutschen Humanismus des ausgehenden Mittelalters und in der idealistischen Philosophie des neunzehnten Jahrhunderts.

Einen sichtbaren Ausdruck fand dieser Geist der Schule in den beiden großen Wandgemälden der Aula, die wir bei den obligatorischen Andachten am Montagmorgen vor Augen beziehungsweise im Rücken hatten. Sie stammten von dem Historienmaler Anton von Werner. Das eine stellte eine Szene aus den Befreiungskriegen dar: Wie Männer, Frauen und Kinder Geld, Schmuck und Tafelsilber herbeibringen, um sie auf dem Altar des Vaterlandes zu opfern – darunter das Wort aus Schillers »Jungfrau von Orleans«: »Nichtswürdig ist die Nation, die nicht ihr Alles freudig setzt an ihre Ehre.« Das andere Bild zeigte Martin Luther auf dem Reichstag zu Worms vor Kaiser und Reich, die eine Hand aufs Herz gelegt, mit der anderen vor sich auf die Bibel und seine Schriften weisend – darunter der bekannte Ausspruch: »Hier stehe ich, ich kann nicht anders. Gott helfe mir, Amen.« Was aus jenen beiden Bildern sprach, war das Selbstverständnis eines Protestantismus, der im »Christentum« Religion, Nation und Kultur zur Einheit verschmolzen sah, und dies nicht selten mit einem antisemitischen und antirömischen Affekt.

Stärker als Elternhaus, Amtskirche und Schule hat mich mein Anschluß an die christliche Jugendbewegung auf dem Weg zum Glauben vorangebracht. Ich trat, von einigen Klassenkameraden geworben, dem »Bund deutscher Schülerbibelkreise«, kurz »BK« genannt, bei. Hier fand ich, wichtig und neu für mich, zwei Dinge, die eng zusammengehören: Leben in der Gemeinschaft und Umgang mit der Bibel.

Wir taten nichts anderes, als was man in der Jugendbewegung auch sonst trieb – vom Wandern, Singen, Zelten und Spielen bis zum Heimabend –, nur daß uns im Unterschied zu anderen »Bünden« bei all dem eine bewußt gelebte Beziehung zur Bibel verband. Was in der Bibel geschrieben stand, das galt für uns – »das ging uns an«. Daran glaubten und zweifelten wir, darüber sprachen und stritten wir.

Was dabei jedoch fast völlig fehlte, war jeder gesellschaftliche oder politische Bezug. Wohl gab es die einzelne »gute Tat«, aber kein gemeinsames soziales Engagement. Niemals wären wir auf einen Slogan wie »Make love, not war« verfallen und auch kaum auf den Gedanken gekommen, daß christliche Mission auch »Kolonialismus« bedeuten könne. Im Unterschied zur neurotisierenden Atmosphäre in anderen christlichen Jugendgruppen kreiste bei uns aber auch nicht alles um die »geschlechtliche Reinheit«, gipfelnd im täglichen Kampf gegen die Onanie.

Unsere Anführer und Betreuer waren meist ältere Theologiestudenten oder Philologen mit Religion als Studienfach. Unter ihnen habe ich – nach meiner Mutter – meine »Väter im Glauben« gefunden. Zwar habe ich im BK keine Bekehrung erlebt, aber durch ihn hat mein Leben die entscheidende Kehre zum Glauben genommen. Seitdem verstehe ich mich als Christ.

Aber warum von Beruf nun auch noch Theologe?

Wann und warum ich mich entschlossen habe, Theologie zu studieren, kann ich nicht mit Bestimmtheit sagen. Der Entschluß ist mir allmählich gekommen, freilich schon verhältnismäßig früh, eigentlich seitdem ich bewußt an Gott glaubte. Mein vom Pfarrer ausgewählter Konfirmationsspruch weist darauf hin. Dabei war mein theologisches Interesse von Beginn an auf die Frage nach Gott konzentriert, so daß ich fast sagen kann: Gott ist mir zum Beruf geworden. Viele meiner Bücher tragen seinen Namen darum schon im Titel: Warten auf Gott (1961) – Die Sache mit Gott (1966) – Gespräch über Gott (1968) – Gott kann nicht sterben (1970) – Stammt Gott vom Menschen ab? (1979) – Wie kann Gott das zulassen? (1985) – Gotteswende (1989) – Gottes Geistesgegenwart (1991) – Leben, als ob es Gott gibt (1992) und schließlich: Mutmaßungen über Gott.

Gott ist mir um seiner schieren Existenz willen interessant. Daß der Mensch es im Leben und Sterben mit Gott zu tun hat, erscheint mir, wie der Kern in der Nuß, als die heimliche Mitte in allen Wahrheiten. Ich scheue, ja verabscheue deshalb alle billigen apologetischen Versuche, den Glauben an Gott als notwendig und nützlich anzupreisen. Gott ist kein Instrument zur Selbstverwirklichung des Menschen, kein Lückenbüßer an den Grenzen der Wissenschaft, kein Problemlöser in den Sachzwängen der Politik und auch kein Narkotikum für die Seele, um den ständigen Schmerz des Daseins ertragen zu können.

Wenn es um das geht, was das Leben zuletzt hält und trägt, verliert das bloß Nützliche und Zweckmäßige ohnehin bald an Wert. Am liebenswürdigsten hat der holländische Dominikanertheologe Edward Schillebeeckx für mich die »Unnötigkeit« Gottes in einem Bilde ausgedrückt: Mit dem Glauben an Gott verhalte es sich, »wie wenn uns jemand einen Blumenstrauß überreicht und wir aufrichtig antworten: ›Das wäre doch nicht nötig gewesen.‹«

Warum die Gottesfrage für mich ein solches Gewicht bekommen hat und ich letztlich »um Gottes willen« Theologe geworden und geblieben bin, dafür weiß ich keinen greifbaren Grund zu nennen. Vielleicht liegt eine gewisse Disposition dafür in meiner Anlage zur Schwermut. Daß dies womöglich eine Erklärung sein könnte, darauf hat mich die Lektüre von Romano Guardinis Schrift »Vom Sinn der Schwermut« gebracht.

»Schwermut« oder »Melancholie« entsteht nicht aus einem einzelnen Anlaß, auch nicht nur aus einer bestimmten Seelenlage, sondern aus dem Gewicht des Daseins insgesamt. In ihr spiegelt sich der Zwiespalt wider, der durch die Welt geht. Auf der einen Seite ist die Schwermut gekennzeichnet durch ein Ungenügen am Endlichen, durch ein Sichwundreiben an der Wirklichkeit; auf der anderen Seite trägt sie ein ebenso starkes Verlangen in sich, dem Absoluten zu begegnen, im Endlichen des Unendlichen habhaft zu werden. Auf ihrem tiefsten Grund ist die Schwermut ganz einfach Sehnsucht nach Erfüllung und Geborgenheit durch Liebe in der ganzen Vielfalt ihrer Formen und Facetten – im Verlangen nach elementarer Sinnlichkeit, nach dem leidenschaftlichsten Liebeserlebnis

Christ durch Geburt – Theologe von Beruf   25

ebenso wie in der Sehnsucht nach dem Absoluten, ja nach der Liebe Gottes. In all dem erweist die Schwermut sich als ein krasser Ausdruck der Geschöpflichkeit des Menschen: daß er im Grenzbereich des Ewigen, Wand an Wand mit dem Absoluten lebt – zwar ein endliches Geschöpf, aber ein Geschöpf des unendlichen Gottes, zu seinem Ebenbild geschaffen. Und so erwächst aus der Schwermut die Möglichkeit zur Religion. Aber auf wen träfe dies alles nicht zu?

Durch die frühzeitig gelungene Begegnung mit der christlichen Glaubenstradition erhielt meine Anlage zur Schwermut eine kreative religiöse Qualität, so daß sich an ihr das Wort Jean Pauls bewahrheitete: »Die Schwermut wird durch einen Widerschein des Unendlichen erzeugt.«

Trotzdem bleibt ein Gefühl des Ungenügens und mit ihm die heimliche Sehnsucht nach dem »großen Gehorsam«, wie man im Mittelalter sagte. Was ich damit meine, finde ich von dem französischen Schriftsteller Julien Green in dem strengen Satz ausgedrückt: »Jemand lieben, daß man daran sterben könnte, jemand, dessen Züge man nie gesehen, dessen Stimme man nie gehört hat – das ist das ganze Christentum.« Dieser Satz hat mich gefangengenommen und nie wieder losgelassen. Ich vernahm aus ihm jene ersehnte totale – um jede sichtbare Beweisbarkeit unbesorgte und alle funktionale Zweckdienlichkeit mißachtende – Hingabe an Gott, die mein Interesse an der Gottesfrage und die daraus erfolgte Entscheidung für die Theologie weit übersteigt. Eine Zeitlang trug ich mich sogar mit dem Gedanken, Mönch zu werden – aber dann habe ich mich doch lieber verlobt.

Blicke ich auf die Anfänge meines Glaubens und meiner

Theologie zurück, so erscheinen sie mir blaß und unbestimmt, noch ohne eigene Akzente und Konturen, wie die unfertigen, noch nicht ausgeprägten Gesichtszüge eines Jünglings. Auch für den Theologen gilt im übertragenen Sinn, was man allgemein vom Menschen sagt: daß man von einem bestimmten Alter an für sein Gesicht verantwortlich sei. Ich bin eigentlich erst nach dem Ende des Zweiten Weltkriegs theologisch richtig aufgewacht. Seitdem aber hat mich die Theologie nie wieder losgelassen. Gefragt habe ich mich inzwischen freilich, und zwar in zunehmendem Maße, ob es denn gut sei, gerade diese persönliche Leidenschaft auch zum Beruf zu haben.

Zweites Kapitel

Horizont:
Die kopernikanische Wende
in der Theologie

»Jenseits des Weihrauchs, dort wo es
klar wird und heiter und durchsichtig,
beginnen die Offenbarungen; dort gibt
es keine Launen wie in der menschlichen
Liebe... Nur der Nüchterne ahnt das
Heilige, alles andere ist Geflunker, glaub
mir, nicht wert, daß wir uns aufhalten
darin.«

Max Frisch,
Don Juan oder die Liebe zur Geometrie

Solange ich Theologe bin, sehe ich das Christentum rings
um mich her in stetem Abnehmen begriffen. Abgesehen
vielleicht von zwei kurzen Phasen – der Anfangszeit der
»Bekennenden Kirche« unter der Nazidiktatur und den ersten Jahren unmittelbar nach dem Zweiten Weltkrieg – bin
ich niemals den Eindruck losgeworden, daß die christliche
Religion sich in einer Art Dauerkrise befindet.

Die Folge ist, daß alle theologische Besinnung und
kirchliche Gestaltung unwillkürlich zum Abwehrkampf
geraten und das Christentum – die Religion der Gnade
schlechthin – sich in eine anstrengende Dauermobilma-
chung verkehrt. Als »Berufschrist« komme ich mir bisweilen vor wie ein Soldat, der die Stellung zäh verteidigt,
aber Schritt für Schritt zurückgedrängt wird – fast, als

stünde nicht Gott mir bei, sondern als müßte ich Gott beistehen, müßte meinen Talar um ihn schlagen und ihn darin bergen.

Dabei hatte es 1945 in dem »Stuttgarter Schuldbekenntnis« der Evangelischen Kirche – nach dem Eingeständnis ihrer Mitschuld am nationalsozialistischen Gewaltregiment – ausdrücklich geheißen: »Nun soll in unseren Kirchen ein neuer Anfang gemacht werden. Wir hoffen zu Gott...«

Was haben wir – in der Hoffnung zu Gott und in der Bundesrepublik von den Wohltaten des Staates verfolgt – nach dem Zweiten Weltkrieg nicht alles neu angefangen! Wir haben uns zunächst um den äußeren und inneren Wiederaufbau der Kirche bemüht, haben neue Gemeinden errichtet und Kirchen gebaut, so viele wie noch in keinem Jahrhundert der Kirchengeschichte, haben Akademien und Zeitschriften gegründet, die Liturgie erneuert, das Altarsakrament wiederentdeckt und die Lutherbibel gleich zweimal revidiert. Vor allem haben wir nach neuen Wegen der Verkündigung gesucht, haben die überlieferte Schultheologie um- und neugedacht und sind auch denen nachgegangen, die im letzten Jahrhundert aus der Kirche ausgewandert waren, dorthin, wo sie den intensivsten Teil ihres Lebens zubrachten, in die Fabriken, Betriebe und Universitäten, an die Autobahnen und in die Campinglager. Wir haben es mit Jazz, Kino, Rundfunk, Fernsehen und Theater versucht und haben Rock'n'Roll sogar vor dem Altar getanzt.

Bei all dem haben wir den Menschen nicht nur das ewige Heil gepredigt, sondern uns auch redlich um ihr irdisches Wohl gesorgt. Damit es nicht wieder heiße, daß

Die kopernikanische Wende in der Theologie   29

wir geschwiegen haben, wo wir hätten reden müssen,
haben wir diesmal gefahrlos, aber um so kräftiger mit-
geredet, haben, bis zur Zerreißung der kirchlichen Einheit, alle politischen, sozialen, ökonomischen und ökolo-
gischen Probleme der Nachkriegszeit ratend und helfend
mitbedacht: Wiedervereinigung und Wiederaufrüstung,
Kriegsdienstverweigerung und Mitbestimmung, Atom-
kraft und Umwelt, Entwicklungshilfe und Asylantenpro-
blem – alles in allem: Gerechtigkeit, Freiheit, Frieden und
Bewahrung der Schöpfung.

Dies alles haben wir getan. Eine respektable Liste – vielleicht deckt sie sogar der Sünden Menge. Ich kenne keine
andere Institution in der Bundesrepublik, der nach dem
Kriege soviel neu eingefallen ist wie der Kirche. Daß sie
trotzdem das gleiche Mißtrauen trifft wie die politischen
Parteien, zählt zu den Ungerechtigkeiten dieser Welt, die
es im Glauben mit Geduld zu ertragen gilt.

Aber ist aus all diesen Anstrengungen der erhoffte neue
Anfang geworden? Blicke ich um mich, kommen mir
Zweifel. Es ist uns nicht einmal gelungen, den vorhande-
nen Bestand zu halten. Der stete Rückgang hat sich zum
Strudel beschleunigt. Die Mitgliederzahlen sinken, die
Unkenntnis der Bibel wächst; der Abbruch der christlichen Tradition schreitet unaufhaltsam voran. Objektive
Statistiken besagen hier wenig. Ausschlaggebend für die
Beurteilung der religiösen Situation ist, ähnlich wie im
ausgehenden Mittelalter, nicht die tatsächliche Lage, sondern der allgemeine Eindruck, nicht der Zustand, sondern
die Stimmung. Es ist, als hätten die Menschen mit den
christlichen Kirchen eine durch nichts wiedergutzuma-
chende Enttäuschung erlebt.

Das lange Zeit umstrittene Schlagwort vom »Ende des Konstantinischen Zeitalters« – des über anderthalb Jahrtausende währenden Bündnisses zwischen Thron und Altar, Kirche und Staat, Christentum und Gesellschaft – hat sich schließlich doch als eine zutreffende Geschichtsdeutung erwiesen: Europa ist aus dem christlichen Abendland zu einem weltlichen Kontinent geworden, zu einem heidnischen Land mit großer christlicher Vergangenheit und einigen christlichen Restbeständen.

Dieser Wandel hat meine Existenz bestimmt, beides ineins: mein Christ- und mein Theologesein. Als Motto kann ich über meine Lebenszeit daher das Bibelwort stellen: »Zu der Zeit war des Herrn Wort selten, und es gab kaum noch Offenbarung... Die Lampe Gottes aber war noch nicht erloschen.« (1. Samuelis 3,11) Darin finde ich beides ausgedrückt: den Druck der Situation, das »Kaum noch«, das zur Resignation verführt – und die Chance in der Situation, das »Noch nicht«, das zum immer neuen Antrieb wird.

Man kann vielerlei Ursachen und Symptome für die zeitgenössische Dauerkrise des Christentums anführen – den Kern bildet allemal der Schwund einer lebendigen Gottesgewißheit. Diese aber ist zugleich Grund und Folge einer allgemeinen metaphysischen Auszehrung und religiösen Versteppung. Die Krise des Christentums ist mithin kein Sonderfall, sondern ein Ausdruck der geistig-seelischen Gesamtverfassung unserer Zeit, im Realgrund der Geschichte wurzelnd und deshalb auch nicht einseitig nur den Kirchen als Schuld anzulasten, sondern ebenso als ein geistiges Schicksal zu betrachten, an dem auch das Christentum unentrinnbar teilhat.

Die kopernikanische Wende in der Theologie 31

Wir sind Zeugen des größten und umfassendsten Säkularisierungsprozesses, der jemals in der Geschichte des Christentums, ja in der gesamten Religionsgeschichte stattgefunden hat. Er bildet den geistesgeschichtlichen Hintergrund und zeitgeschichtlichen Horizont aller gegenwartsnahen Theologie und hat auch mein Arbeiten und Schreiben entscheidend bestimmt.

Mit der fortschreitenden Säkularisierung hat sich im Zuge der neuzeitlichen Aufklärung eine unumkehrbare geistige Wende von universalem Ausmaß vollzogen: In demselben Augenblick, in dem die Erde infolge der Entdeckung des Kopernikus aus dem Mittelpunkt des Universums rückte, wurde der Mensch zum universalen Bezugspunkt aller Dinge und Gott entsprechend aus der Welt verdrängt. Diese »kopernikanische Wende« hat seitdem auch die christliche Theologie in allen ihren Disziplinen erfaßt. Was mir daher an der Zeit erscheint, ist mehr als nur die viel herbeizitierte »Reform der Kirche« – es geht um ein neues Gesamtverständnis des Christentums.

Es sind vor allem drei Faktoren, die, unlöslich ineinander verflochten, die christliche Theologie herausfordern.

1. Die Welt ist weltlich geworden: Säkularisierung

Bevor die neuzeitliche Aufklärung zur Vollendung gelangte, war alle Welterkenntnis und Lebenspraxis durch das aus der hellenistisch-christlichen Kultursynthese stammende, über das Mittelalter bis tief in die Neuzeit hineinreichende Schema eines kosmischen Dualismus bestimmt. Das Friedrich Nietzsche leichtfertig nachgesprochene Schlagwort vom »Tod Gottes« meint daher mehr als nur das Ende des christlichen Gottesglaubens, nämlich das Todesgeschick aller dualistischen Metaphysik überhaupt. Die übersinnliche Welt, die bis dahin wie das Licht der Sonne über der Erde stand, ihr den Horizont setzte und sie dergestalt von oben und außen bestimmte, ist in einem stetigen Verlust unwirklich und unwirksam geworden und spendet kein Leben mehr. Fortan gibt es nicht mehr zwei geteilte, gegensätzliche Welten – eine jenseitig-übernatürliche und eine diesseitig-natürliche –, sondern nur noch die eine ungeteilte Welt, in der wir leben.

Die Verflüchtigung der jenseitig-göttlichen Überwelt hat eine Bewußtseinsverschiebung vom Jenseits zum Diesseits bewirkt. Durch den Verlust des »Himmels« ist die Welt »weltlich« geworden. Diese »Verweltlichung« aber bedeutet keinen bewußten Aufstand des Menschen gegen Gott; sie ist die unausweichliche Folge seiner Entdeckung des rationalen Verstehens und der damit verbundenen fortschreitenden Erweiterung seines welterklärenden und weltverändernden Tuns. Und so führte das Hoch der Aufklärung auf seinem Rücken das Tief einer zunehmenden Verdrängung Gottes aus der Welt mit sich und ließ fast von selbst das Gerücht vom »Tod Gottes« entstehen.

In unseren Tagen ist die Verweltlichung der Welt zur Vollendung gelangt und zur selbstverständlichen Signatur des modernen Bewußtseins geworden. Wir gleichen nicht mehr dem Sohn, der in die Fremde aufbricht; wir werden bereits in der Fremde geboren. Der Mensch steht überall nur noch sich selbst gegenüber und lebt in seiner Welt so, als ob es Gott nicht gäbe.

2. Die Wahrheit ist vielfältig geworden: Pluralisierung

Gleichzeitig mit der Verweltlichung der Welt hat, als Folge des Abbruchs der traditionellen Strukturen, eine stetige Vervielfältigung der Wahrheit stattgefunden. Wie immer man die »Postmoderne« definieren mag, ihr grundlegendes Kennzeichen bildet ihre radikale Pluralität. Sie bringt einen Wandel im Verhältnis des Menschen zur Wahrheit mit sich. Bis dahin war die Wahrheit wie ein Schicksal, das über den Menschen verhängt wurde, entweder in der Vertikalen von Gott beschieden oder in der Horizontalen von den Vätern überkommen, meistens beides ineins. Jetzt bildet der Standort des Betrachters einen entscheidenden Faktor bei der Wahrnehmung der Wirklichkeit. Damit wird die Wahrheit perspektivisch und zugleich aus einem Schicksal zur Wahl. Nicht nur, daß die Welt vielfältige Wahlmöglichkeiten bietet – der Mensch selbst erfährt die Vielfalt der Wahrheit als eine Chance seines Erkenntnisvermögens.

Der Pluralismus verschärft die Wahrheitsfrage. Vorbei ist es mit der Zumutung: »Vogel friß oder stirb!« – jetzt gilt, was Kant gesagt hat: Jeder Mensch trägt »den obersten Probierstein der Wahrheit in sich selbst«. Es ist ihm freigestellt, für welche Wahrheit er sich entscheidet, welchen Heilsweg er für sich wählen, in welchem weltanschaulichen Rahmen er denken und handeln, auf welchen Boden er Recht und Moral gründen will. Sogar die Ratio realisiert sich in unterschiedlichen Rationalitäten.

Die Schattenseite des Pluralismus ist die Gefahr der Relativierung und Trivialisierung jeglicher Wahrheit. Nichts ist mehr selbstverständlich – kein Dogma, kein Ritus, kein

Gebot, keine Institution. Alles wird bestritten, und auch das Unwesentliche sucht für sich zu interessieren: Anything goes. An die Stelle der Verbindlichkeit tritt die Beliebigkeit und mit ihr die Sorge um die eigene Befindlichkeit: Gott ist tot, Marx ist tot, und ich selbst befinde mich auch nicht wohl.

Für das Christentum folgt aus der Pluralisierung der Wahrheit, daß an die Stelle des Monopols der christlichen Religion das System der freiwilligen Religion tritt und die privilegierte Stellung der Kirchen gebrochen wird. Die Plausibilitätsstrukturen lösen sich auf; die Christen werden zu einer kognitiven Minderheit in der Gesellschaft. Damit gewinnt freilich auch der einzelne Christ Glaubensfreiheit gegenüber seiner Kirche und das Recht auf eine eigene religiöse Biographie, falls er es nicht vorzieht, sich freiwillig wieder zu unterwerfen. Für die christliche Theologie ergibt sich aus der Pluralität, daß es in ihr kein universales Einheitsband mehr gibt, weder in Form eines einheitlichen wörtlichen Schriftverständnisses noch in Gestalt eines übergreifenden unfehlbaren Lehramts.

3. Der Mensch ist Gott nicht losgeworden: Remythisierung

Die Voraussage des »Endes der Religion« hat sich nicht erfüllt. Die These von der Unumkehrbarkeit des neuzeitlichen Säkularisierungsprozesses ist kein ausreichender Beweis dafür. Gewiß ist die Säkularisierung ein irreversibler Prozeß, aber dieser Prozeß trägt den Keim der Religion in sich. Denn was bedeutet »Säkularisierung« in ihrem Kern anderes als die Bewußtwerdung der Endlichkeit des Menschen und der Welt? Und eben die Erfahrung der

Die kopernikanische Wende in der Theologie

Endlichkeit ist es, an der sich immer neu religiöse Erfahrung entzündet und die deshalb eine nie versiegende Quelle der Religion bildet.

Den Beweis dafür liefert die zeitgenössische religiöse Situation. Während das Gerücht vom »Tod Gottes« weiter durch die Welt läuft, beginnt man gleichzeitig neu Sinn und Geschmack für die Religion zu gewinnen. Enttäuscht vom Fortschrittsglauben der Neuzeit, überdrüssig der technischen Rationalität, frustriert durch die Konsumgesellschaft und unbefriedigt vom materialistisch-mechanischen Weltbild, haben zahlreiche Menschen auf ihrer Suche nach Hilfe und Trost zum Leben die »Reise ins Innere« angetreten und dabei für sich die Religion wiederentdeckt. Dabei handelt es sich um eine freischweifende Religiosität, die sich die Götter bald hier, bald dort nach Belieben sucht, deren Kennzeichen daher ein profilloser Synkretismus ist. Von allen Enden der Erde und aus allen Zeiten der Religionsgeschichte kehren die Götter wieder – als wären sie nur eben einmal um ihre Tempel herumgegangen.

Alles in allem erweist sich die Wiedererweckung der Religion in unserer Zeit als die von Oswald Spengler beziehungsweise von Theodor W. Adorno angesagte »Zweite Religiosität« oder »Zweite Mythologie«. So versteht sich die neue Religiosität auch selbst. Nachdem es dem Nationalsozialismus nicht gelungen ist, die neuzeitliche Aufklärung mit brutaler Gewalt abzuwürgen, sucht man sie jetzt in Mythos und Magie einen sanften Tod sterben zu lassen, und kündet entsprechend selbstbewußt den Anbruch eines »Neuen Zeitalters« an.

Säkularisierung, Pluralisierung, Remythisierung – wie vermag der christliche Glaube in einer so beschaffenen Welt seine Identität zu erhalten beziehungsweise neu zu gewinnen? Das aber heißt: Wie kann ein Mensch in der postmodernen Welt die Gegenwart Gottes erfahren, und wie muß eine Gott und der Welt gleichermaßen verpflichtete Theologie davon reden? So lautete schon bald nach dem Beginn meines Studiums die zentrale theologische Frage für mich. Sie blieb, ausgesprochen und unausgesprochen, das Thema aller meiner Bücher, Aufsätze und Reden. Die schrittweise Einübung in das »kopernikanische Bewußtsein« wurde so zur gemeinsamen Achse meiner religiösen und theologischen Lebenslinie.

Zwei Wege fielen für mich von vornherein aus:

Einmal die fundamentalistische Haltung der Verweigerung, die sich gegenüber dem Zeitgeist verschließt, ihn nur für einen lästigen Konkurrenten hält und die Identität der christlichen Botschaft dadurch zu erhalten trachtet, daß sie auf der wortwörtlichen Einhaltung der Tradition in ihrem ganzen bisherigen Umfang besteht.

Zum anderen die relativistische Haltung der Anpassung, die die christliche Botschaft widerstandslos dem herrschenden Zeitgeist angleicht, so daß ihr Inhalt sich auflöst und sie ihre Identität darüber verliert.

Während die Verweigerer übersehen, daß Jesus eine Glaubensbewegung entfacht und kein Glaubensgesetz erlassen hat, vergessen die Anpasser, daß es sich nicht um irgendeine innere Bewegtheit, sondern um die Bewegung des von Jesus entfachten Glaubens handelt.

Der Weg führt deshalb hindurch zwischen einem prinzipienlosen Relativismus und einem despotischen Funda-

Die kopernikanische Wende in der Theologie

mentalismus. Damit wurde alle Theologie für mich zeitlebens zum »Mittlerdienst« zwischen der Offenbarung Gottes und der Existenz des Menschen.

Ein bekanntes Wort Augustins abwandelnd, kann ich sagen: Gott und die Welt begehre ich zu erkennen. Sonst nichts? Nein, sonst nichts! Das bedeutet Wahrmachung des Namens Gottes in der Wahrnehmung von Welt. Entsprechend ist mir beides zugleich wichtig geworden: die Konzentration des christlichen Glaubens auf die Gottesfrage und seine Befreiung zur Weltlichkeit.

Die »Sache mit Gott«, anfangs nur als Titel eines Buches ausgedacht, wurde für mich je länger desto mehr zur einzigen Hauptsache im Christentum, alles andere damit mehr oder minder zur Nebensache. Während ich die Theologie rings um mich her sich immer radikaler zur »Christologie« verdichten sah, blieb sie für mich nur um so konsequenter »Theo-logie«.

Gleichzeitig verband sich die Konzentration auf die Gottesfrage unauflöslich mit meinem leidenschaftlichen Bemühen um weltliche Konkretion. Die Vergegenwärtigung Gottes wurde für mich zum A und O aller Theologie. Dahinter stand das Verlangen nach »Evidenz«: wie ein Glaube, obwohl er sich auf Unsichtbares richtet, so mitgeteilt und bewahrheitet werden kann, daß er einleuchtet und Zustimmung findet.

Niemand hat diese Sehnsucht nach Sichtbarkeit leidenschaftlicher, ja verzweifelter ausgedrückt als Dietrich Bonhoeffer. Nicht erst in seinen letzten Aufzeichnungen aus der Haft, bereits 1931 schreibt er in dem Brief an einen Freund: »Ich bin jetzt Studentenpfarrer an der Technischen Hochschule, wie soll man diesen Leuten solche

Dinge predigen? Wer glaubt das denn noch? Die Unsichtbarkeit macht uns kaputt... Dies wahnwitzige Zurückgeworfenwerden auf den unsichtbaren Gott selbst – das kann doch kein Mensch mehr aushalten.«

Nach dem Motiv meines Redens von Gott befragt, gerate ich in Verlegenheit. Mir ist es mein Leben lang nicht ums Bekehren zu tun gewesen. Um die ewige Seligkeit der Menschen mache ich mir keine Sorgen – in den »Himmel« kommen sie auch ohne mich. Mir geht es darum, ihnen zum Leben zu verhelfen – daraus ergibt sich das Weitersagen spontan. Wer etwas für sich selbst als wahr und gut erkannt hat, kann dies nicht für sich behalten; er muß es weitersagen. Ich kann diesen Impuls nicht besser ausdrücken als die ersten Christen: »Wir können 's ja nicht lassen, von dem zu reden, was wir gesehen und gehört haben.« (Apostelgeschichte 4,22)

Ich verstehe mich als »Vermittlungstheologen« und halte dies nicht für einen Schimpf. Gegen Pascal sage ich: Der Gott Abrahams, Isaaks und Jakobs ist auch der Philosophen Gott. Dazu haben von den vielen Theologen, die mir in meinem Leben literarisch oder persönlich begegnet sind, einige vor allem beigetragen:

Als ersten muß ich hier Karl Barth nennen, genauer den »jungen Barth«. Das mag verwundern angesichts der Tatsache, daß er lebenslang ein Feind jeglicher theologischer Anknüpfung und Vermittlung und darum auch bis ans Ende ein unversöhnter Gegner Schleiermachers war. Aber Barths »Römerbrief« (1922) hat meiner theologischen Existenz schon früh einen festen Grund gegeben mit seiner harschen Erinnerung daran, daß zwischen Gott und

Die kopernikanische Wende in der Theologie 39

Mensch ein unendlicher qualitativer Unterschied besteht, daß darum alles an Gottes Selbstoffenbarung in Jesus Christus liegt, daß aber eben darum auch der Mensch seines Heils gewiß sein darf. In seinem großen Lebenswerk, der »Kirchlichen Dogmatik«, schien Barth mir jedoch allzu gut über Gott Bescheid zu wissen. Ich habe seine innertrinitarischen Spekulationen daher als einen »Monolog im Himmel« bezeichnet. Das hat er mir übelgenommen und ein Fernsehgespräch, zu dem der Norddeutsche Rundfunk uns zusammenspannen wollte, trotz der liebenswürdigen Vermittlung seines Freundes Eduard Thurneysen, strikt abgelehnt. Barths »Gottheit Gottes« und »Triumph der Gnade« sind dennoch der evangelische Grundakkord meiner Theologie geblieben.

Als nächsten Theologen muß ich den von Karl Barth als Vermittler und Überläufer verleumdeten Friedrich Schleiermacher nennen. Für mich ergeben beider Theologien zusammen eine legitime theologische Legierung. Barths »Römerbrief« war – weit mehr als nur ein theologisch-wissenschaftlicher Kommentar – eine großartige religiöse Urkunde, voll numinoser Erfahrung und Frömmigkeit, auch wenn er selbst dies abgestritten hätte. Und ist es nicht gerade auch die Betonung der religiösen Erfahrung, wodurch Schleiermacher den Eigenstand der Religion gegenüber Wissenschaft, Metaphysik und Moral neu begründet hat – entworfen in den »Reden über die Religion« (1799) und ausgeführt in seiner »Glaubenslehre« (1821 f.)? Im Mittelpunkt steht für Schleiermacher das »Gottesbewußtsein« des Menschen, und wenn er dies als »Gefühl der schlechthinnigen Abhängigkeit« beschreibt, so finde ich mich darin mit meinem Glauben wieder, desgleichen wenn er die Erlösung als die Kräftigung meines Glaubens kraft des vollkommenen Gottesbewußtseins Jesu deutet.

Rudolf Bultmann ist mir vor allem um seiner Methode der »existentialen Interpretation« willen theologisch wichtig, ja lebenswichtig geworden. Daß es sich beim christlichen Glauben nicht um einen blinden, willkürlichen Entschluß, sondern um ein verstehendes Ja oder Nein handelt und die Existenz des Menschen deshalb Ausgangs- und Zielpunkt aller theologischen Hermeneutik bildet, entsprach meinem impulsiven Verlangen nach Vergegenwärtigung und Konkretion der biblischen Botschaft. Dies ist auch der tiefste Grund, warum ich mich stets bemüht habe, nicht »an und für sich«, sondern an mich und für andere, darum »gemeinverständlich« und »gemeinchristlich« zu schreiben.

Bultmanns existentiale Interpretation hat für mich ihre selbstverständliche Fortsetzung in Paul Tillichs »Methode der Korrelation« gefunden: Die Theologie hat ihre Wahrheiten so zu formulieren, daß sie als Antworten der göttlichen Offenbarung auf Fragen der menschlichen Existenz vernommen werden. Dahinter steht Tillichs lebenslanges theologisch-seelsorgerliches Bemühen, dem Zeitgenossen dazu zu verhelfen, daß er Gott nicht ober- oder außerhalb der Welt sucht, sondern ihm inmitten seines Lebens in der Welt begegnet, nicht als ein fremdes Gesetz, das ihm von außen oder oben aufgezwungen werden soll, sondern als etwas, das ihn unmittelbar und unbedingt angeht – als das wahrhaft Wirkliche in allem, was Wirklichkeit zu sein beansprucht.

Unter den katholischen Theologen meiner Zeit ist mir

Die kopernikanische Wende in der Theologie

keiner so wichtig geworden, ja so nahe gekommen wie der holländische Dominikanertheologe Edward Schillebeeckx, obwohl ich ihm persönlich niemals begegnet bin. Wodurch er mich beeindruckt hat, war, über Einzelnes hinaus, das ganz und gar Unangestrengte seiner Theologie, ihre noble, universale Atmosphäre: Die beherzte Behauptung der absoluten Heilsgegenwart Gottes in der Wirklichkeit der ganzen Welt, in der profanen Geschichte ebenso wie im Leben der Menschen untereinander – unabhängig vom menschlichen, auch gläubigen Bewußtsein, noch vor aller Artikulation und Deutung als göttliche Offenbarung, selbst außerhalb aller Religiosität. Um des Geistes der Freiheit willen, der sie durchweht, erscheint mir Schillebeeckx's Theologie als das europäische Gegenstück zur mittel- und südamerikanischen Theologie der Befreiung und als der äußerste Gegenpol zu jedem nur denkbar möglichen Fundamentalismus.

Was die genannten Theologen, trotz aller Verschiedenheit, ja sogar Gegensätzlichkeit, miteinander verbindet, ist die Übereinstimmung in der Motivation: Die Theologie muß zur Welt kommen und die Passion des In-der-Welt-Seins auf sich nehmen.

Mit der gleichzeitigen theologischen Konzentration auf Gott und auf die Welt fand für mich zugleich ein Prozeß der Ausweitung und der Befreiung statt. Ich sah mich in einen weiten Raum, auf ein freies Feld gestellt. Statt alle Stücke der überlieferten Kirchenlehre mit theologischem und sprachlichem Geschick in die Gegenwart hinüberretten zu müssen, fühlte ich mich zunehmend ermutigt, als Theologe öffentlich nur noch zu sagen, was durch eigene Erfahrung, wenn auch gewiß nicht durch die eigene Existenz gedeckt war. Auf diese Weise wurde der theologische Stoff zwar in der Aussage einfacher und im Umfang kleiner, im Inhalt jedoch zugleich dichter und gewichtiger – denn das Einfache duldet keine Ausflüchte!

Drittes Kapitel

Vom Buchstaben zum Geist

Die Bibel – ein Buch von
menschlichen Erinnerungen an Gott
(Memoria Dei in memorabilibus hominum)

> »Die Bibel ist die ursprüngliche Dolmet-
> schung des christlichen Gefühls und
> eben deswegen so feststehend, daß sie
> nur immer besser verstanden und ent-
> wickelt werden darf. Dieses Entwick-
> lungsrecht will ich mir als protestanti-
> scher Theologe von niemandem schmä-
> lern lassen. «
> *Friedrich Schleiermacher*

Die Geschichte des Christentums ist die Geschichte der
allzeit strittigen Auslegung der Bibel. Auch meine eigene
Glaubensgeschichte ist eine Lebensgeschichte mit ihr und
war gleichfalls lebenslang vom Streit um sie beherrscht.
Aber eben dadurch bin ich, Stufe um Stufe, in ein immer
freieres Verhältnis zur Bibel und zu immer größerer
Freude an ihrer weder theologisch noch kirchlich jemals
zu bewältigenden Fülle gelangt.

In dem religiösen Kraftfeld meines Elternhauses spielte
die Bibel nur eine geringe Rolle. Meine fromme Mutter
lebte und las vornehmlich in ihrem aus der östlichen Heimat mitgebrachten Gesangbuch. Die Bibel stand im Bü-
cherschrank neben den Werken Detlev von Liliencrons,
nicht gelesen, aber still verehrt – und wehe, wer hier lä-
sterte!

So lernte ich die Bibel außerhalb des Elternhauses kennen, zuerst durch eine Lehrerin in der Grundschule. Sie erzählte uns die biblischen Geschichten so anschaulich, daß ich sie mir leibhaftig in meiner Umwelt vorstellte: Jesus predigte und heilte Kranke auf dem Hof hinter dem Haus; der Gelähmte wurde auf einer Trage durch das Dach ins Treppenhaus herabgelassen; Jesu Einzug in Jerusalem bewegte sich an unserem Haus vorbei in Richtung Kirche; Kain erschlug seinen Bruder Abel auf einem abgeernteten Kornfeld draußen vor dem Dorf; und jenseits der dichten Hecke im Nachbargarten nistete die Schlange, lebten und sündigten Adam und Eva. Es war eine naive Imagination: Das erzählte Wort wurde zum Bild und prägte sich ein. Weder der Konfirmandenunterricht in der Kirche noch der Religionsunterricht auf dem Gymnasium haben mir später die biblische Überlieferung so lebendig und eindringlich vermittelt.

Eine persönliche Lebensbeziehung zur Bibel gewann ich erst in der christlichen Jugendbewegung. Für meine neuen Gefährten war die Bibel ein Glaubens- und Lebensbuch. Um ihren Text stets zur Hand zu haben, trugen manche ständig ein sogenanntes »Taschentestament« bei sich. Wir lasen die Bibel allein oder gemeinsam und suchten sie uns gegenseitig so gut wie möglich auszulegen. Mochten wir auch manchmal streiten und zweifeln – niemals stand ihre Autorität als »Heilige Schrift« für uns ernsthaft in Frage. Was in der Bibel geschrieben stand, galt uns als göttlich und wahr. Alles in allem wehte die Luft eines milden Pietismus, unbestritten durch historische Kritik, unbeschwert auch durch politische und soziale Probleme.

Die Bibel – Erinnerungen von Menschen an Gott 45

Aber wie einst in der Neuzeit auf den Pietismus die Aufklärung folgte, so fuhr auch in meinen naiv-gläubigen Umgang mit der Bibel der kalte Luftzug der historischen Kritik. Damit ging meine religiöse Kindheit zu Ende. An die Behauptung des Glaubens: »Es steht geschrieben!« heftete sich fortan die kritische Frage: »Steht es geschrieben?« Nach dem ersten flüchtigen Vorspiel im Religionsunterricht auf dem Gymnasium brach die historische Bibelkritik endgültig mit dem Beginn meines Studiums über mich herein.

Meine Begegnung mit der historisch-kritischen Bibelforschung hat sich schrittweise vollzogen, grob gerechnet, in vier Phasen.

Es begann mit dem Problem der Differenz zwischen Text und Ereignis: Nicht alles, ja fast nichts, was in der Bibel »buchstäblich« geschrieben stand, schien auch »tatsächlich« so geschehen zu sein. Was mir in Elternhaus, Kirche und Schule als christliche Wahrheit vermittelt worden war, sollte jetzt auf einmal nicht mehr stimmen: Gottesmänner wie Abraham und Mose keine historisch datierbaren Gestalten – Israels Landnahme in Kanaan anders verlaufen als im Alten Testament erzählt – keines der vier Evangelien von einem Jünger Jesu, mithin von einem Augenzeugen geschrieben – Jesus weder von einer Jungfrau im Stall zu Bethlehem geboren noch leibhaft aus dem Grab gestiegen und zum Himmel aufgefahren – das Vaterunser in seinem Wortlaut nicht gesichert und auch in der Bergpredigt viele Worte, die erst die christliche Gemeinde Jesus in den Mund gelegt hat – selbst Jesu Opfertod auf Golgatha ein Gegenstand der historisch-kritischen Forschung wie die Ermordung Caesars auf dem Kapitol in Rom – und so weiter und so fort. Am Ende schien nicht einmal sicher, ob die Person Jesu als Urheber des christlichen Glaubens am Anfang der neutestamentlichen Überlieferung oder als ein Erzeugnis des Glaubens an ihrem Ende steht.

Die Macht, die solch großes Zerstören anrichtete, war das geschichtliche Denken der Neuzeit.

»Meine Herren, es wackelt alles!«, hatte der junge Ernst Troeltsch 1896 in Eisenach auf einer Tagung der »Freunde der Christlichen Welt« in die selbstsichere akademische Versammlung hineingerufen und damit die entscheidende Problematik des Christentums in der Neuzeit beschworen: die Umklammerung der biblischen Offenbarung durch das geschichtliche Denken. Sie bildet den Kern der »kopernikanischen Wende« in der christlichen Theologie. Dabei handelt es sich um mehr als nur um eine neue fachwissenschaftliche Methode, nämlich um eine neue Totalansicht des menschlichen Daseins: Die ganze Welt wird als »Geschichte« begriffen! Der Konflikt mit dem christlichen Glauben konnte da nicht ausbleiben. Er hat zum »Streit um die Bibel« geführt, nicht nur zwischen Christen und Nichtchristen, sondern fast mehr noch unter den Christen selbst – und dies bis auf den heutigen Tag.

Bis dahin hatte die Theologie, um die Autorität der christlichen Offenbarung zu sichern, das Offenbarungsgeschehen und seine Überlieferung aus dem allgemeinen Strom des geschichtlichen Entstehens und Vergehens ausgegrenzt und zu einem sturmfreien Gebiet erklärt, in dem es nach anderen – »göttlichen« oder »metaphysischen« – Gesetzen zugehen sollte als sonst in der Natur und Geschichte. Man sprach deshalb von »Übernatur«

Die Bibel – Erinnerungen von Menschen an Gott   47

und »Übergeschichte«. Aber entweder ist etwas Natur und Geschichte – oder es ist überhaupt nicht! Einmal in Gang gesetzt, machte die historisch-kritische Methode vor nichts halt, sondern zog auch jene Ereignisse und Zeugnisse, von denen der christliche Glaube behauptete, daß sie die Offenbarung Gottes an die Menschheit enthielten, in den allgemeinen Strom der Geschichte hinein und machte sie zum Gegenstand der historischen Forschung.

Und so wurde die Bibel aus der »Heiligen Schrift«, aus dem Buch der Bücher, zu einem Buch unter Büchern. Sie hat nicht, von Gottes Geist diktiert, eines Tages fertig auf dem Altar gelegen, sondern ist in einem langen literarischen Prozeß entstanden – von Menschen geschrieben und überliefert, damit denselben Traditionsgesetzen unterworfen und der historischen Kritik ausgesetzt wie irgendein anderes literarisches Erzeugnis oder historisches Dokument, wie Homer, Herodot oder Cicero, wie die Edda oder das Nibelungenlied. Ihre Verfasser waren keine willenlosen Griffel des göttlichen Geistes, sondern individuelle Schriftsteller oder kollektive Tradenten, die beim Schreiben und Tradieren ihre bestimmten Interessen hatten, im begrenzten Horizont ihrer Zeit dachten und von den Vorstellungen ihrer Umwelt geprägt waren.

Dies alles traf mich wie ein Schock: Wo blieb da die Autorität der Bibel, wo die Wahrheit der christlichen Offenbarung? Eines stand für mich fest: Es gibt kein Zurück hinter die historisch-kritische Methode, sondern nur ein Vorwärts mit ihr. Und tatsächlich hat die historisch-kritische Bibelforschung in ihrem Fortgang über sich hinausgeführt und sich am Ende »aufgehoben«.

Den entscheidenden Schritt über die bloße Echtheitsfrage hinaus tat die sogenannte »formgeschichtliche Forschung«. Sie hat auch mein Bibelstudium in den dreißiger Jahren bestimmt und seine zweite Phase vorbereitet. Ihr Fortschritt bestand in der Entdeckung, daß die biblischen Texte ihre Entstehung und Formung nicht historischen und psychologischen, sondern glaubensmäßigen, mithin religiösen Motiven und Interessen verdanken. Von Anfang an hat der Glaube die biblische Überlieferung geprägt! Entsprechend haben wir es in der Bibel nicht mit historischen Berichten und Biographien, sondern mit Glaubenszeugnissen zu tun – Zeugnisse von gelebtem Glauben und geschehener Verkündigung, geformt, gesammelt und überliefert, damit in der Gegenwart neu Verkündigung geschehe und also neu Glaube entstehe.

Damit hatte die historisch-kritische Bibelforschung eine höhere Stufe der historischen Reflexion erreicht: Wenn die biblischen Texte keine historischen Berichte, sondern Glaubenszeugnisse sind, dann kann es nicht mehr darum gehen, Quellen kritisch auszuwerten und die so gewonnene historische Rekonstruktion unmittelbar zur Grundlage gegenwärtigen Glaubens zu machen – dann kommt es vielmehr darauf an, die biblischen Glaubenszeugnisse so auszulegen, daß sie erneut zur Anrede an den Menschen in der Gegenwart werden, als Motiv und Impuls heutigen, neuen Glaubens – als wäre die Bibel gerade soeben erst geschrieben.

Kants bekannter Satz, daß er das Wissen habe aufheben müssen, um für den Glauben Platz zu bekommen, hat sich auch am Gang der wissenschaftlichen Bibelforschung bewahrheitet. Zwar hat es beim Aufprall des neuzeitlichen

Die Bibel – Erinnerungen von Menschen an Gott 49

Geschichtsdenkens auf den traditionellen Bibelglauben zuerst eine gewaltige Explosion gegeben, deren Druckwelle auch die christlichen Gemeinden heftig zu spüren bekamen. Hinterher aber hat sich gezeigt, daß gerade durch diese Explosion die harte Schale einer falschen Heiligkeit der Bibel zertrümmert und der feste, unzerstörbare Kern ihrer Wahrheit ans Licht gebracht wurde.

In der gesamten Religionsgeschichte kenne ich kein zweites Beispiel dafür, daß die bestellten Hüter der Tradition selbst die von ihnen verwalteten heiligen Schriften einer so radikalen Kritik unterzogen haben, nicht um die Texte aufzulösen, sondern um sie richtiger und wahrer zu verstehen. Dazu gehörte nicht nur Mut, sondern auch Glaube. Es dünkt mich daher kein Zufall, daß die historische Bibelkritik gerade im Protestantismus entstanden ist mit seiner Betonung des Glaubens als Grund und Quelle der Gewissensfreiheit.

Was in der Theologiegeschichte des 20. Jahrhunderts im großen geschah, spiegelte sich in meiner theologischen Biographie im kleinen wider. Wie einem Seemann dadurch »Seebeine wachsen«, daß er sich der schwankenden Bewegung des Schiffes nicht entgegenstemmt, sondern ihr nachgibt und mitschwingt, so habe auch ich mich den Wirkungen der historischen Bibelkritik nicht widersetzt, sondern mich auf sie eingelassen und kräftig mitgeschwungen. Auf diese Weise hat sich meine anfängliche Erschütterung hinterher als ein heilsamer Schock erwiesen. Ich wüßte nicht, wie ich ohne historisch-kritisches Bibelverständnis hätte Christ bleiben können.

Die Frage nach der historischen Echtheit der biblischen Überlieferung hat mich im Laufe meines theologischen

Erwachsenwerdens mehr und mehr losgelassen. Heute erscheinen mir historische Echtheitsprobleme höchstens noch wie das Notenlesen vor dem Klavierspiel. Ein bekanntes Wort Lessings ins Theologische abwandelnd, kann ich das Fazit der ersten Phase meiner Begegnung mit der historisch-kritischen Bibelforschung in den Satz fassen: Zufällige Geschichtswahrheiten können der Beweis von ewigen Glaubenswahrheiten nie werden. Zugleich kündet sich darin die zweite Phase an.

Statt der Differenz zwischen Text und Ereignis tat sich jetzt eine andere, weit tiefere Kluft auf: die Distanz zwischen der biblischen Vergangenheit und der eigenen Gegenwart. Jetzt ging es nicht mehr um die Frage, ob eine biblische Überlieferung historisch echt oder unecht und damit wahr oder unwahr ist, sondern ob ihr Inhalt unter den veränderten Lebens- und Verstehensbedingungen heutiger Menschen überhaupt noch als Wahrheit zugemutet werden kann. Glauben und Verstehen der biblischen Botschaft im Horizont der Gegenwart hieß jetzt die Aufgabe. Sie hat die zweite Phase meiner Begegnung mit der kritischen Bibelwissenschaft beherrscht.

Mit ihr rückte die Hermeneutik, die Kunst des zeitgemäßen Verstehens der biblischen Texte, in den Mittelpunkt der Theologie, und sogleich entbrannte auch ein heftiger Streit um die richtige hermeneutische Methode. Im Zentrum der Auseinandersetzung stand die Theologie Rudolf Bultmanns und seiner Schule.

»Entmythologisierung des Neuen Testaments« lautete der schockierende Titel der programmatischen Schrift Bultmanns. Es war ein unglücklicher Titel für einen

Die Bibel – Erinnerungen von Menschen an Gott 51

glücklichen Einfall. Die Schrift ging auf einen Vortrag zurück, den Bultmann bereits 1941 gehalten hatte. Aber damals war es verhältnismäßig still darum geblieben. Die Kirche hatte unter der nationalsozialistischen Tyrannei, zumal mitten im Krieg, andere Sorgen; sie mußte um die Reinheit ihrer Lehre und um ihre Selbsterhaltung kämpfen. Auch ich habe von Bultmanns Entmythologisierungsschrift erst nach dem Kriege erfahren. Da entbrannte über sie eine so heftige theologische Diskussion in der Öffentlichkeit, wie es sie seit dem »Apostolikumstreit« um die Jahrhundertwende in Deutschland nicht mehr gegeben hatte. Ich selbst beteiligte mich daran kräftig mit Aufsätzen und Vorträgen.

Der Streit für und wider Bultmann wirkte bis in die Gemeinden hinein und drohte eine Zeitlang die evangelische Kirche fast zu spalten. Pietistische Pamphletisten sprachen in Broschüren und Postwurfsendungen von »Neorationalismus«, »Demontage der Christusbotschaft« und »Blutvergiftung«. Sogar die Generalsynode der Vereinigten Evangelisch-Lutherischen Kirche Deutschlands (VELKD) stand im Jahr 1952 dicht davor, Bultmanns Theologie öffentlich zu verurteilen. Ich werde nicht vergessen, wie der Hamburger Landesbischof Volkmar Herntrich damals zu nächtlicher Stunde auf die Kanzel der Marienkirche in Flensburg stieg und die Synode beschwor, von solchem törichten Tun abzulassen.

Die Auseinandersetzung um Bultmanns Entmythologisierungsprogramm war kein »Theologengezänk«, sondern ein notwendiger, weil theologisch grundsätzlicher Streit. Es ging in ihm um nicht mehr und nicht weniger als um eine zeit- und sachgemäße Sprachlehre des christlichen

Glaubens. Und wann hätte eine verantwortliche Theologie dieses Problem jemals hinter sich gebracht?

Was die Annahme der biblischen Botschaft für den Zeitgenossen so schwer macht, ist, daß er ihre Sprache weithin nicht mehr versteht. Die Vorstellungen der Bibel von der Welt und dem Menschen stehen in einem unauflöslichen Widerspruch zum Weltbild und Selbstverständnis des modernen Menschen. Die Bibel denkt und redet in mythologischen Vorstellungen. Sie stellt sich die Welt in drei Stockwerken vor: oben der Himmel, unten die Hölle und in der Mitte dazwischen die Erde als Kampfplatz zwischen Gott und Satan, zwischen himmlischen und dämonischen Mächten. Und auch von dem eigentlichen Heilsgeschehen, der Offenbarung Gottes in Jesus Christus, redet das Neue Testament in einer Sprache, die aus Elementen der zeitgenössischen Mythologie geformt ist. Alle diese mythologischen Vorstellungen aber sind ein für allemal vergangen und besitzen für uns keine Glaubwürdigkeit mehr. Niemand rechnet heute noch damit, daß der Lauf der Natur und Geschichte durch das direkte Eingreifen jenseitiger Mächte durchbrochen wird, oder versteht sich gar selbst noch als ein dualistisches Wesen, das jederzeit dem Zugriff übernatürlicher Mächte offensteht.

Aber nun ist die Wahrheit, die die Bibel enthält, nicht so unauflöslich an die mythologischen Vorstellungen gebunden, daß auch sie mit ihnen vergangen wäre. Es kommt nur darauf an, sie von ihrem zerschlissenen weltanschaulichen Gewand zu befreien. Und eben darauf zielte das Verfahren der »Entmythologisierung«. Es ging in erster Linie nicht um die negative Absicht, die mythologischen Aussagen der Bibel auszumerzen, sondern um die positive, das

Die Bibel – Erinnerungen von Menschen an Gott

in ihnen enthaltene Existenzverständnis herauszuarbeiten: welche Antwort die Bibel dem Menschen auf die Frage nach seiner Existenz in der Welt gibt. Das Ziel der Entmythologisierung hieß deshalb »existentiale Interpretation«. Es gilt, die Bibel so auszulegen, daß dem Menschen dadurch ein neues Verständnis seiner selbst eröffnet wird und er eine echte Entscheidung für oder wider Gott treffen kann.

Die Methode der existentialen Interpretation war es vor allem, was mich zu Bultmanns Theologie hinzog, und warum ich mich ihr bis zum heutigen Tag verpflichtet weiß.

Meine Parteinahme für Rudolf Bultmann und seine Theologie hat mir lange Jahre der Feindschaft und Verleumdung von seiten der sogenannten Bekenntnisbewegung »Kein anderes Evangelium« eingetragen. Das ging so weit, daß die Anführer sogar zum Boykott gegen den Deutschen Evangelischen Kirchentag aufriefen, weil ich seinem Präsidium angehörte, eine Zeitlang auch im Vorstand und amtierender Präsident war und überdies auf Kirchentagen Bibelarbeiten und Vorträge zu halten hatte. Seitdem trage ich bei manchen rechtgläubigen Christen immer noch das Signum des »Ketzers«.

Dabei bestand zwischen Bultmann und mir übrigens nur ein anonymes Lehrer-Schüler-Verhältnis. Zwar hatte ich vor dem Kriege in Marburg bei ihm Kolleg gehört, war davon aber unbeeindruckt geblieben. Meine entscheidende Begegnung fand erst nach dem Krieg statt und blieb auch da rein literarisch. Persönlich habe ich Rudolf Bultmann erst wenige Jahre vor seinem Tod bei einem Fernsehgespräch, in das er zögernd eingewilligt hatte, in seinem Marburger Haus kennengelernt. Damals war er schon ein sehr alter Mann.

Durch die historisch-kritische Methode vom Zwang des Bibelbuchstabens befreit und durch Rudolf Bultmann auf die Spur der existentialen Interpretation gesetzt, hatte ich auf meinem Weg durch die historisch-kritische Bibelforschung schließlich die dritte Phase erreicht. Sie läßt sich am zutreffendsten mit den berühmten Sätzen Gotthold Ephraim Lessings charakterisieren, die dieser schon vor 250 Jahren, beim Beginn des neuzeitlichen Streits um die Bibel, geschrieben hat und die mir für meinen Umgang mit ihr zum Leitfaden geworden sind: »Die Religion ist nicht wahr, weil die Evangelisten und Apostel sie lehrten; sie lehrten sie, weil sie wahr ist. Aus ihrer inneren Wahrheit müssen die schriftlichen Überlieferungen erklärt werden; und alle schriftlichen Überlieferungen können ihr keine geben, wenn sie keine hat.« Das bedeutete für mich die entscheidende Wende in meinem Bibelverständnis. Damit wurde der Maßstab der historischen Echtheit durch das Kriterium der religiösen Wahrheit relativiert.

Ein Bibeltext kann historisch unecht und trotzdem religiös wahr sein, wie umgekehrt ein Text historisch echt sein kann und dennoch keine religiöse Wahrheit mehr für uns enthalten.

Spricht nicht aus allen Seligpreisungen und Antithesen der Bergpredigt, ob sie nun historisch echt oder unecht sind, derselbe Geist der göttlichen Liebe? Oder hängt der Wahrheitsanspruch der Gleichnisse Jesu vom verlorenen Sohn und vom barmherzigen Samariter davon ab, ob Jesus selbst sie so erzählt hat? Wird die Glaubensaussage, die

Die Bibel – Erinnerungen von Menschen an Gott 55

die Erzählung von der Auferweckung des Jünglings zu
Nain enthält – immerhin die Beerdigung des Todes! –,
dadurch entkräftet, daß es sich literarisch um eine »Le-
gende« handelt? Oder würde sich umgekehrt der Wahrheitsgehalt der lukanischen Erzählung von der Geburt Jesu
in Bethlehem, die sogenannte »Weihnachtsgeschichte«,
erhöhen, wenn Archäologen den Stall und die Krippe
samt den Knochen von Ochs und Esel ausgrüben?

Auch Glaubenserfahrungen sind, ob nun menschliche
Projektionen oder nicht, geschichtliche Tatsachen!

Der Erzvater Abraham zum Beispiel, im Alten wie im
Neuen Testament das Urbild des Vertrauens auf Gott
schlechthin, ist keine historisch deutliche, chronologisch
datierbare Gestalt, ebensowenig wie Wilhelm Tell in der
Schweiz. Was sich in den biblischen Geschichten, die von
ihm handeln, widerspiegelt, ist die Gotteserfahrung und
Weltdeutung der biblischen Erzähler und ihrer Zeit, nicht
der Glaube und Gehorsam eines historischen Abraham. Es
handelt sich also sehr wohl um »Geschichte«, aber nicht
um die Biographie eines Ahnherrn namens Abraham,
sondern um die Geschichte des Glaubens Israels in der da-
vidisch-salomonischen Ära. Aber wird die Gotteserfahrung, die sich in der Abraham-Erzählung niedergeschlagen hat, etwa darum geschichtslos und also grundlos, weil
sie sich nicht als eine Glaubenserfahrung Abrahams, sondern der Jahwegemeinde erweist?

Und wie steht es mit jenen Ereignissen, die der christliche Glaube als »Erscheinungen des Auferstandenen« gedeutet hat? Nirgendwo wird die Auferstehung Jesu im
Vollzug beschrieben, etwa wie der Verschlußstein vom
Grab weggerollt wird und Jesus lebendig hervortritt. Es

wird gleichsam immer nur das Ergebnis der Auferwekkung mitgeteilt: daß Jesus »lebt«. Das bedeutet, daß wir die Nachricht von der Auferweckung Jesu nur durch die Glaubenszeugnisse der Jüngerinnen und Jünger haben, mithin, wie von aller göttlichen Offenbarung in der Bibel, nur den Reflex des Ereignisses, seine Widerspiegelung im menschlichen Bewußtsein. Auch hier sind die Glaubenserfahrungen der Zeugen das letzte sichere historische Datum, bis zu dem wir zurückgelangen. Aber ob Projektion oder Vision, auf jeden Fall sind sie geschehene Geschichte und haben Geschichte gemacht.

Auf historische Tatsachen und Forschungsergebnisse hin kann kein Mensch leben und sterben. Historische Sicherheit vermag niemals jene Gewißheit zu verleihen, die die Lebensangst überwindet. »Die historischen Zeugnisse sind echt« – das tröstet keinen Menschen im Leben und im Sterben. Nicht das Historische macht selig, sondern der Glaube – aber auch der Glaube ist stets etwas Historisches!

Meine Begegnung mit der historisch-kritischen Bibelforschung hat mich am Ende von der Historie zur Religion geführt. Damit kommt die vierte, vorläufig letzte Phase meines Bibelverständnisses in Sicht.

Ich habe die Bibel neu lesen gelernt, weder nur als einen kirchlichen Kanon göttlicher Schriften noch nur als eine historische Sammlung menschlicher Zeugnisse, sondern als beides in einem: als ein Buch der Erinnerungen von Menschen an Gott – memoria Dei in memorabilibus hominum.

Die Bibel ist für mich mithin nicht die Urkunde der Offenbarung Gottes selbst, sondern die Urkunde des

Die Bibel – Erinnerungen von Menschen an Gott

Glaubens von Menschen an Gottes Offenbarung. Was Martin Luther vom Psalter sagt: »Da siehest du allen Gläubigen ins Herz«, das gilt für die Bibel insgesamt. In ihren Zeugnissen hat sich niedergeschlagen, was Menschen als Einzelne oder in Gemeinschaft – als Sippe, Kultverband, Volk, Gemeinde oder Kirche – mit Gott erfahren haben, allen voran der Eine, den die Kirche als den Christus Gottes bekennt. Gottes Geschichte mit den Menschen, aufbewahrt im Gedächtnis von Menschen, Bruchstücke einer großen Konfession, Zeugnisse einer maßlosen, niemals gestillten Suche nach Sinn – das ist für mich die »Bibel«. Und darum ist sie nun doch nicht nur ein Buch unter Büchern, sondern eine der großen religiösen Urkunden der Menschheitsgeschichte – das »Buch der Christenheit«.

Alle Offenbarung ist ein gott-menschliches Drama, beruhend auf der wechselweisen Beziehung zwischen göttlichem Handeln und menschlichem Empfangen. Darum geschieht, wann immer Gott sich offenbart, die Aufnahme seiner Offenbarung »secundum hominem recipientem« – das heißt geprägt durch den Geist der Zeit und eingefärbt in menschliche Vorstellungen und Bilder, mithin in Gestalt von »Religion«. Entsprechend spiegelt auch die Bibel, in einer unauflöslichen Verflechtung von göttlicher Reflektion und menschlicher Projektion, ein Stück des Lebenslaufes Gottes in der Weltgeschichte wider – und dies keineswegs nur in einem ständigen Aufstieg zu immer höherer Vollkommenheit, sondern in stetem Auf und Ab und mit immer neuem offenen Ausgang.

Indem die historische Bibelkritik den menschlichen Anteil am göttlichen Offenbarungsgeschehen aufdeckt, leistet sie einen Beitrag zur theologischen Entlastung Gottes: Gott sei Dank hat Gott nicht alles gesagt und getan, was in der Bibel über ihn geschrieben steht! Er hat den Menschen sein Wort gegeben, nicht seine Wörter – die Wörter stammen von Menschen. Darum sollen wir Gott zwar beim Wort, aber die Bibel – um Gottes willen! – nicht wörtlich nehmen.

Weil sie die Geschichte Gottes mit den Menschen erzählt und diese sich in lauter Geschichten von Menschen mit Gott abspielt, darum erscheint die Bibel als ein Buch voller Widersprüche. Göttliches und Menschliches mischen sich darin, und Gott und Mensch sind mit sich selbst in ihr im Widerspruch.

Göttlich und menschlich ineins erscheint mir die Bibel, wenn ich in ihr lese:

Daß Gott den Menschen zu seinem Ebenbild geschaffen und sich zum Partner erwählt hat – daß er seine Sonne aufgehen läßt über Gute und Böse und regnen über Gerechte und Ungerechte – daß er kein Gefallen am Tod des Sünders hat, sondern will, daß er sich bekehre und lebe – daß Jesus aus Nazareth die Menschlichkeit Gottes als den Kern seiner Göttlichkeit verkündigt – daß er den Menschen nachgeht und Glauben in ihnen zu wecken sucht, damit sie von ihrer Angst und Schuld frei werden – daß er für die Armen und Entrechteten Partei ergreift, für Frauen und Kinder eintritt und sich schützend selbst vor Ehebrecherinnen und Prostituierte stellt – daß er schließlich sein Leben für die Botschaft von der Menschenfreundlichkeit Gottes hingibt.

Ganz und gar ungöttlich und unmenschlich ineins erscheint mir die Bibel dagegen, wenn ich in ihr lese:

Daß Gott zum Völkermord aufruft und alles Leben in einer Stadt, Mensch wie Tier, zu vertilgen gebietet – daß die Gläubigen gleichfalls den Gottlosen Rache schwören und ihnen die Ausrottung ihrer gesamten Nachkommenschaft androhen – daß Gott ein Schlachtopfer zu veranstalten gedenkt, bei dem das Blut der Menschen auf seine Kleider spritzt und sein ganzes Gewand besudelt – daß König Saul von David als Brautpreis für seine Tochter Michal hundert Vorhäute von den feindlichen Philistern verlangt und dieser ihm die doppelte Menge liefert – daß der Prophet Elia Feuer vom Himmel fallen läßt und 450 Baalspriester auf einen Schlag umbringt – daß Gott den Sündern ewige Höllenstrafen androht und der Apostel Paulus jeden verflucht, der ein anderes Evangelium als er verkündigt.

Wiederum erscheint die Bibel mir als ein Buch voll eher wunderlicher als wunderbarer Mirakel, wenn ich in ihr lese: daß Josua Sonne und Mond am Himmel stillstehen läßt – daß der Prophet Elisa Eisen auf dem Wasser schwimmen lassen kann – daß die Berührung mit dem Schatten des Petrus oder den Schweißtüchern des Paulus genügt, um Kranke zu heilen – daß ein Leichnam, der schon stinkt, wieder lebendig wird.

Was ist angesichts dieser Widersprüche und Ungereimtheiten nun Gotteswort und was Menschenwort in der Bibel? – und was heißt es dann, Gott zwar beim Wort, aber die Bibel, um Gottes willen, nicht wörtlich zu nehmen?

Ich werde die Widersprüche und Ungereimtheiten in der Bibel nicht los, indem ich sozusagen aus der menschlichen Materie die göttliche Substanz herausdestilliere und diese am Ende wie coffeinum purum im theologischen

Reagenzglas zurückbehalte. Aber es geht auch nicht, die strittigen Texte nach der Devise »Die guten ins Töpfchen, die schlechten ins Kröpfchen« auszuscheiden, um durch ein solches Subtraktionsverfahren eine religiös und sittlich gereinigte »Heilige Schrift« übrig zu behalten. Dazu hängen alle biblischen Überlieferungen viel zu eng miteinander zusammen – und wer wollte hier überdies die Maßstäbe setzen und die Grenzen ziehen? Nein, es wird mir nichts anderes übrigbleiben, als die Bibel als ein Ganzes bestehen zu lassen und das Einzelne jeweils kritisch zu prüfen und mich dann persönlich zu entscheiden. Ein solcher freier Umgang mit den biblischen Texten gehört zur Einübung in das kopernikanische Bewußtsein.

Ich gestehe, daß es für mich nicht wenige Texte in der Bibel gibt, von denen ich mich öffentlich distanziere, über die ich nur predigen könnte, indem ich dagegen predige, oder an denen ich vorübergehe wie in einer Gemäldegalerie an Bildern, die mir nicht zusagen, weil sie mir nichts zu sagen haben. Ansonsten versuche ich auch gegen die Bibel das Achte Gebot zu erfüllen, wie Martin Luther es ausgelegt hat: sie zu entschuldigen, Gutes von ihr zu reden und alles zum Besten zu kehren. Auf diese Weise kommt für mich, nicht anders als bei einem Menschen, ihre eigentliche Farbe und Stärke um so kräftiger zur Geltung.

In dem Maße, in dem die Bibel mir aus einem Kanon wörtlicher Gottesworte zu einem Buch voll menschlicher Erinnerungen an Gott wurde, gewann das Alte Testament für mich an Bedeutung. Seine allmähliche Entdeckung begleitete mein theologisches Erwachsenwerden. Während meiner Jugend lag das Alte Testament ganz im Schatten

Die Bibel – Erinnerungen von Menschen an Gott 61

des Neuen, und auch in der christlichen Jugendbewegung stand allein die Person Jesu Christi im Zentrum unseres Umgangs mit der Bibel. Daß Jesus aus Nazareth Jude war und das Alte Testament darum seine Bibel, kam uns kaum in den Sinn; es war uns nicht wichtig. Sogar in meinem Buch »Die Sache mit Gott«, das den Gang der protestantischen Theologie im 20. Jahrhundert darstellt, fällt das Licht der göttlichen Offenbarung einseitig auf Jesus Christus und das Neue Testament.

Inzwischen hat sich mein Verhältnis zum Alten Testament gründlich gewandelt. Heute bilden beide Testamente der Bibel für mich eine kanonische Einheit, wobei zwischen ihnen ein ranggleiches, aber unterschiedenes Beieinander besteht – gemäß dem doppelten Ausgang der israelitisch-jüdischen Religionsgeschichte, einerseits im Judentum der hebräischen Bibel und des Talmuds, andererseits im Christentum des Alten und Neuen Testaments.

Es ist der Lebenslauf desselben Gottes, der hier wie dort erzählt wird. Daß einem im Alten Testament der zornige, grausame Gott begegne, im Neuen dagegen der liebende Vater, ist ein immer noch verbreitetes vulgärchristliches Gerücht, das fahrlässige Unkenntnis, wenn nicht gar antijudaistische oder antisemitische Voreingenommenheit verrät. Wer wagte es, zwischen dem 23. Psalm – »Der Herr ist mein Hirte, mir wird nichts mangeln« – und Jesu Zusage in der Bergpredigt – »Sorgt nicht um euer Leben, denn euer himmlischer Vater weiß, daß ihr all dessen bedürft« – einen qualitativen Unterschied zu konstruieren? Es würde mir nicht schwerfallen, alttestamentliche Texte zu einem Buch zu fügen, das so herzlich von Gottes Güte, Fürsorge und Vergebung spräche, daß, wer ohne genauere Kenntnis der biblischen Geschichte darin läse, es für eine Sammlung neutestamentlicher Texte hielte. Umgekehrt könnte ich mir eine Sammlung neutestamentlicher Texte denken, die manchen Lesern »alttestamentlich« vorkommen würden.

Mir ist das Alte Testament vor allem wichtig geworden, weil in ihm die Rede von Gott und der Welt leibhafter, erdnäher, drastischer, insgesamt weltlicher und geschichtlicher erscheint als im Neuen. Wenn meine Frau und ich morgens die Losungen der Herrnhuter Brüdergemeine lesen, ermutigt uns die aus dem Alten Testament gezogene »Losung« oft mehr, den neuen Tag zu beginnen, als der »Lehrtext« aus dem Neuen, zumal wenn dieser eine steile Christologie enthält. Der Apostel Paulus ist wenigstens vor dem Frühstück noch nicht bekömmlich.

Die weit in die Menschheitsgeschichte hineinreichende »Urgeschichte« ist mir wichtiger als die »Heilsgeschichte« Israels. In den Erzählungen von den Anfängen der Welt und der Menschheit entdecke ich die Grundfragen und -erfahrungen gegenwärtigen menschlichen Daseins – das »Elementare« am Menschen und seiner Welt, das zu allen Zeiten strukturell Gleiche. Die Erwählung Israels betrifft meine religiöse Existenz weit weniger. Abraham ist für mich als »Vater des Glaubens« wichtig, nicht als der Stammvater Israels, der zuerst die Verheißung des eigenen Landes und einer zahlreichen Nachkommenschaft empfangen hat; und in dem »Exodus« Israels aus Ägypten erkenne ich den Archetypus einer allgemeinen geschichtlichen und biographischen Struktur, nicht nur einen Grundzug der Geschichte Israels. Im übrigen dünkt mich jedes Erwählungsbewußtsein, ob von Juden, Christen oder Heiden, von Germanen, Briten oder Franzosen, eine

Die Bibel – Erinnerungen von Menschen an Gott

Gefahr für das friedliche Zusammenleben der Menschen und Völker. Auch wenn es sich in Demut kleidet, bleibt es der Ausdruck eines verborgenen Hochmuts.

Für zu eng halte ich es, das Alte Testament einseitig als Weissagung auf seine Erfüllung in Jesus Christus hin auszulegen. Eher erscheint es mir heute an der Zeit, die christologischen Aussagen des Neuen Testaments am Alten Testament, der Bibel Jesu, zu prüfen, ob sie ihren ursprünglichen religiösen Nährboden womöglich allzu frühzeitig verlassen haben und griechischem Geist anheimgefallen sind. Dies kann die Christenheit davor warnen, Jesu Person und Botschaft allzu voreilig in himmlische Höhen abheben zu lassen, und sie, wie schon einmal vor der antiken Gnosis, so heute vor der Versuchung durch die neuzeitliche Gnosis der Anthroposophie oder anderer neuer Religiosität bewahren.

Wer etwas erfahren hat, hat etwas zu erzählen – das trifft auch auf die Bibel zu. Weil sie die Erfahrungen von Menschen mit Gott enthält, ist sie ein erzählendes Buch. Gewiß finden sich in ihr vielfältige Stilelemente, vor allem aber wird in der Bibel erzählt: die Geschichte der Welt von der Schöpfung bis zur Vollendung, das Leben der Menschen von der Geburt bis zum Tod, das Geschick Jesu von der Kindheit bis zur Auferweckung, der Weg der Kirche von Jerusalem nach Rom.

Jesus selbst begegnet in den Evangelien als ein Erzähler inmitten einer Erzählgemeinschaft. Und es sind gefährliche Geschichten, die er erzählt, vor allem Gleichnisse, die die bestehende religiöse und politische Ordnung gefährden und die ihn deshalb das Leben gekostet haben. Jesus

hat zwar keine Kirche gegründet, aber er hat einen Erzähl-
prozeß in Gang gesetzt, der bis auf den heutigen Tag an-
hält. Und so ist die Kirche entstanden und geblieben – eine
Erinnerungs-, Erfahrungs-, Erzähl- und Tischgemein-
schaft im Erbgang der Bibel.

Die Sprache der Bibel verlockt geradezu zum Ausfanta-
sieren – zum Nach-, Um- und Neuerzählen. Ihre Bilder-
sprache ist dem freien Stil der Dichtung näher als dem auf
Präzision gerichteten der Wissenschaft. Darum gehört zu
ihrer Auslegung stets auch Poesie – die Poeten sind es, die
der göttlichen Wahrheit die Flügel anheften. Aus diesem
Grunde sollte man sich auch hineinhören in die Bibel, sich
dem Klang und Rhythmus ihrer Worte überlassen und
sich ihm hingeben, ohne sofort rational erklären zu wollen, was »geschrieben steht«. Ich habe mir angewöhnt,
einen Bibeltext immer zuerst laut zu lesen, bevor ich an die
Auslegung gehe.

Von den beiden geistesgeschichtlichen Wurzeln der
abendländischen Theologie – der »hebräischen« und der
»griechischen« Denkart – hat die griechische die Ober-
hand gewonnen und die hebräische bisweilen fast verdrängt. Ich hielte es für heilsam, wenn die zeitgenössische
Theologie in ihrem Denk- und Sprachstil von der Art
lernte, wie die Bibel verfaßt ist. Denn Gott hat immer
auch etwas mit der Grammatik zu tun.

Die Begegnung mit der Bibel bedeutet die Begegnung
von Leben mit Leben, die Verknüpfung von einst gelebtem mit heute zu lebendem Leben. Der Kontakt zwischen
beiden Polen ist dann gelungen, wenn ein Mensch, angesteckt und geleitet durch die in den biblischen Zeugnissen

Die Bibel – Erinnerungen von Menschen an Gott 65

gespeicherte Gotteserfahrung und Weltdeutung, neue Erfahrungen mit seinen bisherigen Welt- und Lebenserfahrungen macht. Aber das in der Bibel aufbewahrte Leben teilt sich nur dem mit, der, selbst lebendig, nach dem »Leben« fragt. Die Bibel sättigt keine Satten.

Zwar ist die Bibel das Licht des Glaubens, das in der Welt leuchtet – aber die Gegenwart liefert den Sauerstoff, der das Licht erst zum Brennen bringt. Daher hat die Auslegung ihrer Texte grundsätzlich im Horizont gegenwärtiger Daseinserfahrung zu geschehen. Nur durch die wechselseitige Erschließung im Wechsel der Zeiten geht in der Gegenwart aus dem Buchstaben wieder der Geist hervor, der in der Vergangenheit in ihn eingegangen ist.

Dabei bildet die gegenwärtige Situation nicht bloß das Flußbett, in dem uns die biblische Tradition entgegenfließt; sie ist nicht nur das Berieselungsfeld, sondern selbst auch Quelle, mithin theologisch bedeutsam. Wie könnte es auch anders sein, wenn man die Geschichte Gottes mit der Menschheit nicht mit der Kanonisierung der beiden Testamente für abgeschlossen hält, sondern damit rechnet, daß diese Geschichte seitdem fortgegangen ist und künftig auch noch fortgehen wird?

Alle Religion will Gegenwart. Dem steht in der protestantischen Theologie freilich immer noch eine schier magische Vergötzung des biblischen Textes entgegen – sie mutet mich wie die philologische Wiederkehr der einstigen Verbalinspiration an. Aber in der Hermeneutik geht es nicht um Wiederholung, sondern um Vergegenwärtigung! Der Exeget hat seinen Standort daher nicht in der Entstehungszeit des Textes, sondern zum Zeitpunkt seiner Auslegung zu nehmen. Auslegung der biblischen Tradition und Deutung der zeitgenössischen Situation bilden *einen* Vorgang. Ohne Gegenwartsbezug wären mir zum Beispiel die Streitigkeiten unter den Christen in Korinth, mit denen sich Paulus so sehr abplagen mußte, herzlich gleichgültig.

Für den richtigen Umgang mit der Bibel gibt es in ihr selbst ein drastisches Bild: Der Prophet Ezechiel und der Seher der Offenbarung Johannis müssen die ihnen von Gott übergebene Schriftrolle verschlingen, um sodann ihren Inhalt zu verkündigen. Das bedeutet, daß das Wort Gottes erst wie eine Speise durch die Menschen hindurchgehen, gleichsam von ihnen »verdaut« werden muß, bevor sie es weitergeben. Nur durch solchen »Stoffwechsel« wird das überlieferte Menschenwort in der Gegenwart neu zum Gotteswort.

Aller Auslegung der Bibel liegt die Spannung zwischen Identität und Variabilität zugrunde. Identität heißt, daß es stets dieselben biblischen Zeugnisse sind, die es auszulegen gilt, Variabilität, daß es diese stets selben biblischen Zeugnisse nur in ständiger geschichtlicher Wandlung gibt – es ist dies ein Gesctz aller geschichtlichen Tradition. Festschreibung oder Fortschreibung der biblischen Botschaft – biblisch oder biblizistisch? – lautet daher die entscheidende Frage im Blick auf die strittige Auslegung der Bibel in der Geschichte des Christentums.

In der Bibel selbst findet ständig eine »Fortschreibung« statt. Die Autoren und Tradenten sind mit den überlieferten Stoffen höchst elastisch umgegangen und haben sie jeweils nach Umstand, Ort und Zeit selbstbewußt und eigenwillig gedeutet und umgestaltet. Bibelkritik findet schon in der Bibel statt – Wahrheit ist mitten im Streit.

Die Bibel – Erinnerungen von Menschen an Gott 67

Auch am Anfang der neutestamentlichen Jesus-Überlieferung steht nicht die Einheit, sondern die Vielfalt. Da
gibt es nicht nur Markus, Matthäus und Lukas, obwohl als
»Synoptiker« bezeichnet, untereinander verschieden, und
nicht nur Paulus und neben Paulus, wieder ganz anders,
Johannes, sondern dazu noch eine nachpaulinische und
vorsynoptische Tradition, vor allem die sogenannte »Re-
denquelle« (Q). »Judenchristen«, »Heidenchristen«, »Hel-
lenisten«, »Samaritaner«, »johanneischer Kreis« – jeder
deutete das »Gedächtnis Jesu« gemäß seiner Herkunft und
Hoffnung und bildete die Überlieferung auf diese Weise
weiter. »Konfessionen« gibt es schon im Neuen Testament!

Identität und Variabilität der biblischen Botschaft werden in der Theologie und Kirche niemals in eine span-
nungslose Gleichgewichtslage gelangen. Auf *einer* Hüfte
hinkt jeder! Mein eigenes theologisches Interesse hat sich
allzeit vornehmlich auf die Fortschreibung der biblischen
Botschaft gerichtet. Wenn wir heute dasselbe sagen wollen, was die Bibel sagt, dann müssen wir es anders sagen,
als es die Bibel sagt – unter Umständen müssen wir sogar
etwas anderes sagen! Ich leugne nicht, daß ich eventuell
die biblische Botschaft zu verkürzen bereit bin, damit der
Zeitgenosse wenigstens etwas von dem versteht, woran
mein Herz hängt, statt daß er kopfschüttelnd davongeht.
Fortschreibung der biblischen Botschaft heißt ja nicht,
»wie es euch gefällt«, sondern »was der Fall ist«!

Die Bibel steht gegen jeden Fundamentalismus. Weil sie
ein Erinnerungsbuch an die Erfahrungen ist, die Menschen durch viele Jahrhunderte mit Gott gemacht haben,
steckt sie randvoll von Leben. Aber eben darum ist sie

auch ein vielstimmiges, pluralistisches Buch. Wie man in der Bibel lesen und Fundamentalist bleiben kann, ist mir ein Rätsel.

Die variable Auslegung der Bibel bildet die Konstante in der Geschichte des Christentums. Alle Chancen der Christenheit liegen in ihr, wenn es gelingt, ihre Zeugnisse im Bewußtsein der Gegenwart wieder ursprünglich, und das heißt neu zum Sprechen zu bringen.

Die Bibel ist kein Kursbuch des christlichen Glaubens, mit festgelegtem Heilsfahrplan auf unverrückbaren Schienen. Sie gleicht eher einer Seekarte, auf der zwar auch Routen und Kurse eingezeichnet und Positionen abgesteckt sind, aber breitere, mit mehr Raum zum Navigieren, je nach Gezeiten und Wind. Vielleicht ist die Bibel sogar noch treffender mit einem Logbuch zu vergleichen, in das frühere »Fahrensleute« ihre Positionen, Beobachtungen und Widerfahrnisse eingetragen haben, nicht wörtlich zu wiederholen, wenn man nicht auflaufen will, schon gar nicht anzubeten, eher schon einmal nachzubeten, in jedem Fall gut und nützlich zu lesen, insonderheit für alle, die nach Spuren Gottes in der Welt suchen.

Dabei hat mich die Erfahrung gelehrt, daß die Bibel gerade dann überraschend hilfreiche Antworten gibt, wenn man sie nicht zu bestimmten Antworten zwingt, sondern ungezwungen reden läßt – und man muß warten und das Leben aushalten, bis Gott ausgeredet hat.

Viertes Kapitel

Von Jerusalem nach Galiläa

Seht, welch ein Mensch! –
Entwurf einer jesuanischen Christologie

> »Die Reden Christi sind wie ein Born,
> der nicht verlöscht. Wie man aus ihm
> schöpft, füllt er sich wieder neu; und der
> folgende Sinn ist immer noch größer
> und herrlicher als der vorhergehende.«
> *Matthias Claudius*

Es ist mir ähnlich ergangen wie vielen anderen Christen, die um der memoria Jesu willen nach Israel gereist sind. In Bethlehem und Jerusalem, an den Geburts- und Todesgedenkstätten Jesu, herrschte eine teils ehrfurchtsvolle, teils neugierig abergläubische Verherrlichung der himmlischen Hoheit Jesu Christi – was ich hier erlebte, enttäuschte mich. Anders dagegen in Galiläa, in der stillen Landschaft am See Genezareth und in den Bergen und Städten rings umher. Hier meinte ich Jesus leibhaft vor mir zu sehen: wie er dort auf dem Weg entlangwanderte, im Dorf drüben einen Kranken heilte, unten am See predigte und dann im Boot an das andere Ufer hinüberfuhr.

Von Jerusalem nach Galiläa – darin drückt sich für mich symbolisch die »kopernikanische Wende« aus, die sich während meines Lebens in der Christologie vollzogen hat.

»Jerusalem« steht als Symbol für das universale trinitarische Heilsdrama, das oben im Himmel, von Ewigkeit her beschlossen, mit der göttlichen Zeugung des präexistenten Gottessohnes anhebt, auf der Erde dann mit der Jungfrauengeburt einsetzt, für eine kurze Zeit sich in einem Menschenleben durch Worte und Wunder offenbart und im Opfertod des Gottessohnes am Kreuz seinen irdischen Höhepunkt erreicht, von dort durch Auferwekkung und Himmelfahrt hindurch wieder emporsteigt, bis es schließlich mit der Erhöhung des Sohnes zur Rechten des Vaters wiederum im Himmel anlangt und dort durch Wiederkunft, Totenauferstehung, Jüngstes Gericht und Weltvollendung hindurch bis in alle Ewigkeit währt.

Der Name »Galiläa« dagegen steht für mich symbolisch für eine Christologie, die »unten« einsetzt, auf der Erde, nicht »oben« im Himmel, in Raum und Zeit, nicht in der Ewigkeit, bei Jesu Worten und Taten, bei seinem Verkündigen und Verhalten, seinem Leiden, Sterben und Auferstehen. Es ist eine bewußt »jesuanische Christologie«. Statt »Jesus Christus« sage ich deshalb auch lieber konsequent »Jesus aus Nazareth«. Aber damit ist kein primitiver Jesuanismus gemeint, kein Jesus ohne Gott, unter Fortfall jeglicher Transzendenz. Die »Christologie von unten« leitet Jesu Gottesbeziehung nur nicht abstrakt aus einer angestammten göttlichen Natur ab, sondern erschließt sie konkret aus seiner persönlichen Gotteserfahrung und einer entsprechenden Lebenspraxis der Mitmenschlichkeit.

So bin ich – anfangs nur schüchtern, dann jedoch immer entschiedener – den Weg von Jerusalem nach Galiläa, vom trinitarischen Heilsdrama zu einer jesuanischen Christologie gegangen.

Jesus aus Nazareth – seht, welch ein Mensch! 71

Ich weiß nicht, wann Jesu Person oder Botschaft mich zum ersten Mal beeindruckt haben. Daran aber erinnere ich mich genau, daß von Anfang an rings um mich her Streit um Jesus herrschte. Ob jemand als Christ galt, sollte sich daran entscheiden, ob er Jesus aus Nazareth für den Messias beziehungsweise den Sohn Gottes hielt. Die Wahrheit der christlichen Botschaft beruhte auf der göttlichen Qualität des Boten. Darum bildete Jesu Gottessohnschaft die Meßlatte kirchlicher Rechtgläubigkeit. Ich höre meine fromme Mutter noch leise fragen, als ich ihr frech meine frischen historisch-kritischen Kenntnisse servierte: »Aber war er nicht Gottes Sohn?« Andere polterten laut: »Wenn er nicht Gottes Sohn war, können wir einpakken!« Dabei genügte zur Begründung einer Glaubensaussage oft schon die bloße Zitation eines Hoheitstitels.

Aber längst war die historisch-kritische Bibelforschung auch in die altkirchliche Christologie hineingefahren und hatte Jesus die Prachtgewänder, in die ihn fromme Verehrung und kirchliche Dogmatik gehüllt hatten, abgenommen: Der biblische Christus ist nicht der historische Jesus! Und so hatte die neuzeitliche Leben-Jesu-Forschung, eingekeilt zwischen wissenschaftlicher Pflicht und religiöser Neigung, den Weg vom biblischen Christus zum historischen Jesus zurückzugehen versucht – in der Hoffnung, durch solchen Rückgang eine unanfechtbare Grundlage für den gegenwärtigen Glauben zu gewinnen. Es war der imposante Versuch, sich vom Christusdogma der Kirche zu befreien und dennoch an der Einzigartigkeit Jesu festzuhalten – eine großartige Tat wissenschaftlicher Wahrhaftigkeit und religiöser Selbstbesinnung.

Aber das Unternehmen der kritischen Leben-Jesu-Forschung ist gescheitert. Es mußte scheitern, aus zweierlei Grund: Historisch, weil die neutestamentlichen Quellen weder ihrer Absicht noch ihrem Umfang nach den Stoff zu einer Biographie Jesu hergeben – theologisch, weil sie das Resultat der jeweiligen historischen Rekonstruktion unmittelbar zur Grundlage heutigen Glaubens erhob, als ob Gotthold Ephraim Lessing nicht geschrieben hätte: »Zufällige Geschichtswahrheiten können der Beweis von ewigen Vernunftwahrheiten nie werden.«

Als ich Anfang der dreißiger Jahre zu studieren begann, war die neuzeitliche Leben-Jesu-Forschung bereits durch die »formgeschichtliche Methode« überholt. Diese hatte den Nachweis erbracht, daß das Verständnis der Person und Botschaft Jesu schon von allem Anfang an durch den Glauben der Gemeinde gestaltet, ja häufig sogar erst geschaffen war. Eine vom Glauben freie, sozusagen historisch einwandfreie Überlieferungsstrecke hat es nie gegeben. Immer haben wir Jesus nur im »Kerygma«, das heißt im Glauben und in der Verkündigung der christlichen Gemeinde.

Aber wenn Jesus nur im Kerygma der Gemeinde begegnet, was haben wir dann überhaupt noch von ihm? Löst sich seine Geschichte damit nicht endgültig auf, diesmal nur nicht im Feuer der historischen Kritik, sondern in der Glut des Glaubens?

Darauf gab Rudolf Bultmann die souveräne Antwort: »Ich lasse es ruhig brennen; denn ich sehe, daß das, was da verbrennt, alle die Phantasiebilder der Leben-Jesu-Forschung sind, und daß es der ›Christus nach dem Fleisch‹ selbst ist. Aber der ›Christus nach dem Fleisch‹ geht uns nichts an; wie es in Jesu Herzen ausgesehen hat, weiß ich

Jesus aus Nazareth – seht, welch ein Mensch! 73

nicht und will ich nicht wissen.« Dies klingt wie ein Triumph des radikalen Glaubens und der historischen Skepsis in einem – es war das Hohelied der »Kerygma-Theologie«.

Bultmann warf das ganze Gewicht der Christusoffenbarung in die gegenwärtige Verkündigung hinein. Für ihn gab es keine Vergangenheit und Zukunft, ja fast keine Zeit und Welt, sondern nur das Heute im Augenblick der fälligen Entscheidung für oder wider Gott. Aus diesem Grund, um der Reinheit des Glaubens willen, verbot er strikt jegliche Rückfrage nach dem historischen Jesus, denn dies würde in seinen Augen bedeuten, den Glauben an Gott durch historische Untersuchungen festmachen zu wollen, statt sich vorbehaltlos dem Anspruch seines Wortes zu stellen. Zwar leugnete Bultmann nicht grundsätzlich den Bezug der neutestamentlichen Christusbotschaft auf den irdischen Jesus, war aber überzeugt, daß wir von seinem Leben und seiner Persönlichkeit so gut wie nichts mehr wissen können. Ihm genügte historisch wie theologisch das bloße »Daß« des Gekommenseins Jesu – ohne jedes Interesse am Wann, Wo und Wie seines Geschicks. Seine Personhaftigkeit wurde nur noch abstrakt behauptet, jedoch nicht mehr konkret vorgestellt. Wie aber sollte eine solche inhaltlose Schablone einen Menschen zum Glauben animieren?

Fast mehr noch als der Theologe protestierte der Historiker in mir gegen soviel »Entweltlichung«. Mich erinnerte Bultmanns radikaler Existentialismus an einen Vers Gottfried Benns:

»Ob Rosen, ob Schnee, ob Meere,
was alles erblühte, verblich,
es gibt nur zwei Dinge: die Leere
und das gezeichnete Ich.«

Der Protest gegen Bultmanns strikte Abweisung jeglicher Rückfrage nach dem historischen Jesus konnte nicht ausbleiben und ist auch nicht ausgeblieben. Unter Vorantritt Ernst Käsemanns probten die Schüler den Aufstand gegen den Meister.

So kam es nach dem Zweiten Weltkrieg in der evangelischen Theologie in Deutschland zur Wiedervorlage der Frage nach dem »historischen Jesus«. Ich selbst schrieb damals mein erstes Jesus-Buch. Sein Titel lautete »Es begann mit Jesus von Nazareth« – der Titel verriet deutlich den Standort des Verfassers.

Nur eine, freilich qualifizierte, Minderheit blieb der neuen Rückfrage nach dem historischen Jesus gegenüber skeptisch. Wir anderen waren guten Muts, historisch zuversichtlich und theologisch vorsichtig.

Es ging uns nicht darum, die gescheiterte Leben-Jesu-Forschung wieder aufleben zu lassen – es blieb dabei, daß wir Jesus allein im Kerygma und also im Glauben haben. Aber das Kerygma darf nicht in der Luft hängen, sondern muß ein tragfähiges Fundament besitzen! Darum galt es, in exakter historischer Einzelforschung den Weg vom neutestamentlichen Christuskerygma zu Jesus selbst zurückzugehen. Nur so ließ sich erweisen, ob zwischen der nachösterlichen Predigt der Gemeinde und der vorösterlichen Verkündigung Jesu ein nachweisbarer geschichtlicher Zusammenhang besteht.

Jesus aus Nazareth – seht, welch ein Mensch! 75

Und siehe da, das von Bultmann behauptete bloße »Daß« des Gekommenseins Jesu ließ sich in der Tat so erweitern, daß aus dem Dunkel der Geschichte die charakteristischen Züge seiner Verkündigung und Gestalt hervortraten. Zwischen dem historischen Jesus und dem kerygmatischen Christus besteht mithin eine erkennbare Kontinuität. Die neutestamentliche Christusbotschaft hängt nicht in der Luft – der Glaube an Jesus Christus hat Anhalt an Jesus selbst.

Als ich an meinem Jesus-Buch arbeitete, hielt Paul Tillich gerade Gastvorlesungen bei uns in Hamburg. Wir sahen uns bisweilen und sprachen dabei natürlich auch über meine derzeitige Arbeit. Tillich wunderte sich über mein Interesse an der Frage nach dem historischen Jesus, und daß ich sogar ein Buch darüber schrieb. Er meinte großzügig: »Wenn er es nicht war, dann war es eben ein anderer.« Gegen soviel historische Gleichgültigkeit begehrte ich auf. Aber ich sollte Tillichs Bonmot im Sinn behalten.

Bei seinem Rückbezug auf Jesus selbst interessieren den Glauben nicht einzelne Richtigkeiten, sondern allein die Richtung im ganzen: daß der Kernpunkt der Botschaft Jesu von Gott zugleich die Pointe seiner eigenen Existenz bildet. Aber was ist die Pointe der neutestamentlichen Überlieferung, in der Person und Botschaft Jesu übereinstimmen?

Meine Antwort darauf heißt heute: Es ist der von Jesus gelebte und verkündigte Glaube an Gott. Wie unverbunden die einzelnen Stücke der neutestamentlichen Jesus-Überlieferung auch nebeneinander stehen – alle haben sie ihren gemeinsamen Grund und Sinn in dem, was Jesus, oft ohne jeden Zusatz, »Glauben« nennt. Es hat seine Zeit gedauert, bis ich zu dieser Konzentration gelangt bin – aus dem Vielen zu dem Einen, das allein nottut. Mein zweites Jesus-Buch (1987) zeigt dies noch nicht so entschieden.

Nirgendwo sonst in der Religionsgeschichte wird der gesamte Inhalt einer Religion so total auf den »Glauben« konzentriert und dieser wiederum so radikal als Vertrauen identifiziert wie im Christentum. Glaube und Jesus gehören im Neuen Testament so unmittelbar zusammen, daß das Kommen Jesu mit dem »Kommen des Glaubens« gleichgesetzt werden kann (Galater 3,23). Entsprechend werden auch die Mitglieder der ersten Gemeinden, noch ehe der Name »Christen« für sie in Antiochia aufkommt, ohne jeden Zusatz einfach »die Glaubenden« genannt. Von allen Titeln, die Jesus im Neuen Testament beigelegt werden, scheint mir der Name »Anfänger und Vollender des Glaubens« ihn daher am zutreffendsten zu charakterisieren.

Damit habe ich auch den unseligen Streit um die Gottessohnschaft Jesu ein für allemal hinter mir gelassen: Die Christen glauben nicht an die Botschaft Jesu von Gott, weil er der Sohn Gottes oder der Christus ist, sondern weil sie seiner Botschaft von Gott glauben, bekennen sie ihn als den Christus oder den Sohn Gottes. Nicht der Titel entscheidet über die Botschaft, sondern die Botschaft über den Titel. Den richtigen Titel kennen und über Jesus Bescheid zu wissen meinen, ist ein Trugschluß.

An Jesus aus Nazareth wird für mich offenbar, was Glaube an Gott heißt. »Aus Glauben – zum Glauben« kann ich daher als Überschrift über seine Person und Botschaft stellen.

Aus Glauben: Die Gesamtverfassung der Existenz Jesu gründet in seiner Gottesbeziehung, in der Erfahrung der unmittelbaren Nähe Gottes in seinem Leben. Diese Gottesgewißheit ist die Quelle, aus der er lebt, lehrt und leidet. Er ist kein Mächtiger, sondern ein Angewiesener. Er hat nichts aus sich selbst – darum spielt das Gebet eine so große Rolle für ihn. Die Zwiesprache mit Gott ist der Ort der Offenbarung Gottes in Jesu Leben.

Zum Glauben: Was er selbst von Gott erkannt hat, das gibt Jesus weiter, damit seine Lebensbeziehung zu ihm auch anderen zur Quelle des Lebens werde und sie gleichfalls zur Gottesgewißheit gelangen. Seine Offenbarung Gottes besteht in nichts anderem, als daß er sein persönliches Gottesverhältnis öffentlich auslebt. Indem er Menschen – ohne Zwischeninstanz, ohne Titel, Amt und großen Namen – allein durch sein Wort zum Glauben ruft, versetzt er sie in die Gegenwart Gottes, wie er sie selbst erfahren hat. Und schon die Geste der Hilflosigkeit und das Innewerden des Angewiesenseins bezeichnet er als Glauben. Ich bin immer neu erstaunt, was für Leuten Jesus auf den Kopf zusagt, daß sie glaubten. Wo immer ein Mensch sich von ihm zum Glauben ermutigen läßt, dort ist seine Verkündigung ans Ziel gelangt; denn der Glaube an Gott ist ihr einziger Inhalt.

Der Glaube macht frei. Darum läßt sich Jesu Verkündigen und Verhalten, was immer er sagt und tut, in dem Wort »Freiheit« zusammenfassen. Wenn seine Botschaft von Gott »Evangelium« – Freudenbotschaft – genannt wird, so darum, weil sie Befreiung verspricht – und die Freiheit hat schon begonnen.

Viertes Kapitel: Von Jerusalem nach Galiläa

Daß der Glaube an Gott befreit, erkenne ich zuerst an Jesus selbst: Jesus ist liberal – nicht, weil er ein theologisches oder gar politisches Liberalisierungsprogramm verträte, sondern weil er sich allein an Gottes Willen gebunden und in ihm geborgen weiß. Er fürchtet, liebt und vertraut Gott über alle Dinge. Um seine Person herrscht daher eine andere Atmosphäre, weht eine freiere Luft als in der Synagoge seiner Zeit und später auch in der Kirche. Es ist, als träte man aus der Enge in einen weiten Raum. Seine Zeitgenossen haben die Freiheit in seinem Wort gespürt – ihn hat sie das Leben gekostet.

Indem Jesus selbst den Glauben lebt, erweckt er ihn in den Menschen. Der Weg des Menschen zu Gott beginnt für ihn bei Gott, nicht beim Menschen. Mit seiner Gottesverkündigung reißt Jesus den Horizont der Religionsgeschichte auf. Während sonst in aller Religion, sichtbar oder unsichtbar, ein Priester am Tempeltor steht und nach Erfüllung der Einlaßbedingungen fragt – Gott darf sich nur nahen, wer des Tempels würdig ist –, lädt Jesus jede und jeden bedingungslos zu Gott ein: Kommt her zu mir, alle Mühseligen und Beladenen, – wer zu mir kommt, den werde ich nicht verstoßen. Indem seine Einladung aber an alle ergeht, richtet sie sich besonders an die, die sonst nicht eingeladen werden, die sich an der unteren Kante der Gesellschaft bewegen und deshalb ausgeschlossen scheinen von Gottes Heil und Reich.

Worin das Außerordentliche der Gottesbotschaft Jesu besteht, zeigt ein Vergleich mit Johannes dem Täufer. Er läßt die Menschen zu sich in die Jordansteppe kommen. Sein Zeichen ist die Worfschaufel des Gerichts, die Gott in der Hand schwingt, um die Spreu vom Weizen zu scheiden. Jesu

Jesus aus Nazareth – seht, welch ein Mensch! 79

Symbol hingegen ist – noch vor dem Kreuz – die Sandale. Er geht zu den Menschen hin, geht ihnen nach, um dem Gericht Gottes zuvorzukommen. In seinen Wanderungen kreuz und quer durch die Städte und Dörfer Palästinas spiegelt sich seine Gottesverkündigung topographisch wider: Es ist die Erdenspur der nachgetragenen Liebe Gottes.

Das andere Symbol, das Jesu Glauben und Verkündigen charakterisiert, ist das gemeinsame Mahl, das in seinem Leben einen so auffälligen Platz einnimmt und von seinen Gegnern als ein Affront empfunden wurde. Daß Menschen, die sonst durch vielerlei Schranken – religiöse, politische, soziale und rassische – voneinander getrennt sind, an einem Tisch zusammensitzen und miteinander essen, trinken, beten und erzählen – darin verdichtet sich für mich der Kern des Evangeliums Jesu zum Sinnbild, und mich wundert's nicht, daß aus diesen gemeinsamen Mahlzeiten später in der Kirche das Abendmahl geworden ist. Seine sogenannte »Einsetzung« am Gründonnerstag bedeutet nur die nachträgliche kultische Sakralisierung und theologische Legitimation. Dadurch ist das einstige gemeinsame Mahl schließlich zum Genuß einer fade schmeckenden Oblate mit einem Schluck Wein verkümmert. Hier hat das sogenannte »Feierabendmahl«, das auf den Kirchentagen jeweils am Freitagabend in den Gemeinden gehalten wird, eine Erneuerung durch die Rückbesinnung auf den Ursprung eingeleitet.

Jesu offene Einladung aller Menschen zu Gott bildet den einfachen geschichtlichen Grund der späteren komplizierten Rechtfertigungslehre in allen ihren Entfaltungen und Verzweigungen – von Paulus über Augustin und Luther

80 *Viertes Kapitel: Von Jerusalem nach Galiläa*

bis in die Gegenwart. Auch wenn der Apostel Paulus das Evangelium Jesu den Heiden in der Vorstellungs- und Gedankenwelt des hellenistischen Erlösungsmythos dargeboten und Jesu irdisches Geschick zu einem weltumspannenden Heilsdrama ausgeweitet hat, so hat er Jesus doch, obwohl er ihn wahrscheinlich nie gehört hat, von allen Aposteln am besten, vielleicht als einziger überhaupt wirklich verstanden.

Der Mensch muß nur bejahen, daß er von Gott bejaht ist. Wenn Jesus, auf Grund seiner eigenen innigen Verbundenheit, Gott »Vater« nennt oder wenn er in der Hoffnungssprache seiner Zeit das Kommen des Reiches Gottes ankündigt, dann meinen beide religiösen Symbole die Bejahung des Menschen durch Gott, die durch keine Tat und Leistung zu erringen, aber auch durch keine Schuld oder Angst zu entkräften ist.

Kein anderer protestantischer Theologe meiner Zeit hat dies für mich vorbehaltloser und umfassender ausgedrückt als Paul Tillich. In seinen »Religiösen Reden« gibt es eine Stelle, aus der ich Jesu eigene Stimme zu vernehmen meine. Sie klingt für mich wie eine Glocke, die über den Fragen, Zweifeln und Verzweiflungen der Menschen unserer Zeit, auch über meinen eigenen, schwingt. Weil diese Sätze Tillichs mir in meinem Leben wichtig geworden sind, schreibe ich sie hier hin: »Dennoch bejaht, bejaht durch das, was größer ist als Du, und dessen Namen Du nicht kennst. Frage jetzt nicht nach dem Namen, vielleicht wirst du ihn später finden... Nimm nur dies an, daß Du bejaht bist. Wenn uns das geschieht, dann empfangen wir Gnade. Nach einer solchen Erfahrung werden wir nicht besser sein als zuvor und keinen größeren Glauben haben als zu-

Jesus aus Nazareth – seht, welch ein Mensch! 81

vor. Aber alles ist verwandelt. In diesem Augenblick überwindet die Gnade die Sünde, und Versöhnung überbrückt den Abgrund der Entfremdung. Diese Erfahrung erfordert nichts; sie bedarf keiner Voraussetzung, weder einer religiösen noch einer moralischen, noch einer intellektuellen; sie bedarf nichts als nur das Annehmen.«

Nur wie ein Echo auf Gottes Ja ist die Umkehr des Menschen. Wer sich von Gott bejaht weiß so, wie er ist – und wie er selbst vielleicht gar nicht sein möchte –, bleibt nicht, wie er ist, sondern fängt an, sich zu ändern. Die ihm gewährte Gnade des Seindürfens befreit ihn zu sich selbst.

Der freie Zugang zu Gott erschließt ein mündiges Verhältnis zur Welt. Wer zu Gott furchtlos »Abba, lieber Vater« sagen kann, der kann auch frei und angstlos mit der Welt umgehen. Für ihn ist die Welt weltlich geworden.

Die Verweltlichung der Welt hat vor allem zwei – in ihrer späteren weltgeschichtlichen Bedeutung kaum zu überschätzende – Konsequenzen: die grundsätzliche Aufhebung der aller antiken Religionspraxis zugrunde liegenden Unterscheidung zwischen sakraler und profaner Sphäre – und die Konzentration aller religiösen und weltlichen Gebote auf das Doppelgebot der Liebe.

»Der Sabbat ist um des Menschen willen da, und nicht der Mensch um des Sabbats willen« (Markus 2,17) – »Nicht was zum Mund eingeht, sondern was aus dem Herzen kommt, macht den Menschen unrein« (Matthäus 15,11) – »Die Tempelsteuer mag man, obwohl die Söhne frei sind, um des lieben Friedens willen entrichten.« (Matthäus 17,24ff.)

Diese wenigen Sätze markieren eine religionsgeschichtliche Wende und sind in ihrer befreienden Wirkung kaum zu überschätzen. Sie bedeuten ineins eine Entgrenzung der Religion und eine Entkrampfung des Lebens. Damit hat die ständige Angst vor Gesetzesübertretung und ritueller Verunreinigung ein Ende. Zugleich sind alle Ordnungen, ob sakral oder profan, nur noch dazu da, dem Leben der Menschen zu dienen – und keine ist so heilig, daß ein Mensch für sie geopfert werden dürfte.

Die Orientierung im weltlichen Handeln gibt die Liebe. Ob Gottes- oder Nächstenliebe – die Liebe ist unteilbar, sie hat nur jeweils ein verschiedenes Gegenüber. Darum das Doppelgebot: »Du sollst Gott, deinen Herrn, lieben von ganzem Herzen... und deinen Nächsten wie dich selbst.« Das Verhältnis des Menschen zu Gott muß sich in der Beziehung zum Mitmenschen widerspiegeln. Darum soll er »seinen Nächsten lieben wie sich selbst«. Vergeblich habe ich nun schon bald lebenslang gegen das modische Mißverständnis dieses Satzes gestritten. Wenn Jesus die Nächstenliebe an der Selbstliebe mißt, dann macht er die Selbstliebe damit nicht zur notwendigen Voraussetzung der Nächstenliebe. Unsere gewiß richtige psychologische Erkenntnis, daß nur, wer sich selbst angenommen hat, auch seinen Nächsten annehmen könne, ist nicht Jesu Problem. Ihm geht es ohne alles Wenn und Aber um die Erfüllung des göttlichen Liebesgebots. Deshalb erhebt er den äußersten Maßstab, ja geradezu die Maßlosigkeit zum Maß der Nächstenliebe – und das ist nun einmal die Selbstliebe des Menschen. Darum ist, wer seinen Nächsten liebt wie sich selbst, selbstvergessen – und wer sich selbst vergißt, ist wahrhaft frei.

Wieder scheint mir der Apostel Paulus Jesu Verkündi-

Jesus aus Nazareth – seht, welch ein Mensch!　　　83

gung hier am zutreffendsten verstanden zu haben. Für den
neuen mündigen Umgang des Menschen mit der Welt hat
er den Leitsatz formuliert: »Alles ist erlaubt, aber nicht
alles ist zuträglich.« (1. Korinther 6,12) »Alles ist erlaubt«
– damit ist die Profanität der Welt proklamiert und aller
Lebensraum dem freien Tun des Menschen überantwor-
tet. »Aber nicht alles ist zuträglich« – damit ist dem Menschen die Beliebigkeit verwehrt, jedoch zugleich auch die
Unterscheidung zwischen dem, was gut und was böse,
was nützlich und was unnütz ist, in die Hand gegeben.
Kraft seiner Vernunft besitzt er die Fähigkeit, die Unterschiede zu erkennen und entsprechend zu handeln. Damit
war die Säkularisierung der Welt im Entwurf da! Durch
seine konsequente Auslegung der Gottesverkündigung
Jesu hat Paulus ihr sozusagen »Vorschub geleistet«.

Alles, was die vier Evangelisten über Jesu Person und Botschaft aussagen, läßt sich für mich in zwei Versen aus zwei
verschiedenen Gleichnissen Jesu konzentrieren.

Im Gleichnis vom verlorenen Sohn heißt es: »Als der
Sohn noch fern war, sah ihn sein Vater, und er jammerte
ihn, er lief und fiel ihm um den Hals und küßte ihn.« (Lukas 15,20) Dieser Satz kehrt im Gleichnis vom barmherzigen Samariter fast wörtlich wieder: »Ein Samariter kam
des Weges, und als er ihn sah, jammerte er ihn..., und er
ging zu ihm und hob ihn auf.« (Lukas 10,33 f.) Beide Male
ist von einem Weg die Rede, von einem Sehen und Sich-
Erbarmen und Sich-auf-den-Weg-Machen. Die Zuwendung des Vaters zu dem heimkehrenden Sohn setzt sich
spiegelbildlich fort in der Hinwendung des Samariters zu
dem am Wege Liegenden. Wie der Vater sich über den

heimkehrenden Sohn herabbeugt und ihn an sich zieht, so geht auch der Samariter zu dem unter die Räuber Gefallenen hin, beugt sich über ihn, hebt ihn auf und nimmt ihn mit sich.

Ich könnte den Zusammenklang zwischen diesen beiden Sätzen das »Zweiwegeschema« des Christentums nennen.

Aber reicht dies als Summe der christlichen Botschaft aus? Bedarf es zum Heil des Menschen außer dem Wort nicht auch einer Tat? Was bedeutet dann noch das zentrale Heilsereignis der christlichen Religion, Jesu Tod und Auferstehung?

Ich bin in einem Christentum aufgewachsen, in dem das Leben Jesu im Vergleich zu seinem Sterben und Auferstehen nur eine geringe Rolle spielte – fast nur ein Vorspiel auf der Weltbühne des göttlichen Heilsdramas. Entsprechend sagte man von den neutestamentlichen Evangelien gern, sie seien keine Biographien mit einem tragischen Schluß, sondern Passionsgeschichten mit ausführlichen Einleitungen. So wurden Jesu Tod und Auferstehung, losgelöst fast von seinem Leben, zu zwei in sich selbständigen und aus sich selbst verständlichen Heilstatsachen.

Dabei bereitete Jesu Tod mir stets die größere Beschwer.

Welche Deutungen seines Sterbens das Neue Testament auch bietet – ob als Sühneopfer, Passahlamm, Stellvertretung, Genugtuung, Loskauf –, alle zielen zuletzt auf das Eine, daß Jesus am Kreuz auf Gotgatha stellvertretend für die Sünde der Menschheit gestorben sei – und dies nach Gottes ewigem Ratschluß! Aber gerade als ewige göttliche

Jesus aus Nazareth – seht, welch ein Mensch! 85

Heilstat wird Jesu Tod auch für Christen heute zum Ärgernis, und zwar nicht aus Unglauben, sondern eher aus Glauben. Ich höre noch Eugen Kogons oft wiederholten, empörten Protest: »Was ist das für ein Gott, der seinen Sohn als Opferlamm schlachten läßt, um den Menschen ihre Sünde vergeben zu können!«

Nun, der Gott, den Jesus als seinen »Vater« geglaubt und verkündigt hat, war es gewiß nicht.

Anfangs habe ich natürlich auch unbedenklich nachgesprochen: »Also hat Gott die Welt geliebt, daß er seinen eingeborenen Sohn gab« (Johannes 3,16) – und dabei an die Erlösung der Welt durch Jesu Tod gedacht. Aber schon während meines Studiums kamen mir Bedenken, und diese nahmen verständlicherweise zu, als ich zu predigen hatte.

Eine Zeitlang half ich mir mit der Idee des Urbilds – »Urbild« meint ein einmaliges Ereignis der Vergangenheit, das dadurch wirklich und bedeutsam bleibt, daß es den Sinn gegenwärtiger Wirklichkeit erschließen hilft. Auf diese Weise hat der junge Luther Jesu Tod und Auferstehung als ein »Exempel« verstanden: An Jesu Geschick kann der Gläubige seinen eigenen Weg ablesen, wie Gott am Menschen handelt, wie er ihn durch Nein zum Ja, durch Leid zum Sieg, durch die Tiefe zur Höhe, durch Tod zum Leben führt. Angesichts des widersprüchlichen Einerlei der Welt gibt so der Blick auf Jesu Kreuz einen Haltepunkt und spendet Kraft zum Ausharren und Überwinden. Für mich bedeutete diese Interpretation des Geschicks Jesu nicht nur eine theologische Verstehenshilfe, sondern in der wachsenden Bedrängnis und Einsamkeit der Nazi- und Kriegsjahre auch einen geistlichen Trost.

Ganz abhandengekommen ist mir die urbildliche Deutung bis auf den heutigen Tag nicht.

Von allen Deutungen des Todes Jesu im Neuen Testament erscheint mir der Gedanke der Stellvertretung noch als der plausibelste. »Stellvertretung« ist ein Lebensgesetz des menschlichen Daseins. Daß ein Menschenleben das andere nicht nur begrenzt und verdrängt, sondern auch für es eintreten und einstehen kann, davon ist eine Ahnung und Erfahrung unter den Menschen vorhanden. Indem ein anderer an unser Statt etwas tut, stellt er uns davon frei – sein Tun kommt uns zugute.

Im Falle Jesu aber darf die Stellvertretung nicht nur auf sein Leiden und Sterben bezogen sein, sondern muß sein ganzes Wirken – sein Glauben, Verkündigen und Verhalten – umgreifen. Leben und Sterben Jesu bedingen sich gegenseitig. Ohne sein Leben und Lehren wäre sein Tod nicht verständlich, ohne seinen Tod aber auch sein Leben und Lehren kaum zu solcher Bedeutung gelangt.

Jesu Tod ist weder ein göttlicher Einfall noch nur ein menschlicher Zufall gewesen, sondern die logische Konsequenz seines Lebens.

Nicht Gott hat Jesus ans Kreuz gebracht – das haben Menschen getan. Wer behauptet, daß Jesu Tod auf Grund einer innertrinitarischen Verabredung zustandegekommen, mithin von Ewigkeit her beschlossen gewesen sei, muß die Konsequenz in Kauf nehmen, daß Gott die Juden hat bewußt ins Unheil laufen lassen. Solche Gotteslästerung kommt heraus, wenn man die Heilsgeschichte »übergeschichtlich« versteht und sie so zu einem toten Geschiebe macht.

Andererseits aber ist Jesu Tod auch kein reiner Zufall gewesen. War er auch nicht von Ewigkeit her vorgesehen, so war er doch von Anfang an abzusehen. Schließlich ist Jesus gekreuzigt worden und nicht im See Genezareth beim Fischen ertrunken. Die Art seines Sterbens weist auf sein Leben zurück. Sein Glaube war es, der ihm seine »Freiheit zum Wort« gab, und seine Freiheit zum Wort war die Ursache seines Todes.

Wer so redet und handelt wie Jesus, ist für jedes religiöse und politische Establishment gleichermaßen ein Sicherheitsrisiko. Und so wird der Unruhestifter ausgeschaltet. Gewiß war die Kreuzigung Jesu ein Akt religiös-politischer Justiz – aber war es ein Fehlurteil? Was sich auf Golgatha ereignet hat, war ebenso viel oder wenig ein »Justizmord« wie andere derartige Hinrichtungen in der blutigen Geschichte der Ideologien und Religionen. Auch in den Augen der christlichen Obrigkeiten galten Ketzer meistens zugleich als politische Aufrührer, und die Zusammenarbeit zwischen dem »geistlichen« und dem »weltlichen« Arm hat hier gleichfalls reibungslos funktioniert.

Nicht um für die Sünden der Menschheit zu sterben, ist Jesus nach Jerusalem hinaufgezogen, sondern um im religiösen und nationalen Zentrum Israels die endgültige Entscheidung für oder wider seine Botschaft herauszufordern. Weil diese Botschaft von der Liebe Gottes handelt und Jesus sein Leben für sie hingegeben hat, kann ich mit gutem Grund sagen, daß er »für mich« gestorben ist. Unter den Bedingungen der menschlichen Existenz in der Welt hat Jesus die Liebe Gottes geglaubt und bis ans Ende »ausgelebt«. Zu Recht ist das Kreuz darum zum Symbol der Christenheit geworden.

Bei dieser Stellvertretung aber geht es nicht irgendwie magisch, sondern ganz und gar geschichtlich zu. Es bedarf zur Versöhnung Gottes nicht des blutigen Opfers eines sündlosen Menschen. Der Glaube kann das Blut so hoch unmöglich schätzen. Wo die Vermittlung zwischen Gott und Mensch allein auf der Liebe gründet und damit ganz auf Glauben und Vertrauen gestellt ist, sind alle irgendwie gearteten Rechts- und Kultmittel ausgeschlossen.

Es bleibt mir am Ende wirklich nur die Botschaft von Gott – und mein Glaube an sie. Darüber hinaus geht nichts – auch nicht der Glaube an Jesu Auferstehung.

Was immer den Jüngerinnen und Jüngern nach Jesu Tod widerfahren sein mag – es verdichtete sich für sie zu der Gewißheit: Jesus ist nicht tot – der Gekreuzigte lebt! Nicht die Wiederbelebung des Leichnams Jesu war ihnen wichtig – so etwas kam angeblich auch sonst vor –, sondern die Beglaubigung seines Glaubens durch Gott selbst. Damit erfuhren sie nichts Neues über Gott, nichts, was Jesus ihnen nicht schon zu seinen Lebzeiten gesagt hätte, aber es galt für sie jetzt ein für allemal: Gott ist in der Tat so, wie Jesus ihn geglaubt und verkündigt hat. Künftig gehören Gott und Jesus unwiderruflich zusammen. Darum ist die Geschichte Jesu aus Nazareth – trotz der Kreuzigung – nicht zu Ende, sondern geht weiter. Die Botschaft gilt! Die von Jesus entfachte Glaubensbewegung setzt sich fort bis zu ihrer Vollendung. Jesus bleibt.

Also ist Jesus nicht »leibhaftig« auferstanden, sondern »nur« in seine Botschaft hinein?

Wo immer Menschen im Neuen Testament an die Auferweckung Jesu glauben, dort »tut sich etwas« in ihrem

Leben: Besitz wird geteilt, Wahrsagebücher werden verbrannt, Gemeinschaft entsteht neu, Angst und Leid wird bestanden, Menschen sind bereit, für ihren Glauben ins Gefängnis, sogar in den Tod zu gehen. Daß »Jesus lebt« – wie läßt sich dies »leibhaftig« anders bezeugen, als daß Menschen an den von Jesus erfahrenen und verkündigten Gott glauben und in der Kraft dieses Glaubens die Wirklichkeit der Welt wahrnehmen und bestehen?

Darum habe ich mein zweites Jesus-Buch mit dem Zitat von Eugen Rosenstock-Huessy geschlossen: »Er geht auf die Namenssuche. Der halbe Satz, die erste Hälfte des Satzes – das ist Jesus; die andere Hälfte ist der Gläubige. Erst beide zusammen bezeugen Jesus Christus. Denn nun ist er wahrhaftig auferstanden, weil Du seinen Satz zu Ende sprichst.«

Auf meinem Weg von Jerusalem nach Galiläa – vom trinitarischen Heilsdrama zur jesuanischen Christologie – bin ich in den letzten Jahren noch ein Stück weitergekommen und damit zum vorläufigen Endpunkt gelangt. Auf die Spur gesetzt durch die zeitgenössische religiöse Situation mit ihrem neuen Verlangen nach Spiritualität, habe ich die neutestamentlichen Evangelien noch einmal gelesen und dabei neu entdeckt, wie sehr in ihnen Jesu gesamte Existenz, sein Glauben, Verkündigen und Handeln, von Gottes Geistesgegenwart bestimmt ist, so daß man sagen kann: Jesus aus Nazareth steht als der Urcharismatiker am Beginn der Geschichte des Christentums.

Das scheint mir den Weg von der traditionellen altkirchlichen Zweinaturenlehre zu einer zeitgenössischen Geistchristologie zu weisen, die ein geschichtlich faßlicheres Verständnis der Person Jesu verspricht, ohne ihr göttliches Geheimnis aufzulösen.

Der holländische Religionshistoriker G. van der Leeuw schreibt einmal: »Es gibt Erlebnisse, die wie ein Funke im Pulverfaß wirken. Diese nennen wir ›Stiftung‹.« Genau dies ist durch Jesus aus Nazareth geschehen. Er hat selbst von sich gesagt: »Ich bin gekommen, ein Feuer auf Erden anzuzünden« – und voll Bangen hinzugefügt: »was wollte ich lieber, als es brennte schon.« (Lukas 12,49) Feuer ist in der Bibel ein Bildwort für Gottes Geist. Mit Jesu öffentlichem Auftreten hat mithin eine Geistbewegung begonnen, deren Feuer bis auf den heutigen Tag brennt.

Ich habe dies bisweilen mit Michelangelos bekanntem Deckenfresko von der Erschaffung des Menschen verglichen. Während dort zwischen dem Finger Gottes und dem des Adam ein Abstand bleibt, hat Gottes Finger den Finger Jesu berührt. Dieser symbolische Vorgang bildet die Lebensgrundlage aller späteren Christologie.

Es hat lange gedauert und viel Arbeit gekostet, bis Gottes Geist sich in der Geschichte Israels durchgerungen hat: Von der Zeit der Richter, in der der Geist Menschen mit unbändiger Gewalt überfiel und diese sich wie Berserker aufführten – über Elia, der Gottes Stimme nicht mehr im Erdbeben, Feuer und Sturm, sondern als ein stilles, sanftes Sausen vernahm – bis hin zu den Propheten, für die die Erneuerung Israels, des Einzelnen wie des Volkes, durch die Kraft des Geistes Gottes zur entscheidenden Botschaft und der mit dem Geist gesalbte Messias zur zentralen Heilsgestalt der Endzeit wurde.

Nach der Rückkehr aus dem babylonischen Exil aber erlosch der Geist Gottes allmählich in Israel, so daß der

Jesus aus Nazareth – seht, welch ein Mensch! 91

Psalmist klagt: »Kein Prophet predigt mehr, und keiner unter uns weiß, bis wie lange.« (Psalm 7,49) Statt dessen begann die Zeit der Schriftgelehrsamkeit. Aber wo immer die theologische Arbeit anfängt, ist die Inspiration Vergangenheit geworden, und die korrekte Auslegung und Befolgung der Tradition wird zum Inhalt der Religion und Theologie.

In dieser israelitisch-jüdischen Geistesgeschichte Gottes hat Jesus aus Nazareth seinen geschichtlichen Ort. Durch sie hat er seine »geistliche« Prägung empfangen.

Für ein entsprechendes charismatisches Jesus-Bild bietet die neutestamentliche Überlieferung reichlich Stoff. In ihr erscheint Jesus in vielerlei Gestalt: als Rabbi, Wanderprediger, Wundertäter, Exorzist. Aber dies ist kein Einerlei aus Vielerlei; vielmehr fügen alle einzelnen Züge sich zu einem einheitlichen Bild: Jesus ist von Gottes Geist getrieben – dies ist der Impuls seines Lebens und Wirkens.

Die Kraft des heiligen Geistes, die Jesus einwohnt, ist zugleich die Kraft des von ihm angekündigten Reiches Gottes. Das Charisma der Person und die Dynamik des Reiches sind eins – diese Einheit spiegelt sich in Jesu Lebensgang wider. Um dies zu zeigen, müßte man die Evangelien ausschreiben – ich kann es hier nur punktuell andeuten.

Es beginnt mit der Geistzeugung; auf sie folgt später die Geisttaufe. Gleich nach der Taufe treibt der Geist Gottes Jesus in die Wüste, wo der böse Geist ihn versucht. Danach führt Gottes Geist ihn nach Galiläa zurück. Und schon bei seinem ersten Auftreten in seiner Heimatstadt Nazareth liest Jesus während des Gottesdienstes in der Synagoge aus dem Propheten Jesaja jene Stelle, die das Kommen des mit

dem Geist Gottes gesalbten Heilsbringers der Endzeit ankündigt: »Der Geist des Herrn liegt auf mir, weil er mich
gesalbt hat...« Dann beginnt er seine Predigt darüber mit
den Worten: »Heute ist das Wort der Schrift erfüllt vor
euren Ohren.« (Lukas 4,14ff.)

Wenn die Zuhörer sich von Jesu Wort betroffen zeigen,
dann nicht so sehr durch einen einzelnen Gedanken oder
Satz als vielmehr durch die Art und Weise seines Redens
insgesamt. Er redet anders, als sie es von ihren Schriftgelehrten gewohnt sind: unvermittelt aus sich selbst. Seine
Autorität hat etwas Unabgeleitetes, Ureigenes – es ist sein
Charisma.

Den Höhepunkt der Krankenheilungen bilden die Dämonenaustreibungen. Gottes Geistesgegenwart entmach-
tet die unreinen Geister; ihre Bannung ist das Siegel auf
Jesu Reich-Gottes-Verkündigung. Aber es sind vor allem
gerade die Dämonenaustreibungen, die zur Konfrontation
mit der geistlichen Behörde in Jerusalem führen: Wes Geistes Kind ist der Exorzist – und wer unterscheidet die Geister? Der Charismatiker gerät bei den Theologen in den
Verdacht der Ketzerei. Damit kündet sich eine Scheidung
der Geister an: der tödliche Konflikt mit dem religiösen
Establishment auf der einen Seite und der Beginn einer
neuen Geistgemeinschaft auf der anderen.

Aus dem anfänglichen Konflikt sind sehr bald schon –
und das beweist seine Grundsätzlichkeit – zwei unterschiedliche Heilswege entstanden. Entsprechend hat die
israelisch-jüdische Religionsgeschichte einen doppelten
Ausgang genommen. Sie mündet einmal in das Judentum
der hebräischen Bibel und des Talmuds und zum anderen
in das Christentum des Alten und Neuen Testaments.

Jesus aus Nazareth – seht, welch ein Mensch! 93

Während die Juden für Jesus, falls überhaupt, eine Adventskerze anstecken, entzünden die Christen für ihn einen Lichterbaum.

Den Streit darüber, wer den originären Jesus besitzt – die Juden oder die Christen – halte ich für müßig. Ich bin versucht zu sagen: »Von der Parteien Haß und Gunst verwirrt, schwankt sein Charakterbild in der Geschichte.« Historisch mag die Auseinandersetzung von einigem Interesse sein, sofern es sich um die Richtigstellung von Fakten handelt, theologisch aber trägt sie nichts aus, sondern endet meisten in einem geistlosen historisch-philologischen Positivismus. Die Entscheidung über Rang und Geltung einer religiösen Wahrheit hängt weder an der historischen Priorität noch fällt sie überhaupt im historischen Zirkel. Auch für den jüdisch-christlichen Dialog sollte Lessings Einsicht gelten: »Zufällige Geschichtswahrheiten können der Beweis von notwendigen Vernunftwahrheiten [oder ewigen Glaubenswahrheiten] nie werden.«

Von Jerusalem nach Galiläa, vom trinitarischen Heilsdrama zur jesuanischen Christologie – blicke ich auf meinen Weg zurück, so dünkt mich: Alles in allem war es ein Fortschreiten von der Historie zur Religon.

Die Frage nach dem historischen Jesus, so gewichtig sie am Anfang stand, ist mir unterwegs fast abhanden gekommen. Heute kann ich gelassen mit Paul Tillich sprechen: »Wenn er es nicht war, dann war es eben ein anderer« – ein anderer Mensch oder auch eine Gemeinde. Ja, ich könnte auf die Evangelien übertragen, was G. B. Shaw von den Dramen Shakespeares gesagt hat: »Wenn die

Stücke nicht von Shakespeare stammen, dann von einem, der ihm verdammt ähnlich war.« Mit dem Verlust des Boten aber würde die Botschaft für mich nicht gegenstandslos. Zu überzeugend ist der Eindruck, den der in der Bibel verkündigte Jesus, seine Gestalt und Botschaft, in mir hinterlassen hat. »Meinen Jesum laß ich nicht« – nur mein eigener Unglaube könnte ihn mir nehmen.

Zugleich mit dem Fortschreiten von der Historie zur Religion ist mir auch die trinitarische Theologie nähergerückt – aber nicht als theologisches Lehrgebäude, sondern als ein spannendes gott-menschliches Drama. Ich halte das trinitarische Dogma für eine großartige geistliche Dichtung des Glaubens, eine geistvolle Schöpfung menschlicher Weisheit, von der es in der Bibel immerhin heißt, daß sie vor Gott auf dem Erdkreis spiele.

Der legitime Ort des trinitarischen Heilsdramas ist der Kultus im weitesten Sinn des Wortes. Ein Drama darf man feiern, aufführen, tanzen, malen, in Töne setzen, in Stein meißeln, in Sitte und Brauchtum verwandeln, auch darüber meditieren und spekulieren – nur eincs darf man nicht: Man darf es nicht zum Dogma machen und daran dann den Glauben eines Menschen messen.

Für mich bilden Jesu Gotteserfahrung und meine Lebenserfahrung einen Zirkel: Die Art, wie ich die Welt in meinem Leben erfahre und deute, ist durch den Glauben Jesu bestimmt; ich finde ihn in meiner eigenen Lebens- und Welterfahrung bestätigt. In mir ist etwas, das Jesus recht gibt. Was sich in mir nur schwach und undeutlich zu Wort meldet, das ist in Jesu Gottesbewußtsein rein und klar durchgedrungen und als ein vollmächtiges Wort an mich gelangt. Seine unmittelbare Lebensbeziehung zu Gott ist für mich zur Quelle des Lebens geworden. Ich wiederhole im folgenden ein »Bekenntnis«, mit dem ich bisweilen eine Vortragsdiskussion beschließe:

Der Glaube an Gott in der Nachfolge Jesu gibt mir Antwort und damit Mut zum Leben in bezug auf drei Lebensfragen.

Erstens: Er gibt mir Antwort auf die Frage nach der Gegenwart Gottes in der Welt und ermutigt mich, an Gott zu glauben und ihm zu vertrauen – angesichts seiner scheinbaren Abwesenheit in der Welt.

Zweitens: Er gibt mir Antwort auf die Frage nach dem Sinn meines Lebens in der Welt und ermutigt mich, Sinn zu suchen und zu bekennen – angesichts von Schuld, Leid, Verfall und Tod in der Welt.

Drittens: Er gibt mir Antwort auf die Frage nach der Zukunft des Menschen in der Welt und ermutigt mich, die Welt menschlicher gestalten zu helfen – angesichts so vieler Unmenschlichkeiten in der Welt.

Aus diesem dreifachen Grund glaube ich Jesus aus Nazareth seinen Gott. Was er über Gott sagt, hat sich in meinem Leben bewahrheitet. Und darum bin ich bereit, ihn mit der Christenheit als den »Christus Gottes« zu bekennen – auch wenn er es selbst gar nicht sein wollte.

Fünftes Kapitel

Vom Jenseits zum Diesseits

Gotteserfahrung –
Aufklärung der Welt durch den Glauben

> »Ich weiß nicht, wer – oder was – die
> Frage stellte. Ich weiß nicht, warum sie
> gestellt wurde. Ich weiß nicht, ob ich
> antwortete. Aber einmal antwortete ich
> *ja* zu jemandem – oder zu etwas. Von
> dieser Stunde an rührt die Gewißheit,
> daß das Dasein sinnvoll ist und darum
> mein Leben, in Unterwerfung, ein Ziel
> hat. «
> *Dag Hammarskjöld*

Ich habe in meinem Leben eine Wahl getroffen, nicht auf
einmal, sondern allmählich, auch nicht ein für allemal,
sondern immer wieder, alles in allem aber endgültig. Unter den verschiedenen »Heilswegen«, die die moderne
zeitgenössische Gesellschaft anbietet, habe ich den christlichen Glauben gewählt. Ich bin Christ – dies ist die
»Grundentscheidung« meines Lebens. Sie bedeutet ein
Vertrauensvotum. Damit habe ich den von Jesus aus Nazareth verkündigten Glauben an Gott als den Grund gewählt, dem allein ich zutraue, daß er mich mein Leben
lang trägt.

Ich kann die Richtigkeit meiner Wahl nicht beweisen,
ebensowenig wie der Atheist die seine, aber ich muß sie zu
rechtfertigen suchen, indem ich mich bemühe, sie versteh-

bar zu machen. Gewiß kann ich Gott nicht wie irgendeinen Gegenstand der Welt »in Sicht bringen«, aber ich muß versuchen, ihn an der Wirklichkeit der Welt »ersichtlich zu machen«: wie und inwiefern der Glaube an Gott für mich in meinem Leben in Betracht kommt. Dabei vermag ich den Verdacht der Projektion nicht abzuschütteln. Wie er unbeweisbar ist, so bleibt er auch unwiderlegbar. Man muß die Sache lassen anstehen ewiglich. Die Frage nach Gott bleibt allzeit eine offene Frage.

Da ich in einer christlich geprägten Umwelt aufgewachsen bin, ist zusammen mit anderen Wörtern meiner Muttersprache auch das Wort »Gott« an mich gelangt. Indem es rings um mich her gebraucht wurde, lebte ich mich von selbst in seinen Gebrauch ein. Ich kann mich nicht erinnern, in meinem Leben jemals eine bildhafte Vorstellung von Gott gehabt zu haben – bestimmt nicht die vom alten Mann im weißen Bart. Gewiß spreche ich von Gott in menschenförmigen Bildern – wie könnte ich auch anders von ihm reden? Aber diese »Ansichten« sind wechselnde Metaphern – wir können Gottes Wesen immer nur »umschreiben«, das heißt mit unseren Worten um ihn herum schreiben.

Mit dem Wort »Gott« verbindet sich für mich einzig die bildlose Vorstellung von einem Du im Gegenüber. Ich habe noch eine ziemlich genaue Erinnerung, wann sich mir dieses Gegenüber und Du ein für allemal eingeprägt hat. Als Primaner besuchte ich ziemlich regelmäßig den Gottesdienst am Sonntagabend um 6 Uhr. Es war ein leise gestimmter Gottesdienst, mit verkürzter Liturgie, auch mit weniger Besuchern. In diesen Abendgottesdiensten

Gotteserfahrung – Aufklärung der Welt durch den Glauben   99

habe ich erfahren, was »Andacht« heißt. Seitdem ist alles
Nachdenken über Gott für mich ein *An*denken an ihn, ein
*Hin*denken zu ihm, und alles Reden über ihn ein Reden zu
ihm.

Mein Glaube an Gott hat daher eine dialogisch-perso-
nale Struktur. Damit entspricht er dem theologischen
Grundsachverhalt der Bibel. In ihren Zeugnissen spielt der
Lebenslauf Gottes sich als eine Begegnungsgeschichte
zwischen Gott und Mensch ab – zu ihrer Beschreibung
und Deutung stellt sich der Personbegriff dabei von selbst
ein. Aber der »springende Punkt« ist nicht die vorgängige
Vorstellung von Gott als einer Person, sondern die persönliche Erfahrung Gottes als eines Gegenübers und Du:
Gott ist nicht eine Person, auch nicht die höchste unter
allen anderen – aber er begegnet »höchstpersönlich«. Deshalb ist auch der Personbegriff wie alle Bilder und Begriffe, mit denen wir Gottes Wesen umschreiben, eine
Chiffre, die immer neu durch die persönliche Glaubenserfahrung aufgelöst werden muß.

Mit der Kehre der Lebensrichtung vom Jenseits zum Diesseits hat die Säkularisierung den christlichen Glauben neu
»geerdet«. Gott ist nicht dort, wo »oben« über uns der
Himmel ist, sondern »Himmel« ist überall dort, wo mitten unter uns Gott ist. Und Gott ist überall und nirgends –
dies »Irgendwo« macht seine Jenseitigkeit aus.

»Offenbarung« bedeutet demnach nicht, daß ein räum-
lich überweltlicher Gott von außen und oben in die Welt
einbricht, sondern daß der Glaube die Wirklichkeit der
hiesigen Welt als Wirklichkeit Gottes erschließt. Entsprechend erblickt der Gläubige im Licht der göttlichen Offen-

barung nicht eine andere, neue Welt; er sieht diese Welt anders und neu – mit den Augen des Glaubens. Extra mundum nulla salus – außerhalb der Welt gibt es kein Heil. Entweder erfahren wir Gott in der Wirklichkeit der hiesigen Welt – oder wir erfahren ihn überhaupt nicht. Was hülfe es dem Menschen, wenn er seine Seele gewönne, aber die Welt ihm darüber verlorenginge? Christen sind keine »Hinterweltler«, wie Friedrich Nietzsche spottete, sondern »Weltkinder«.

Dies hat Konsequenzen für Ort und Art der Gotteserfahrung. Wenn die Wirklichkeit des jenseitigen Gottes nur in der Wirklichkeit der hiesigen Welt begegnet, dann folgt daraus, daß es stets nur auf Welterfahrung bezogene, durch Lebenserfahrung vermittelte Gotteserfahrung gibt. In der Erfahrung des Glaubens entschlüsseln sich Gotteserfahrung und Welterfahrung wechselseitig. Der Weg zum Glauben führt, darin Gottes eigenem Weg entgegenkommend, durch die Stalltür alltäglicher Lebenserfahrungen und gewöhnlicher menschlicher Verhältnisse. Dabei machen Christen keine anderen Erfahrungen als Menschen sonst; sie erkennen nur in dem, was ihnen widerfährt, Gottes Nähe.

So sind auch meine Erfahrungen mit Gott alle hineingeknüpft in meine alltäglichen Welt- und Lebenserfahrungen. Da geschieht nichts Übernatürliches, kein Eingriff von oben und auch kein Entrücktwerden; da gibt es überhaupt keine »christliche Sonntagskausalität« neben einer »nichtchristlichen Werktagskausalität«. Die Vermittlung der Gotteserfahrung geschieht über die horizontale Dimension. Sie hebt bei der täglichen Lebens- und Welterfahrung an und bleibt bei ihr. Sie überspringt sie an keiner

Gotteserfahrung – Aufklärung der Welt durch den Glauben   101

Stelle, aber sie erschließt sie in ihrer Tiefe. Der Glaube überfliegt nicht die Wirklichkeit – er identifiziert sie. Er deckt die Wahrheit über sie auf: daß sie Gottes Welt ist und immer mehr werden soll.

Alles in allem heißt Gotteserfahrung für mich Aufklärung der Welt durch den Glauben an Gott: »Das ewig Licht geht da herein, *gibt* der Welt einen neuen Schein.«

Wo aber liegt in meinem Leben der Punkt, an dem sich Gotteserfahrung und Welterfahrung wechselseitig entschlüsseln?

Kirchlich und theologisch bin ich mit Martin Luthers Frage aufgewachsen: Wie kriege ich einen gnädigen Gott? Die klassische Antwort darauf gab jener Vers aus dem Römerbrief, bei dessen Auslegung Luther das Licht des Evangeliums aufgegangen ist: »So halten wir nun dafür, daß der Mensch gerecht werde ohne des Gesetzes Werke, allein durch den Glauben.« (3,28) Es war die Initialzündung der paulinisch-lutherischen Rechtfertigungslehre. Aber wer verstand diese Antwort noch, wenn ihm schon die Frage unverständlich war?

So kam es, daß der Lutherische Weltbund auf seiner Vollversammlung 1963 in Helsinki Luthers Rechtfertigungslehre zum Generalthema der Tagung wählte. Bischof Lilje, Präsident des Lutherischen Weltbundes und Herausgeber des »Deutschen Allgemeinen Sonntagsblatts«, beauftragte mich, ein Exposé für die Vorlage auf der Konferenz zu entwerfen. Der Kern meiner theologischen Analyse lautete etwa so: Zum Dasein des Menschen in der Welt gehört die Angst, und jede Zeit hat ihre eigene Angst. Entsprechend sind auch die Fragen und Antworten jeweils verschieden. Der heutige Mensch leidet nicht zuerst unter seiner Sünde, sondern unter der Sinnlosigkeit des Daseins; ihn schreckt nicht der Zorn, sondern die Abwesenheit Gottes; er verlangt nicht nach Vergebung, sondern nach Vergewisserung; er fragt darum, wenn er überhaupt noch nach Gott fragt, nicht nach dem gnädigen, sondern nach dem gegenwärtigen Gott: Wo bist du, Gott – wohin bist du?

Es waren natürlich meine eigenen Fragen, Zweifel und Ängste, die ich in jenem Exposé formuliert hatte. Ich vermochte mich nicht in die religiöse Stimmung des ausgehenden Mittelalters zurückzuversetzen; mir tönte die Posaune des Jüngsten Gerichts nicht so laut in den Ohren wie den Menschen damals. Nicht, daß die Schuld mir nebensächlich geworden wäre – im Gegenteil, je älter man wird, desto schwerer wiegt sie –, aber zur Schuld gesellten sich jetzt mindestens so bedrängend noch andere Ängste wie Sorge, Leid, Verfall und Tod und ballten sich zur Frage nach dem Sinn alles Seienden.

Es war in einem Museum vor einer Weltkarte, auf der die Hungersnöte der Menschheit durch die Jahrhunderte eingezeichnet waren, als mich – nicht zum ersten Mal – der Gedanke an die Millionen, ja schon Milliarden Menschen vom Neandertaler bis heute überfiel: Worin liegt der Sinn dieser unzähligen Menschenleben? Waren sie alle, jeder Einzelne, ein originaler Gedanke Gottes, zu seinem Ebenbild geschaffen, und hielt er sie alle in seiner Hand? Mehr als die endlose Weite des Kosmos bedrängt mich der wirre Lauf der Geschichte. Es ist die radikale Zufälligkeit alles Seienden, wovor ich erschrecke. Nichts in der Welt ist schon immer dagewesen, und nichts in ihr wird für immer

Gotteserfahrung – Aufklärung der Welt durch den Glauben   103

dasein. Kein Mensch oder Ding ist in sich notwendig, sondern jedes für sich und alles zusammen beliebig. Warum ist überhaupt etwas da und nicht vielmehr nichts da? Und wozu bin ich selbst da?

Wenn ich von dem ganzen Christentum nichts glaubte – was die christliche Theologie seit altersher mit dem Symbol der »gefallenen Schöpfung« ausdrückt, das glaube ich. Denn das trifft die Wirklichkeit, in der ich täglich lebe. Die Welt ist weder ein Schicksal, für das der Mensch nichts kann, noch nur das Produkt seiner Schuld, sondern beides in einem: Schicksal und Schuld laufen, unauflöslich miteinander verflochten, wie in einem Ring ineinander. Dadurch erhält die Welt für mich eine Tönung ins Dunkle und ihr Lauf eine Neigung zum Bösen, Unheilvollen, und ihr Bestand verrät eine Hinfälligkeit, die nur aufzuhalten, der aber nicht gründlich aufzuhelfen ist. Und das ist nicht nur »ein Erdenrest, zu tragen peinlich«, sondern ein Einschlag im Gewebe des Ganzen – ein Zustand, in dem ich mich vorfinde, den ich nur ertragen kann, aber selbst nicht zu ändern vermag.

Es geht mir, wenn ich nach dem Sinn meines Lebens in der Welt frage, nicht um ein logisches System, in das ich alles, was in der Welt geschieht und mir im eigenen Leben widerfährt, sinnvoll einzuordnen vermöchte, sondern um die Vergewisserung meiner Existenz in der Welt und damit um den verläßlichen Grund meines Lebens.

So mündet die Sinnfrage für mich in die Vertrauensfrage: Worauf ist Verlaß? – und gerät damit in die Nähe zur Gottesfrage. Denn worauf ein Mensch sich verläßt, woran er sein Herz hängt, das ist nun einmal sein »Gott«.

104   *Fünftes Kapitel: Vom Jenseits zum Diesseits*

Damit stehe ich vor der Grundentscheidung, die ich in meinem Leben getroffen habe, vor meinem Vertrauensvotum für den christlichen Glauben.

Daß Gott die Welt geschaffen hat, daß er sie gut geschaffen hat und den Menschen in ihr zu seinem Ebenbild – das ist ineins der verläßliche Grund meines Lebens und meines Vertrauens. Es ist Gottes Ja, das am Anfang von allem steht – seine eigene Vorherbestimmung: daß er gnädig und nicht ungnädig sein will.

Die Gnade Gottes geht aller Sünde und Schuld voraus. Der Mensch ist kein nachträglich Begnadigter, sondern ein von Anbeginn Begnadeter. Als Gottes Selbstmitteilung ist schon das Leben der Schöpfung Gnade. Es ist daher falsch, die Gnade Gottes nur auf die Erlösung von Sünde und Schuld zu beschränken. Gnade macht die innerste Mitte aller kreatürlichen Existenz aus. Es ist derselbe Gott, der uns das tägliche Brot gibt und uns die Schuld vergibt.

Wenn Jesus in der trinitarischen Theologie als der »präexistente Christus« und als der »Mittler der Schöpfung« gedacht wird, dann ist eben darin ausgedrückt, daß die Gnade von Anbeginn der Welt ist. Dieses aller Schöpfung vorangehende Ja Gottes hat Jesus aus Nazareth in seiner Verkündigung erneuert, indem er alle Menschen ohne Vorbedingung zu Gott einlädt – »allein aus Gnade«, weil sie seine Geschöpfe sind.

Die Gnade des Seindürfens ist die Ursache dafür, daß der Grund der Welt verläßlich ist und darum »guter Grund« zum Vertrauen besteht. Mit der Erkenntnis der Schöpfung als Abglanz der Gnade Gottes beginnt für mich die Erlösung der Welt.

Gotteserfahrung – Aufklärung der Welt durch den Glauben   105

Ohne das Zeugnis der Bibel wüßte ich dies alles nicht, aber ich könnte das Zeugnis der Bibel nicht verstehen, wenn es nicht Anknüpfungspunkte in der Welt gäbe, an denen sich meine Gotteserfahrungen festmachen lassen. Solche »Zeichen der Transzendenz« erkenne ich rings um mich her: Zum Beispiel darin, daß ich mich nicht selbst gesetzt habe, sondern mich verdanke und dieser Dank über die hier zu benennenden Personen hinaus ins Anonyme weist – daß meine Biographie mehr ist als die Summe aller verfügbaren Daten und die Rechnung meines Lebens nicht aufgeht, obwohl ich es immer wieder in den Griff zu bekommen suche – daß ich mich für mein Handeln verantwortlich fühle, auch wenn es keine sichtbare Instanz gibt, die mich zur Verantwortung zieht, und ich mich schuldig fühle, obgleich die Umstände mich zu entschuldigen scheinen – daß es durch alle rassischen, sozialen und kulturellen Unterschiede hindurch eine elementare Verbundenheit zwischen den Menschen gibt: die eine »Menschheit«, die nicht von uns geschaffen, sondern in der Schöpfung angelegt ist – daß »der Mensch für den Menschen das höchste Wesen ist« und Menschen bereit sind, sich für andere zu opfern, obwohl eine solche Tat sich rational nicht begründen läßt – daß schließlich die Gottesfrage unzerstörbar ist, es sei denn, ein Mensch unterdrückte sie mit Gewalt oder stillte sie mit »tröstenden Umdeutungen«.

Dies alles nenne ich »Zeichen der Transzendenz«, »Andeutungen Gottes« und damit Anknüpfungspunkte für den nach Offenbarung Ausschau haltenden Menschen. Wie flimmernde Lichtpunkte stehen sie in der dunklen Landschaft der Welt. Aber das Ausschauhalten des Menschen nach Offenbarung ist ambivalent. Es disponiert ihn keineswegs nur zur Annahme der christlichen Offenbarung, sondern macht ihn ebenso anfällig, irgendein anderes Angebot eines totalen Sinns anzunehmen – und dies mittels derselben Lust zum Transzendieren.

Deshalb gleichen alle Anknüpfungspunkte, alle religiösen Aspekte gegenwärtiger Welt- und Lebenserfahrung schließlich doch immer wieder nur Stufen und Treppen, die ein Stück weiter-, vielleicht auch emporführen, dann jedoch jäh abbrechen und ins Leere ragen oder sich im Ungewissen verlieren. Es gibt keinen Prozessionsweg zu Gott, auf dem man in einem ununterbrochenen Anstieg von der Welterfahrung unmittelbar zur Gotteserfahrung gelangte. Der Prediger Salomo hat dieses Dilemma so ausgedrückt: »Auch hat Gott ihnen die Ewigkeit ins Herz gelegt – nur daß der Mensch nicht ergründen kann das Werk, das Gott tut, weder Anfang noch Ende.« (3,11)

Besondere, sozusagen »augenblickliche« Gotteserfahrungen hat es in meinem Leben nicht viele gegeben. Wer ertrüge es auch, ständig unter religiöser Hochspannung zu stehen? Jene momentanen Erlebnisse ragen aus dem Gleichmaß des religiösen Alltags hervor wie einzelne Bäume in der Landschaft, aber noch die höchsten nähren sich aus demselben Erdreich wie das Gewächs am Boden.

Den Kernpunkt meiner Gotteserfahrung bildet das Vertrauen auf einen verläßlichen Lebensgrund. Darin vollzieht sich ein Stimmungswandel, den ich am besten mit dem Seufzer »Ach, ja« wiedergeben kann. Die vor Augen liegende Wirklichkeit wird nicht übersprungen, aber sie wird angenommen und bewältigt – obwohl die Welt so ist, wie sie ist. Das bedeutet keine Glücksverheißung, we-

Gotteserfahrung – Aufklärung der Welt durch den Glauben 107

der die Garantie physischer Unversehrbarkeit noch die
Bewahrung vor allen Übeln, wohl aber die Gewißheit
einer unzerstörbaren Geborgenheit.

Der Stimmungswandel kann durch ein Menschenwort
ausgelöst werden, das dem anderen zum Gotteswort
wird. Mir ist dies bei der Beerdigung der beiden mir nächsten Menschen widerfahren. Ich kann mich nicht mehr genau erinnern, was der Pfarrer im einzelnen gesagt hat, aber
das weiß ich noch, wie der durch den Tod zerrissene Le-
benszusammenhang wiederhergestellt wurde, als ob Gott
selbst sich mir aufs neue versprochen hätte. Die Klage ver-
stummte nicht, aber sie wurde getrost.

Sogar mitten in der Todesgefahr, wenn die Bomben um
mich rauschten, pfiffen und schließlich krachten, konnte
mich gelegentlich eine große Ruhe, fast ein Mutwille
überkommen und ich mich neugierig fragen: Wie wird es
gleich sein? Werde ich sehen, was ich geglaubt habe? – so
daß ich, gleich einem Reanimierten, fast enttäuscht war,
wenn ich wieder zu mir selbst kam. Meistens freilich war
die Angst stärker, dafür aber auch die Dankbarkeit hinterher um so größer.

Das Gottvertrauen wird nicht ein für allemal gewonnen,
der Stimmungswandel gelingt nicht immer, und der Ge-
mütszustand bleibt schwankend. An einem Tag möchte ich
mit Martinus von Biberach sprechen:

»Ich komm – weiß nit, woher.
Ich geh – weiß nit, wohin.
Mich wundert, daß ich fröhlich bin« –

und am anderen lieber mit Martin Luther:

> »Ich komm, weiß wohl, woher.
> Ich geh – weiß wohl, wohin.
> Mich wundert, daß ich traurig bin.«

Wann immer ich auf mein Leben, überhaupt auf menschliches Leben blicke, ist mein erster Eindruck der einer kolossalen Anstrengung und, im Vergleich zum geleisteten Einsatz, der einer großen Vergeblichkeit. Um so mehr erstaunt es mich dann immer wieder, daß das Leben dennoch manchmal gelingt, ja daß trotz aller so stark empfundenen Anstrengung und Vergeblichkeit die Grundbefindlichkeit des Lebens für mich das Empfangen bildet.

Darum weiß ich, wenn ich mir auf meine Gotteserfahrung »einen Vers machen« soll, keinen kürzeren als den Bibelvers: »Was hast du, das du nicht empfangen hast?« (1. Korinther 4,7), und wenn ich sie »auf den Begriff bringen« soll, keinen treffenderen als das »Gefühl der schlechthinnigen Abhängigkeit«. Dieser Begriff Schleiermachers und jene Frage des Apostels Paulus zeigen an, was den zentralen Inhalt meiner Gotteserfahrung ausmacht und wo sie in meinem Leben vornehmlich ihren Sitz hat.

Und so kann ich das Wort »Gott« folgendermaßen umschreiben: »Gott« ist der Name dafür, daß das Ja vor dem Nein in der Welt ist, und daß das Ja mächtiger ist als alles Nein; »Gott« ist der Grund dafür, daß ich Vertrauen habe, obwohl ich mir selbst nicht trauen kann; »Gott« repräsentiert das »Mehr«, das ich selbst nicht zu leisten vermag, das mir aber erstaunlicherweise »zugefügt« wird und das mich mein Leben ertragen, bisweilen sogar gelingen läßt;

Gotteserfahrung – Aufklärung der Welt durch den Glauben   109

»Gott« ist die Gewähr, daß die Welt niemals abgeschlossen und der Mensch in ihr eingeschlossen ist, sondern daß die Welt offen bleibt und der Mensch in ihr ein offenes Wesen. Weil Gott ist, kann ich bleiben.

Wenn das Vertrauen die Mitte meiner Gotteserfahrung ausmacht – wie verhalten sich dann Gottes Wirken und mein »Werkeln« zueinander? Geradezu gefragt: Was und wieviel stammt in meinem Leben von Gott, was und wieviel von mir? Theodor Haecker hat dies in das geistreiche Bonmot gefaßt: »Frage eines Geärgerten: Läßt Gott Hitler seinen oder Seinen Willen tun?«

Gleich vielen anderen Christen in unserer Zeit habe ich vom traditionellen Allmachtsglauben Abschied nehmen müssen. Die naive theistische Vorstellung von einem Gott, der als ein persönliches, allmächtiges Wesen über der Welt und Menschheit thront und von droben und draußen nach vorgesehenem Plan in den Lauf der Welt und das Leben des Einzelnen eingreift, besitzt für mich keine Überzeugungskraft mehr. Es war schon eine arg maskuline Theologie, die wir Männer uns damit geleistet haben. Sie bedurfte dringend einer feministischen Korrektur.

Alle Aussagen über Eigenschaften Gottes haben nur Gehalt und Geltung, sofern sie sich auf ihre dogmatische Grundform, auf Erfahrungen des Glaubens, zurückführen lassen. Das gilt auch für die Rede von der Allmacht Gottes.

Wenn Jesus sagt, daß kein Sperling auf die Erde falle, ohne daß Gott es wolle, und daß alle Haare auf unserem Haupt gezählt seien, dann will er damit nicht, in einer Art theologischer Mengenlehre, einen Beweis für Gottes Allmacht erbringen, sondern mit Hilfe eines poetischen Bildes zum Vertrauen ermutigen. Deshalb schließt jene Perikope auch mit dem Zuspruch: »Darum fürchtet euch nicht!« (Matthäus 10,29 f.; Lukas 12,6 f.) Daß Gott allmächtig ist, bedeutet mithin keine allgemein abrufbereite Wahrheit im Sinne objektiver Feststellbarkeit und ist daher auch nicht neutraler Beobachtung zugänglich. Es ist erfahrbar nur in der persönlichen Betroffenheit des Glaubens, wenn jemand auf Gott vertraut, seine Hilfe erfährt und so an seiner Allmacht teilhat.

Gott zerreißt nicht ständig den Kausalzusammenhang der Natur und Geschichte, sondern er »macht, daß die Dinge sich selber machen« (Teilhard de Chardin). Das verbürgt die Freiheit des Menschen und die Offenheit der Geschichte. Der Lauf der Welt ist nicht von Ewigkeit her festgelegt; Sinn und Ordnung stehen nicht von vornherein fest. Vielmehr würdigt Gott den Menschen, bei der Ordnung und Deutung der Welt mitzuwirken und mit ihm zusammen den Sinn zu entwerfen und die Ordnung zu schaffen. Dabei funktioniert der Mensch nicht wie eine Puppe im Marionettentheater, bei dem Gott, verborgen hinter dem Vorhang, die Fäden zieht, sondern er gleicht einem Schauspieler auf der Bühne, der seine Rolle frei gestaltet – wie in einem Stegreifspiel. Es ist nicht Gottes Sache, sondern die Aufgabe und Last des Menschen, sich zwischen den jeweils möglichen Lösungen zu entscheiden, das Böse zu überwinden und das Gute zu wählen. Wo es aber geschieht, dort ist es nach seinem Willen und geschieht in seiner heilsamen Nähe.

Gotteserfahrung – Aufklärung der Welt durch den Glauben   111

Wie Gotteserfahrung und Welterfahrung und entsprechend göttliches Walten und menschliches Tun ineinander verknüpft sind, vermag ich theologisch insgesamt nicht präziser auszudrücken, als die biblische Josephsgeschichte es erzählt (1. Mose 37–50).

Sie schildert Josephs Geschick als »Schickung im Zusammenhang«: Wie Gott sein Leben gefügt und es durch alles Auf und Ab zu einem guten Ende geführt hat – vom Mordanschlag seiner Brüder und der Verschleppung durch sie nach Ägypten, über anfänglichen raschen Aufstieg dort und jähen neuen Sturz bis zu seiner endgültigen Erhöhung.

Die Josephsgeschichte, wie sie im Alten Testament erzählt wird, zeigt keinen auffälligen religiösen Aspekt. Insgesamt herrscht eine immanente Gesetzlichkeit, die durch keinen göttlichen Eingriff unterbrochen wird; die Kausalkette bleibt lückenlos geschlossen. Die Menschen, die in der Geschichte auftreten, denken und treiben, was sie für ihre Sache halten, und sie tun es mit guten und bösen Gedanken, mit Bedacht, List und Betrug. Kurzum, es geht von Anfang bis Ende ganz und gar weltlich und menschlich zu.

Nur ganz zum Schluß zieht der Erzähler den Vorhang für einen Augenblick beiseite und läßt erkennen, daß in diesem ganz und gar menschlichen und weltlichen Geschehen Gott gehandelt hat. Das Schlußwort, das Joseph an seine Brüder richtet, lautet: »Ihr gedachtet es böse mit mir zu machen, Gott aber gedachte es gut zu machen, um zu tun, was jetzt am Tage ist, nämlich viele Menschen am Leben zu erhalten.« (1. Mose 50,20) Dieses Schlußwort bildet zugleich das Schlüsselwort, das den Sinn der ganzen

Josephsgeschichte aufschließt, indem es die einzelnen Ereignisse zu einem größeren Sinnzusammenhang verbindet.

»Ihr gedachtet – Gott aber gedachte«: Mag es auch weltlich ausgesehen haben und menschlich zugegangen sein – in all dem hat verborgen Gottes heilsame Nähe gewirkt und das Tun der Menschen, selbst das böse, zum Guten gewendet: Viele Menschen sind vor einer drohenden Hungerkatastrophe bewahrt geblieben, allen voran Josephs Sippe, das künftige, von Gott erwählte Volk Israel. Wie sich beides zueinander verhält und am Ende zusammenfügt, Menschengedanken und Gottesgedanken, göttliches Walten und menschliches Tun, wird nicht gesagt. Der Glaube aber bekennt rückwirkend: Gott hat es gefügt.

Ich habe meine Kriegserlebnisse einmal als meine »Josephsgeschichte« erzählt. Auf welche Weise es sich gefügt hat, daß ich den Krieg heil überstanden habe, kann ich rückschauend auf zweierlei Weise schildern. Ich kann es als Gottes Führung und Geleit deuten – so, wie es im 91. Psalm heißt: »Wenn auch tausend fallen zu deiner Seite und zehntausend zu deiner Rechten, so wird es doch dich nicht treffen.« Ich kann dasselbe Geschehen aber auch als ein fortgesetztes menschliches Kunststück schildern, ähnlich dem gewitzten Soldaten Schwejk oder auch dem glückhaften Hochstapler Felix Krull. Schließlich gehörte viel Anstrengung und Geschick dazu, um die Naziherrschaft und den Krieg lebend zu überstehen. Überleben im Kriege allein aber konnte nicht der Sinn des Lebens sein.

Göttliche Vorsehung und menschlicher Vorsatz lassen sich nicht prozentual gegeneinander aufrechnen. Man

Gotteserfahrung – Aufklärung der Welt durch den Glauben   113

kann Gottes Providenz auch nicht, wie die altprotestanti-
schen Dogmatiker es versucht haben, begrifflich systema-
tisieren, indem sie zwischen Bewahrung (conservatio),
Mitwirkung (concursus) und Regierung (gubernatio) un-
terschieden und diese wiederum in Erlaubnis (permissio),
Verhinderung (impeditio), Lenkung (directio), Bestimmung (determinatio) und so weiter unterteilten. Mit solchen dogmatischen Schemata erfaßt man den Glaubens-
sinn der Lehre von Gottes Vorsehung nicht. Darum zitiert
Gerhard Ebeling – der Systematiker unter den systematischen Theologen schlechthin! – wie auch sonst in seiner
»Dogmatik des christlichen Glaubens« an dieser Stelle ein
Kirchenlied, und zwar aus Paul Gerhardts Choral »Befiehl
du deine Wege« den Vers:

> »Dein ewge Treu und Gnade,
> o Vater, weiß und sieht,
> was gut sei oder schade
> dem sterblichen Geblüt.
> Und was du dann erlesen,
> das treibst du, starker Held,
> und bringst zu Stand und Wesen,
> was deinem Rat gefällt. «

Dazu stelle ich den Vers von Jochen Klepper:

> »Ich weiß, daß auch der Tag, der kommt,
> mir deine Nähe kündet,
> und daß sich alles, was mir frommt,
> in deinem Ratschluß findet.
> Sind nun die dunklen Stunden da,

soll hell vor mir erstehen,
was du, als ich den Weg nicht sah,
zu meinem Heil ersehen.«

Beide Dichter haben ihre Lieder in einer Zeit geschrieben, als sie selbst tief im Leid steckten, Paul Gerhardt in den Schrecknissen des Dreißigjährigen Krieges, Jochen Klepper in der Verfolgung durch die Nazis. Sie sind Zeugen dafür, wie selbst das schwerste Leid im Vertrauen auf Gott bestanden werden kann. Ihre »gedichtete Theologie« bringt deutlicher als alle begriffliche Spekulation zum Ausdruck, worum es in der Lehre von der Vorsehung Gottes geht – um Geborgenheit und Vertrauen.

Seitdem ich von der traditionellen Allmachtsvorstellung freigeworden bin, ist mir Gottes Gegenwart nicht ferner gerückt, sondern eher noch bewußter geworden. Nach wie vor gibt es keine Freiräume in der Welt, in denen Gott nicht wohnte, keine Vorgänge, in denen er nicht wirkte – Gott wäre nicht Gott, wenn er nicht alles in allem wäre. Aber seine Allmacht hat sich für mich sozusagen in seine »Allgegenwart« verwandelt. Sie umgibt mich von allen Seiten wie ein Zelt, in dem ich wohne. Und da kann es dann geschehen, daß mein Glaube alle Kategorien des bloßen Nutzens und Zwecks hinter sich läßt und Gott mir allein um seiner schieren Existenz willen wichtig wird.

Von einem anglikanischen Domherrn wird die folgende Geschichte erzählt: Jeden Morgen pflegte er in einer Seitenkapelle seiner Kathedrale die Eucharistie zu feiern. Hinterher trug er, wie verordnet, die Zahl der Teilnehmer in das Kommunikantenbuch ein. Wenn niemand dagewesen war, schrieb er »Nemo nisi angeli.« Diese fromme Ge-

Gotteserfahrung – Aufklärung der Welt durch den Glauben   115

schichte bewegt mich darum so sehr, weil sie zeigt, wie die absichtslose Erfahrung der Heilsgegenwart Gottes »das Leben und die volle Genüge« schenken kann und damit von aller ehrgeizigen Sorge um Leistung und Erfolg befreit. Gewiß dient der Glaube an Gott dem Leben, aber diese »Lebensdienlichkeit« darf nicht zu einem »Dieu à la carte« – zu einem Gott nach Art des Hauses – werden.

Die Gewißheit der Allgegenwart Gottes geht bei mir mit einem theologischen Nichtwissen einher. Ich vertraue Gottes Vorsehung wohl en gros, en détail aber vermag ich sie nur undeutlich zu erkennen: Gott scheint nicht nur »mit den stärkeren Bataillonen« zu sein, er läßt es auch »allein den Betern nicht gelingen«. Diese Skepsis verleiht meiner Gotteserkenntnis einen Einschlag von Resignation. Paul Tillich meint einmal, die Stoa bedeute in der Geschichte der abendländischen Welt die einzige ernsthafte Alternative zum Christentum. Ich gestehe, daß ihr nobler, gelassener Schicksalsglaube auch mir bisweilen zur Versuchung werden kann. Dann nähert sich meine theologische Resignation der religiösen Skepsis des Predigers Salomo. Was mich mit ihm im Glauben oder Unglauben verbindet, finde ich etwa in dem Vers ausgedrückt: »Gleich wie du nicht weißt, welchen Weg der Wind nimmt und wie die Gebeine im Mutterleib bereitet werden, kannst du auch Gottes Tun nicht wissen, der alles wirkt.« (11,5) Stärker aber als beim Prediger Salomo bleibt meine theologische Resignation umfangen von dem Vertrauen auf Gottes Vorsehung und von meiner Mitverantwortung für den Gang der Welt. Darum sollte ich statt von »Resignation« vielleicht auch besser von »Einwilligung« sprechen: Ich habe in Gottes Walten einzuwilligen gelernt – wobei mir die letzte Einwilligung freilich noch bevorsteht.

Wenn ich nicht mehr an einen allmächtigen, jenseitigen Gott glaube, der von oben her in mein Leben eingreift, wenn sich darum in mein Vertrauen auf Gottes Vorsehung Resignation und Skepsis mischen, dann hat dies notwendig Konsequenzen für meine Auffassung vom Gebet, wichtiger noch, für die Art und Praxis meines Betens.

Aus meiner Kindheit erinnere ich mich: Wenn im Südwesten, in der »Wetterecke«, der Himmel sich blauschwarz färbte und ein schweres Gewitter heraufzog, dann versammelten wir uns – fast wie im Gedicht –, Großmutter, Mutter, Tante und Kind, in der langen, fensterlosen Diele und saßen entlang der Wand, warteten und beteten, daß Gott ein Einsehen habe und nicht mit Blitz und Donner dreinfahren möchte.

An diesen himmlischen Oberherrn glaube ich schon lange nicht mehr und bete daher auch nicht mehr so. Längst hat das Gebet für mich jeden magischen Charakter verloren und ist zum »beredten« Ausdruck meiner dialogischen Existenz vor Gott geworden.

Im Gebet realisiert sich, was ich über Gott als mein Gegenüber und Du gesagt habe: daß alles Nachdenken über Gott für mich ein *An*denken an ihn, mithin »Andacht« sei. Darum bildet die Anredeform des Gebets auch die Grundform meiner Theologie. Die Zwiesprache mit Gott gibt dem Kopf zu denken. Wer zu beten aufhört, hört auch zu glauben auf. Eine Zeitlang mag er statt zu Gott noch über Gott reden – bald aber endet auch dies.

Das Gebet ist für mich der unmittelbarste Ausdruck

Aufklärung der Welt durch den Glauben an Gott 117

meines Gefühls der schlechthinnigen Abhängigkeit. In ihm nehme ich meine menschliche Grundsituation wahr: daß ich ein Angewiesener bin – hineingespannt zwischen Lebensgewährung und Lebensgefährdung. Zu einem vollen Menschenleben gehört immer auch die Unvollkommenheit – darum Bedürftigkeit, Schwachheit, Sehnsucht, Verlangen, Wollen und Wünschen. Dies alles ballt sich in meinem Beten, oft wirr und ungeordnet.

Im Gebet fasse ich meine Existenz vor Gott zusammen: Ich bete – also bin ich. Alles, was mich bewegt, halte ich Gott hin. Wenn es auch meistens als Selbstgespräch beginnt, so geht es doch bald schon in ein Zwiegespräch über. Als äußere Geste der inneren Sammlung falten sich wie von selbst meine Hände: Ich nehme die Welt und mich selbst ins Gebet. Auf diese Weise versuche ich mein Leben mit Gott zusammen durchzuarbeiten. Ich lerne zwischen dem Notwendigen und dem nur Nützlichen zu unterscheiden, und daß es zuletzt nicht darauf ankommt, was ich Gott zu sagen habe, sondern was er mir zu sagen hat.

Dabei fließt das Bitten von selbst mit ein. Aber da es in der Welt für mich vieles gibt, wofür selbst bei Gott keine Aussicht auf eine Wende zu bestehen scheint, sind es häufig auch nur Klagen. In der Klage breite ich meine Ratlosigkeit vor Gott aus, nicht damit er sie heile, sondern daß er sie höre. Dabei kann es mir bisweilen ergehen wie den Betern in den biblischen Klagepsalmen: daß ich Gottes Nähe aufs neue gewiß werde und schließlich mit Hiob spreche: »Ach ja, Gott.«

Das Schönste über das Gebet im Sinne der dialogischen Existenz des Menschen vor Gott hat für mich Schleiermacher in einer Predigt gesagt: »Fromm sein und beten, das ist eigentlich eins und dasselbige. Alle Gedanken von einiger Wichtigkeit, die in uns entstehen, mit dem Gedanken an Gott in Verbindung bringen... und selbst im fröhlichen Genuß des Lebens seines allsehenden Auges eingedenk sein – das ist das Beten ohne Unterlaß.« Ich kann dies nur mit Respekt und Neid zitieren, denn mein Beten geschieht keineswegs »ohne Unterlaß«, sondern durch Zweifel, Hetze, auch einfach Unlust immer wieder unterbrochen.

Das Gebet, auch Bitte und Klage dispensieren nicht von der Mitverantwortung für die Welt. Wer betet, betreibt Gottes Sache und macht sie zu der seinen. Wer das nicht tut, verfehlt mit seinem Gebet zugleich Gott und die Welt. Von einem katholischen Freund habe ich einmal als Weihnachts- und Neujahrsgruß einen Gebetsratschlag französischer Arbeiterpriester erhalten. Darin heißt es: »Ich habe das Gebet gern, sagt Gott. Es ist ein Augenblick der Nähe zwischen den Menschen und mir. Ich habe es gern, wenn sie mir ihr Leben erzählen, mit ihren Leiden, ihren Freuden, ihren Zweifeln, ihren Hoffnungen, ihren Ängsten. Nicht mit fertigen Formeln, nicht mit wohlgeformten Sätzen, wo jedes Wort abgewogen ist.

Aber die Gebete, die sie in diesen Tagen machen, plagen meine Ohren. Sie sagen mir: Stürze unsere Feinde, gib den Sieg unseren Armeen, beschütze unsere Soldaten, gib uns Frieden!

Als könnte ich etwas dazu. ... Sie führen sich auf wie die Verrückten. Sie bringen sich selbst in die Sackgasse, trotz meiner Ratschläge, und danach wollen sie ein Wunder von mir, damit sie wieder aus dem Schlamassel herauskommen.

Es liegt an ihnen, sich bei der Hand zu nehmen. Es liegt

Gotteserfahrung – Aufklärung der Welt durch den Glauben   119

an ihnen, den Frieden zu bauen. Ich habe ihnen alle Bausteine gegeben und die Gebrauchsanleitung dazu...

Sie sollen ihre törichten Gebete einstellen. Sie machen mich zornig.«

Je länger ich lebe, um so mehr verdichtet sich mein Gebet sich zu der einzigen Bitte, daß Gott meinen Glauben mehren möchte.

Man kann als Christ nicht an die Allgegenwart Gottes in der Welt glauben, ohne das Leid der Welt zu bedenken, und vom Leid der Welt können die Christen, zumal in Deutschland, nicht aufrichtig sprechen, ohne sich den Holocaust vor Augen zu halten.

Ich selbst habe zweimal über das Theodizeeproblem geschrieben und etliche Vorträge darüber gehalten. Dabei habe ich mich stets bemüht, es nicht zu apologetisch zu tun, als bedürfte Gott meines theologischen Freispruchs.

Wahrscheinlich ist die Frage »Wie kann Gott das zulassen?« heute die meistgestellte Anfrage an den christlichen Gottesglauben – und Anlaß dazu besteht wahrlich mehr als genug. Aber ist dies wirklich ein Beweis für noch vorhandene Religiosität? Wird diese Frage nicht häufig nur aus·rhetorischer Polemik gestellt? Zuerst einen Schlag Gott ins Gesicht – dann wird man weitersehen.

Wenn man das Leid der Welt auf Gott zurückführt – warum dann nicht auch das Wohl? Warum läßt man sich das Gute, das man empfangen hat, widerspruchslos gefallen, ohne dabei an Gott zu denken, begehrt gegen das widerfahrene Leid aber auf, als käme nur es allein von Gott? Und wie sähe ein leidfreies Leben überhaupt aus? Fragte man alle, die den »lieben Gott« in der Welt vermissen, was

Fünftes Kapitel: Vom Jenseits zum Diesseits

sie sich unter Gottes Liebsein vorstellten, so würden sich wahrscheinlich lauter verschiedene Wunschbilder ergeben – und es entstünden alsbald leidvolle Interessenkollisionen: Laßt uns miteinander glücklich sein – aber wehe dem, der ein anderes Glück propagiert als wir!

Das Theodizeeproblem läßt sich niemals endgültig lösen. Man darf das Leid der Welt weder theologisch moderieren, noch kann man es politisch entsorgen. Es gehört zu jenen Fragen, die weder beantwortbar sind noch unbeantwortet bleiben dürfen. Man kann sie immer nur umkreisen wie einen sehr hohen Berg, den man von allen Seiten immer neu angehen muß, ohne je auf den Gipfel zu gelangen. So übt auch die Frage nach dem Sinn des Leids in der Welt die Funktion eines Stachels aus, der tiefer ins Nachdenken und ins Glauben treibt.

Mir ist es damit nicht anders gegangen.

Nach der Ursache des Leids gefragt, komme ich, so gern ich auch möchte, nicht darum herum, Gott damit zumindest in Zusammenhang zu bringen. Das biblische Zeugnis ist hier eindeutig: »Ist etwa ein Unglück in der Stadt, das der Herr nicht tut?« (Amos 3,6) – »Wer darf denn sagen, daß solches geschieht ohne des Herrn Befehl und daß nicht Böses und Gutes kommt aus dem Munde des Allerhöchsten?« (Klagelieder Jeremias 3,37f.) – »Ich bin der Herr, und sonst keiner mehr, der ich das Licht mache und schaffe Finsternis, der ich Frieden gebe und schaffe Unheil. Ich bin der Herr, der dies alles tut.« (Jesaja 45,6f.) Es gibt in der Welt keine von Gott freien Räume und Zeiten. Was auch immer geschieht, Gott hat damit zu tun – aber wie und in welcher Weise?

Gotteserfahrung – Aufklärung der Welt durch den Glauben 121

Alle »handgreiflichen«, scheinbar so logischen, auch theo-logischen Antworten greifen nicht. Schon Hiob hat sie im Redestreit mit seinen Freunden widerlegt. Sie vertraten die traditionell-religiöse Lösung des Theodizeeproblems: Gott bestraft die Bösen und belohnt die Guten – und damit basta! Dieses zweiseitige Vergeltungsschema verrät eine Religion des glücklichen Bewußtseins: Umkehren und glücklich werden, denn Bekehrung bringt Segen!

Hiob aber konnte nirgendwo, weder im Leben des Einzelnen noch im Gang der Geschichte, eine gerechte göttliche Weltordnung erkennen. Das gängige Lohn- und Strafschema reicht nicht aus, um das Leid der Welt zu verstehen oder es gar zu bestehen. Schuld und Leid stehen in keinem erkennbaren und schon gar nicht in einem immer angemessenen Verhältnis zueinander. Auch sind nicht alle Übel auf Erden von Menschen verschuldet. Krankheit, Alter und Sterben sind biologische Gegebenheiten und gehören zur Leiblichkeit des Menschen, wie auch Naturkatastrophen – Unwetter, Erdbeben und Überschwemmungen – schöpfungsgemäße Vorgänge sind, die sich nicht unmittelbar auf eine göttliche Absicht zurückführen lassen. Zwischen Tun und Ergehen des Menschen gibt es keinen zwingenden, unentrinnbaren Zusammenhang. Unglück ist nicht immer eine Quittung für Schuld, und Gerechtigkeit garantiert noch kein Glück. Die Gerechten kommen mit den Gottlosen um, während die Frevler lebenslang blühen. Und den Teufel an die Wand zu malen, bringt auch hier nichts ein.

Hiobs eigene Antwort auf das ihm angetane Unrecht und Leid heißt Zustimmung und Ergebung: Er gibt Gott recht. Damit hat die Hiobdichtung das traditionelle Vergeltungsdogma hinter sich gelassen; sie wird aber ihrerseits wieder vom Evangelium Jesu überholt. Während Hiob die Unbegreiflichkeit Gottes erfahren hat, offenbart Jesus die Gnade des unbegreiflichen Gottes. Doch wer Jesus aus Nazareth verstehen will, muß Hiob weiter im Sinn behalten.

Beide leben sie im Horizont desselben Gottes. Es gibt in den Evangelien eine Stelle, die ihr Geschick miteinander verbindet. Das ist Jesu verzweifeltes Gebet am Kreuz: »Mein Gott, mein Gott, warum hast du mich verlassen?« Abgesehen von einer Abweisung der Warum-Frage durch Paulus in Römer 9,20, ist dies das einzige Mal, daß im Neuen Testament das Wort »Warum?« in der Anrede an Gott vorkommt.

Am Kreuz, in der Tiefe seiner Menschen- und Gottverlassenheit, ruft Jesus zu Gott und wirft sich ihm in die Arme. Sein Glaube ist der Sieg, der das Leid der Welt überwunden hat. Nicht in der Krippe von Bethlehem, sondern am Kreuz auf Golgatha erschließt sich mir Gottes Wesen daher am tiefsten. Hier ist jeder nur mögliche Gottesgedanke auf die Spitze getrieben, denn weiter als bis ins Leid läßt Gott sich nicht exponieren. Entwerfe ich dieses Bild – das »Haupt voll Blut und Wunden« – in das unbegreifliche Dunkel der Welt rings um mich her, in ihre Schrecknisse und Leiden, dann erkenne ich, daß Gott auch im Leiden bei mir steht. Ich verstehe das Leid in der Welt, seine Ursache und seinen Sinn, auch jetzt nicht, aber ich übe mich, es zu bestehen. Ich sage »Ach, ja« dazu – und wenn's hochkommt, spreche ich »Amen«.

Ohne eigene Umbesinnung tut sich mir der Sinn eines

Gotteserfahrung – Aufklärung der Welt durch den Glauben   123

widerfahrenen Leids nicht auf. Nur wenn aus der allgemeinen Weltbetrachtung eine persönliche Selbstbetrachtung wird, kann mein Leid mir zu einem »Denkzettel« werden, nicht mehr nur abstrakt und distanziert über Gott und die Welt, sondern konkret und betroffen über Gott und mich selbst nachzudenken. Ich habe in meinem Leben mehr als einmal die Erfahrung gemacht, daß nicht das Selbstverständliche und Wohlvertraute, sondern das Ärgerliche und Widerständige mich selbst und die Welt hat tiefer verstehen lassen. Gerade in Grenzsituationen, in denen mir meine »Endlichkeit« schmerzhaft bewußt wurde, hat sich mir die Grenze zum Ganzen und Sinnvollen hin geöffnet. Das widerfahrene Leid wurde zu einem Brief an mich – öffnete ich ihn, fand ich darin eine Einladung zum Glauben. Mir ist der Glaube an Gott auch in Zeiten des Leids niemals abhanden gekommen, aber er hat mich auch nicht immer getröstet.

Kein Christ, zumal in Deutschland, kann von seinem Glauben an Gott angesichts des Leids der Welt sprechen, ohne sich dabei den Holocaust vor Augen zu halten. »Nach Auschwitz« heißt der konkrete Ort aller gegenwärtigen Theodizee.

Zwar vermag ich nicht, in Nachahmung der christlichen Zeitrechnung, statt von der Zeit »nach Christus« von der Zeit »nach Auschwitz« zu sprechen, in der das Leid der Menschheit überhandgenommen habe – die Zeit mithin nicht mehr an dem von Gott geoffenbarten Heil, sondern an dem von Menschen angerichteten Unheil messend. Wenn aber Christen und Juden bisweilen meinen, sie könnten »nach Auschwitz« nicht mehr von Gott reden,

geschweige denn sein Walten loben, so muß ich meiner-
seits als erstes bekennen: »Auschwitz« hat meine Generation meines Volkes angerichtet, und ich habe es geduldet,
zwar unwissentlich, dennoch nicht ohne Schuld; denn
auch Nichtwissen kann Versäumnis und Schuld sein.

Aber dann muß ich auch als Christ in Erinnerung an den
Holocaust meinen Glauben an Gott und mein Reden davon überprüfen und fragen: Wie konnte Gott das zulassen?

Wenn es um Erfahrungen mit Gott im Leid geht, dann
haben die Leidenden das Sagen, und im Leiden sind die
Juden den Christen überlegen. Weil die Christen glauben,
daß mit Jesus Christus der Messias schon gekommen sei,
stehen sie in der Versuchung, auch über den Sinn der Leiden in der Welt schon allzu gut Bescheid zu wissen. Wir
vergessen darüber, daß man Hiob im Sinn behalten muß,
wenn man Jesus aus Nazareth verstehen will, und daß
selbst der Auferstandene noch die Wundmale des Gekreuzigten trägt.

Der endzeitlich-messianische Sinnoptimismus droht
selbst unserem Reden von der Verborgenheit Gottes noch
einen triumphalen Klang zu geben. In der Kanzelrede
eines christlichen Theologen lese ich über Gottes verborgenes Walten in der Weltgeschichte: »Pharao, Nebukad-
nezar und Mao Tse-tung sind nur Geißeln und Zuchtruten
des Gerichts, die er in seiner Hand schwingt. Und auch für
die Apokalyptischen Reiter gibt er das Startsignal...
Darum ist Gott selbst es, der die Gipfelkonferenzen plat-
zen oder auch gelingen läßt. Und er allein würde es sein,
der es zuließe, wenn Sintfluten oder auch nukleare Sint-
brände über uns kämen... Der Schlaganfall Stalins, die

Gotteserfahrung – Aufklärung der Welt durch den Glauben   125

Rassenkämpfe und ideologischen Auseinandersetzungen geschehen auf seinen Wink, und selbst die Erdbeben in Chile und die Zuckungen der Natur sind ebenso wie Feuer, Flammen und Winde seine Diener, in denen er in Gerichten und Schocks, in Heimsuchungen und Signalen seiner Majestät den Erdkreis aufhorchen läßt... Und wenn das Weltengrab am Ende alles verschlungen hat, geht er gebietend über das Gräberfeld.«

Wer so triumphal über Gottes verborgenes Walten redet, für den ist es im Ernst gar nicht mehr verborgen; er weiß darüber so gut Bescheid, als würde er nicht wie der Psalmist von Gottes Rat geleitet, sondern säße mit ihm zusammen im himmlischen Rathaus.

Wie ganz anders klingt dagegen die folgende jüdische Erzählung: In Wilna haben sich gelehrte Rabbinen versammelt, um über Gott zu Gericht zu sitzen – wie er den Holocaust habe zulassen können. Sie debattieren die ganze Nacht hindurch. Schließlich, gegen Morgen, gelangen sie zu dem Urteil, daß Gott am Leid der Juden schuldig sei – und sie verurteilen ihn. Da schaut einer von ihnen zum Fenster hinaus und sagt: »Die Sonne geht auf – es ist Zeit zum Gebet.«

In dieser jüdischen Erzählung finde ich mich als Christ wieder, in jener christlichen Kanzelrede nicht. Der offenbare Gott hilft mir, den verborgenen zu erleiden, aber er läßt mich nicht mit ihm triumphieren.

Ich weiß auf die Frage nach dem Sinn des Leids in der Welt keine bessere vorläufige Antwort als die Zusammenbindung der beiden Bonhoefferschen Begriffe »Widerstand« und »Ergebung«. Widerstand heißt, daß wir so viel aufhebbares Leid wie nur irgend möglich aus der Welt schaffen sollen, zumal wenn es sich um das Leid anderer handelt – Ergebung, daß wir das eigene Leid annehmen und es so verarbeiten sollen, daß es uns befähigt, als Gottes Sympathisanten das Leid anderer mitzutragen.

Was christliche Gotteserkenntnis insgesamt sich zumuten darf, wo ihre Möglichkeiten und ihre Grenze liegen, das finde ich bildhaft in einer Szene der alttestamentlichen Mose-Geschichte ausgedrückt (2. Mose 33,12–23).

Am Sinai hat die große Gottesoffenbarung stattgefunden. Nun soll es weitergehen in das verheißene Land; der Befehl zum Aufbruch ist erteilt. Da möchte Mose von Gott eine Art Sicherheitsgarantie, daß er auch weiterhin mit seinem Beistand rechnen dürfe. Und Gott sagt ihm dies auch zu. Aber die gewohnte Zusage göttlichen Geleits genügt Mose nicht. Er überbietet sie mit dem Wunsch: »Laß mich den Glanz deiner Herrlichkeit schauen!«

Mose möchte mehr als die ihm angebotene Gewißheit. Er drängt auf Eindeutigkeit, auf eine sichtbare Bestätigung seines Glaubens. Er möchte wenigstens ein einziges Mal aus aller Zweideutigkeit heraus und eindeutig sehen, wessen er sich zu versehen hat, und unzweideutig wissen, wessen er gewiß sein darf. Ich kann diesen Wunsch des Mose nach handgreiflicher Sichtbarkeit nur allzu gut verstehen – es ist der Herzenswunsch jedes Theologen, einmal wie ein Ingenieur die Brücke zu sehen, die er gebaut hat.

Aber Gott versagt Mose die Erfüllung seines Herzenswunsches, genauer, er erfüllt ihn nur zur Hälfte. Mose darf nur die Rückseite Gottes sehen, nicht seine Vorder-

Gotteserfahrung – Aufklärung der Welt durch den Glauben 127

seite. Gott stellt ihn in eine Felskluft und hält, während er an ihm vorüberzieht, seine Hand über ihm, so daß er ihn nicht sehen kann. Erst nachdem er vorübergezogen ist, zieht Gott seine Hand fort, und jetzt darf Mose ihm nachblicken.

Dieses Bild des Mose, der in der Felsspalte steht und Gott nachblickt, ist für mich zum Gleichnis für alle Gotteserfahrung und Sinnfindung geworden. Es zeigt die Möglichkeiten und die Grenze theologischer Spurensicherung an. Wohl kann der Glaubende in seinem eigenen Geschick und im Lauf der Welt insgesamt Signale der Gegenwart Gottes entdecken, aber immer nur im nachhinein, hinterher. Erst *danach* sieht man, was dahinter ist. Wir erkennen Gott nur »a tergo«, von hinten, im Rückblick – und auch das meist nur punktuell, ab und an oder im großen und ganzen, in der Gesamtrichtung, aber nicht in allen einzelnen Zügen.

Wenn ich mich zu meiner Vergangenheit umwende, dann entziffern sich mir hier und da einige Punkte meines Lebens als Schnittpunkte zwischen einer sichtbaren Horizontalen und einer unsichtbaren Vertikalen, und ich beobachte eine Art »Synchronismus« zwischen dem äußeren Ablauf meines Lebens und dem Sinn, der ihm im ganzen innewohnt: eine »Schickung im Zusammenhang«. Und meine Klage über Gottes Verborgenheit verwandelt sich in Dank für seine Gnade.

Sechstes Kapitel

Vom neuen Himmel auf die alte Erde

Glaube und Politik –
Abschied von der Utopie

> »Wo unsere Vorgänger von einem neuen Himmel träumten, ist unsere größte Hoffnung, daß es uns vergönnt sein möge, die alte Erde zu retten.«
> *Dag Hammarskjöld*

> »Nichts kommt von selbst, und nur wenig ist von Dauer.«
> *Willy Brandt*

Vier Kontinuitätsbrüche der deutschen Geschichte habe ich miterlebt: Den Zusammenbruch des Kaiserreichs und die Gründung der Weimarer Republik – die Abschaffung der Demokratie durch die Nazidiktatur – den Zweiten Weltkrieg und die Teilung Deutschlands – schließlich die seit dem Anschluß der DDR an die Bundesrepublik im Gang befindliche Wiedervereinigung.

Während dieser vier Phasen war das grundsätzliche Verhältnis zwischen Glaube und Politik und entsprechend zwischen Kirche und Staat unter den Christen immer aufs neue umstritten. Das alles Vorher und Nachher bestimmende Ereignis bildete dabei die durch die Nazis verursachte Katastrophe Deutschlands. Gleich vielen anderen Theologen habe ich die zwölf Jahre überlebt, beschämt, daß ich geschwiegen habe, wo ich hätte reden müssen.

130   *Sechstes Kapitel: Vom neuen Himmel auf die alte Erde*

Das sollte sich künftig nicht wiederholen! Darum war mein theologisches Erwachsenwerden mit einem politischen Erwachen verbunden. Es galt, die Schuld abzuarbeiten.

In keinem Augenblick meines Lebens habe ich mit dem Nationalsozialismus sympathisiert. Aber dies war keine bewußte Gewissensentscheidung; eine Versuchung dazu ist nie an mich herangetreten. Den Grund meiner Ablehnung kann ich nicht besser ausdrücken als mit dem Bibelwort »So etwas tut man nicht in Israel«, wobei sich in dem »Man« Bürgerliches mit Ästhetischem mischte und »Israel« eher eine soziale Schicht als die Kirche bezeichnete.

Ich habe mich auch über keinen politischen Erfolg oder militärischen Sieg Hitlers gefreut; im Gegenteil, ich habe vom ersten Kriegstag an auf die Niederlage Deutschlands gehofft, obwohl ich gleich im September 1939 in Posen mit eigenen Augen gesehen hatte, wie Sieger mit einem geschlagenen Volk umgehen. Aber ich war überzeugt, daß es ohne Befreiung von den Nazis keinen Neuanfang für Deutschland geben könnte und dies nur durch eine militärische Niederlage möglich war.

Ich selbst jedoch wollte unbedingt überleben – und darin sehe ich meine Schuld. Denn überleben konnte nur, wer wegsah und schwieg.

Als in der Pogromnacht vom 9. auf den 10. November 1938 die in unserer Gemeinde gelegene Synagoge abgebrannt war, saßen am darauf folgenden Sonntag einige Juden bei uns im Gottesdienst. Wir haben sie nicht hinausgewiesen, aber wir haben die Söhne »unseres Vaters Abraham« auch nicht willkommen geheißen.

Glaube und Politik – Abschied von der Utopie 131

Oder als ich während meiner Assistentenzeit in Wien an einem Samstag bei der Predigtvorbereitung erfuhr, daß in einer nahegelegenen Irrenanstalt Kranke »verurnt« würden, da bin ich zwar empört hochgefahren, aber in meiner Predigt am nächsten Morgen habe ich kein Wort davon gesagt.

Dazu kommen die vielen Male, wo ich mich nicht »eingemischt«, sondern »mitgemacht« habe, die Hand zum Hitlergruß erhoben und die Hakenkreuzfahne gegrüßt. In der Kirche habe ich gregorianisch gesungen, auf der Straße aber für die Juden, Kommunisten, Zigeuner und Zeugen Jehovas nicht laut geschrien.

Zwar bin ich schon im Sommer 1933 während meines ersten Semesters dem von Martin Niemöller gegründeten »Pfarrernotbund«, Vorläufer der Bekennenden Kirche, beigetreten, hatte auch vergeblich geplant, mit Hilfe eines Stipendiums für Cambridge im Oktober 1939 aus Deutschland zu emigrieren, und habe schließlich am 30. Januar 1945 in Rosenheim als Soldat in der Wachstube ein Hitlerbild von der Wand gerissen und dabei zornig ausgerufen, daß nun endlich Schluß sein müsse. Aber das war kein Akt eines überlegt gewagten Widerstands, sondern nur der unkontrollierte selbstzerstörerische Ausbruch eines unerträglich gewordenen seelischen Staus, der mich noch wenige Monate vor Kriegsende völlig unnütz in höchste Lebensgefahr brachte – der wilde, ratlose Zorn auf die, die das große Sterben und Verderben angerichtet haben, ist mir freilich bis heute geblieben.

Mochte in den Kreisen des »inneren Widerstands«, in denen ich mich bewegte, auch etwas von dem vorhanden gewesen sein, was man später das »andere Deutschland«

132 Sechstes Kapitel: Vom neuen Himmel auf die alte Erde

genannt hat – es blieb doch nur ein immerwährendes Gespräch, gemischt aus Religion, Politik, Poesie, Moral und Musik, aber ohne den Willen zu einer entschlossenen Tat, höchstens bereit zu gegenseitiger Hilfeleistung beim gemeinsamen Überleben. Alles in allem glichen wir Leuten, die einem Großbrand zuschauten und dabei dachten: Entweder brennt's von selber nieder oder der Regen wird es löschen.

Ich mußte meinen Söhnen daher nach dem Kriege gestehen: »Euer Vater ist kein Dietrich Bonhoeffer, Paul Schneider oder Pater Delp gewesen.« Schon der einfache Bauernsohn aus dem Sudetenland, der am 3. Februar 1944 den folgenden Abschiedsbrief geschrieben hat, wird mir, dem Berufschristen, allzeit um eines Lebens Länge überlegen bleiben: »Liebe Eltern! Ich muß Euch eine traurige Nachricht mitteilen, daß ich zum Tode verurteilt wurde, ich und Gustav G. Wir haben es nicht unterschrieben zur SS. Da haben Sie uns zum Tode verurteilt... Wir beide wollen lieber sterben als unser Gewissen mit so Greueltaten beflecken.«

Mein Gewissen hatte mir dasselbe gesagt, aber mir hat es am Glauben und an der Liebe gefehlt. Deshalb habe ich bei der allgemeinen Entnazifizierung nach dem Kriege gebeten, die mir zustehende Einstufung »Nicht betroffen« in die nächsthöhere Kategorie »Mitläufer« zu ändern. Ich habe niemals verstanden, wie Angehörige meiner Generation behaupten konnten, sie hätten von allen Greueln und Verbrechen nichts gewußt und seien deshalb ohne Schuld. Auch Wegsehen und sogar Nichtwissen kann Schuld sein.

Diese Schulderfahrung war es, die zum Bruch mit meiner politischen Herkunft und Vergangenheit geführt hat.

Glaube und Politik – Abschied von der Utopie   133

In meinem Elternhaus fühlte, dachte und wählte man deutschnational. Meine Mutter tat es noch bewußter als mein Vater – dabei spielte mit, daß sie Christin und Preußin war. Sedan, Reichsgründung und Kaisers Geburtstag saßen ihr ebenso fest in Kopf und Herz wie die Missionsreisen des Apostels Paulus, der Gang Kaiser Heinrichs IV. nach Canossa und Luthers Thesenanschlag. Ihre Heldengalerie bildeten Luther, Friedrich der Große, Königin Luise, Bismarck, Roon, Moltke, Kaiser Wilhelm I. Der letzte Kaiser wurde verachtet, weil er, statt bei seinen Truppen zu bleiben, nach Holland geflohen war – so etwas tat ein Kaiser, zumal ein Hohenzoller, nicht.

Meine früheste Kindheitserinnerung geht auf die Matrosenrevolution in Kiel, genauer auf den Heiligen Abend 1918 zurück. Da habe ich – keine zwei Monate nach dem bis dahin schlimmsten aller Kriege – eine Soldatenausrüstung in wilhelminischem Look mit Uniformbrust, Pikkelhaube, Trommel und Gewehr geschenkt bekommen. Die weihnachtliche Bescherung aber wurde jäh gestört. Von der nahe gelegenen Stadt hörte man es schießen, Geknatter und dumpfe Kanonenschläge. Die erste erschrokkene Reaktion war: Die Revolution ist wieder ausgebrochen! Bald aber kehrten die ausgesandten Kundschafter mit der beruhigenden Nachricht zurück, daß die roten Matrosen Weihnachten feierten und dabei die letzte Signal- und Salutmunition verschössen.

Dies Kuriosum verrät, wie auch meine Eltern, nicht anders als das konservative Bürgertum allgemein, die militärische Niederlage Deutschlands nicht wirklich ernsthaft angenommen hatten. Zwar hatten die Deutschen den Krieg am Ende verloren, aber »im Felde, auf See und in der Luft« waren sie »unbesiegt« geblieben, wie der Titel einer damals weitverbreiteten nationalistischen Kriegs-Trilogie versicherte. Für diese ungute Kontinuität stand auch der Name Paul von Hindenburg. Der ehemalige kaiserliche Feldmarschall und Sieger von Tannenberg galt als der »getreue Eckart« des deutschen Volkes und wurde der Nachfolger Friedrich Eberts als Reichspräsident. Meinen Eltern war es recht, und ich schwamm mit im Strom, las lieber Kriegsbücher als Karl May und wollte eine kurze Zeitlang sogar Seeoffizier werden.

Die Weimarer Republik wurde weder in der Schule noch von der Kirche geliebt. In der Schule gedachte man, obwohl von oben nicht dazu verpflichtet, am 28. Juni mit größerem inneren Engagement des »Schanddiktats« von Versailles als am 11. August, wie verordnet, der Weimarer Verfassung. Die Kirchen aber zählten zu den »haltenden Mächten«. Wie man von der anglikanischen Kirche behauptet hat, daß sie die zum Gebet versammelte Konservative Partei sei, so hätte man Ähnliches auch von den evangelischen Landeskirchen sagen können, und nicht nur von ihnen, auch von Katholiken, Orthodoxen, Methodisten und Baptisten. Christen aber, die die herrschenden gesellschaftlichen Verhältnisse zu verändern und zu verbessern trachteten, damit die Menschen mehr Raum zum Leben hätten, wurden von ihrer Kirche oft im Stich gelassen und ihr politisches Engagement als Fortschrittsglaube und Selbsterlösung verdächtigt.

In den protestantischen Pfarrhäusern wurde durchweg stramm deutschnational gewählt. Noch während der Sudetenkrise im September 1938 gab mein Vikariatsleiter mir auf die Frage, was denn nun geschehen würde, wenn man sich in München nicht einigte, zur Antwort: »Dann müssen die Kanonen eben ihr ehernes Lied singen.« Und selbst noch beim Beginn des Krieges klagte ein älterer Pfarrer mir: »Ich komme mir vor wie ein alter Kavalleriegaul, der aus der Ferne das Signal zur Schlacht hört und im Stall bleiben muß.«

Meine Eltern schauten der Weimarer Republik wie einem Bootsmanöver vom Ufer aus zu. Als aber dann das Unglück geschah, war das Entsetzen groß. Der 30. Januar 1933, der Tag der »Machtergreifung« durch die Nazis, war in meinem Elternhaus ein Trauertag. Wir sahen oben vom Balkon aus den Fackelzug – SA, SS und Stahlhelm – vorbeimarschieren. Da wandte sich meine Mutter plötzlich ab und trat ins Zimmer zurück, wie wenn sie den Anblick der Straße nicht mehr ertrüge. Als wir sie fragten, was ihr fehle, stammelte sie unter Tränen, das da unten werde ein schlimmes Ende nehmen. Die marschierenden Kolonnen, die sich wie eine Feuerschlange durch die Straße wanden, dazu die Marschmusik und die Heilrufe der Menge – das alles verdichtete sich für sie zu einer schrecklichen Vision: Sie sagte uns den Untergang voraus. Nur ahnten wir damals noch nicht, was in den nächsten zwölf Jahren alles untergehen würde, zum Beispiel meine beiden Brüder, die unten beim »Jungstahlhelm« mitmarschierten, ein Vetter, der neben mir stand, und das Haus, in dem wir wohnten.

Es bedurfte wohl tatsächlich eines »Untergangs«, damit die Christenheit ihren Sinn änderte. Gott mußte zunächst ein »Gott gegen uns« sein, bevor er auf andere Weise als bisher ein »Gott mit uns« werden konnte.

Meine Generation hat eine Lektion in biblischer Geschichte erhalten, die die Ausmaße der Bibel fast noch zu
übertreffen schien. Längst für überholt gehaltene Kategorien biblischer Welt- und Geschichtsdeutung füllten sich
für uns mit historischer Realität und konkretem Leben.
Was sich in einer vergangenen Zeit abgespielt zu haben
schien, umgab uns auf einmal als leibhaftige, greifbare
Gegenwart: Vermessenheit, Verstockung, Hochmut,
Sünde, Schuld und Strafe. Das Gericht über uns bestand in
nichts anderem, als daß Gott uns den Folgen unseres eigenen Frevels überließ. Wir hatten es uns mit unseren Taten
eigenhändig eingehandelt.

Eine Umbesinnung war notwendig, wenn ein neuer
Anfang gelingen sollte. Das Signal dazu gab das »Stuttgarter Schuldbekenntnis« vom Oktober 1945. In ihm bekannte der Rat der neugegründeten Evangelischen Kirche
in Deutschland die Mitschuld der Christenheit an dem
Unrecht und Leid, das das deutsche Volk durch den Nationalsozialismus und den Krieg über die Menschen gebracht hatte:

»Mit großem Schmerz sagen wir: Durch uns ist unend-
liches Leid über viele Völker gebracht worden. Was wir
unseren Gemeinden oft bezeugt haben, das sprechen wir
jetzt im Namen der ganzen Kirche aus: Wohl haben wir
lange Jahre hindurch im Namen Jesu Christi gegen den
Geist gekämpft, der im nationalsozialistischen Gewaltregiment seinen furchtbaren Ausdruck gefunden hat; aber
wir klagen uns an, daß wir nicht mutiger bekannt, nicht
treuer gebetet, nicht fröhlicher geglaubt und nicht bren-
nender geliebt haben. Nun soll in unseren Kirchen ein
neuer Anfang gemacht werden...«

Glaube und Politik – Abschied von der Utopie 137

Am Stuttgarter Schuldbekenntnis haben sich die Geister vom Beginn an geschieden. Viele Deutsche, unter ihnen auch zahlreiche Christen, wehrten sich empört gegen diese »Nestbeschmutzung«. Schon damals zeigte sich, daß sich auch nach dem Zweiten Weltkrieg wiederholen würde, was Rainer Maria Rilke bereits 1918, nach dem Ersten, beklagt hatte: »Etwas ist ausgeblieben, was alles ins Maß gerückt hätte; Deutschland war nur auf Rettung bedacht in einem oberflächlichen, raschen, mißtrauischen und gewinnsüchtigen Sinn, es wollte hoch- und davonkommen. Und so fühlt man nun: Etwas ist ausgeblieben.«

Ich selbst habe das Stuttgarter Schuldbekenntnis schon damals für einen der weisesten und würdigsten Akte der deutschen Nachkriegsgeschichte und für einen Wendepunkt in der Kirchengeschichte überhaupt gehalten. Es sprach auch meine Schulderfahrung aus und wurde so für mich ein Anstoß zu neuer theologischer Reflexion und politischem Engagement. Ob mein Überleben im Kriege einen Sinn gehabt hat, mußte sich im nachhinein daran erweisen.

Erschüttert durch die politische Katastrophe und betroffen von der eigenen Mitschuld, hat sich in der Christenheit spätestens seit dem Zweiten Weltkrieg – keineswegs nur in Deutschland und auch nicht nur innerhalb des Protestantismus, sondern in der ganzen Weite der Ökumene – ein neues theologisches Denken angebahnt. Gleich auf der Ersten Weltkirchenkonferenz 1948 in Amsterdam meldete es sich zu Wort. Das Gesamtthema der Konferenz lautete »Die Unordnung der Welt und der Heilsplan Gottes«.

138 Sechstes Kapitel: Vom neuen Himmel auf die alte Erde

Darin kündete sich ein Weiterdenken der christlichen Botschaft in zweifacher Richtung an: weiter in die Welt und
weiter in die Zukunft hinein. Mit beidem war die politische Dimension des christlichen Glaubens neu entdeckt,
und das hat zur Entstehung jener »politischen Theologie«
geführt, die bei Christen und Nichtchristen, sowohl bei
zahlreichen Politikern als auch bei manchen Kirchenmän-
nern, bis heute so viel Ärger verursacht hat.

Künftig stand außer Frage, daß der christliche Glaube
sich nicht nur in der individuellen Ich-Du-Beziehung, im
Verhältnis des Einzelnen zu seinem Nächsten, sondern
auch in den überindividuellen Lebensbezügen, den sogenannten »Verhältnissen«, zu bewähren habe. Das Böse hat
immer ein konkretes Gesicht: Hunger, Armut, Unter-
drückung, Kindersterblichkeit, Folter, Krieg – also muß
es die Wahrheit auch haben.

Wie solche »Entprivatisierung« des christlichen Glaubens und Handelns aussah, suchte ich an Jesu Gleichnis
vom barmherzigen Samariter anschaulich zu machen, indem ich es in unsere Verhältnisse hinein ausfantasierte:
Angenommen, jener Samariter, der dem unter die Räuber
Gefallenen zur Hilfe kommt, hätte ein öffentliches Amt
bekleidet, er wäre zum Beispiel Chefarzt am Kreiskran-
kenhaus in Jericho, Ratsherr in Jerusalem oder Landtags-
abgeordneter von Judäa gewesen, dann hätte er noch anderes und mehr tun müssen: etwa eine bessere Unfallhilfe
organisieren, die Kriminalität energischer bekämpfen, für
eine größere Sicherheit der Straßen sorgen, dabei unter
Umständen von der Waffe Gebrauch machen lassen – und
dies alles im Gehorsam gegen dasselbe Liebesgebot, in
dessen Befolgung der Samariter dem Überfallenen zu-

Glaube und Politik – Abschied von der Utopie 139

nächst seine private, individuelle Hilfe hat zuteil werden
lassen.

Das bedeutet: Die Christenheit hat die biblische Botschaft noch nicht voll ausgerichtet, wenn sie nur dem Einzelnen sein persönliches ewiges Heil verkündigt und ihm
private, individuelle Hilfe zuteil werden läßt. Vielmehr
hat ihre Verkündigung sich auch auf die politischen und
gesellschaftlichen Strukturen zu erstrecken. Sie muß mit-
helfen, daß diese so gerecht wie möglich gestaltet werden,
daß sie, wenn sie brauchbar sind, erhalten bleiben, wenn
sie krank sind, geheilt, wenn sie ungerecht sind, geändert
werden.

Die Folge ist, daß sich seitdem viele Christen in allen
Kirchen und Konfessionen nicht nur um der »Seelen Seligkeit« sorgen, sondern ebenso, wenn nicht sogar noch
mehr auf die »Wohlfahrt der Welt« bedacht sind, daß sie
sich darum ständig in die Politik einmischen. Glaube,
Hoffnung und Liebe heißt für sie daher immer sogleich
auch soziales Engagement und politische Aktion.

Hand in Hand mit dem Weiterdenken der christlichen
Botschaft in die Welt hinein vollzog sich eine Umpolung
des Bewußtseins in Richtung Zukunft – das eine bildet nur
die Kehrseite des anderen. Entsprechend tauchten in den
ökumenischen Dokumenten der Nachkriegszeit immer
wieder die gleichen Worte und Begriffe auf: Bewegung,
Veränderung, Entwicklung, Erneuerung, Wandlung,
Umbruch, Auszug, Revolution. Alle diese Begriffe sind
von derselben Art und Farbe. Sie signalisieren eine Bewegung, und diese weist nach vorn, in Richtung Zukunft.
Dem entsprechen wiederum die neuen christlichen Tu-
genden: Statt wie bisher Unterwerfung, Gehorsam, Erge-

bung, Sanftmut, Demut, Geduld – so jetzt Ungehorsam, Protest, Skepsis, Phantasie, Zivilcourage, Mobilität. Insgesamt charakterisieren sie eine »Ethik der Wandlung« statt der bislang vornehmlich geltenden »Ethik der Ordnung« und lassen eine Kirche erkennen, die nicht mehr nur zu den »Stützen der Gesellschaft« gehören möchte, sondern willens ist, den gesellschaftlichen Status quo verändern zu helfen.

Fragt man nach den inhaltlichen Zielen des politischen Handelns der Christen nach dem Kriege, so haben diese, in Antwort auf die jeweils neue Herausforderung, gewechselt. Im ganzen läßt sich eine immer größere Ausweitung der Thematik beobachten.

Am Anfang stand vor allem der Begriff der »Gerechtigkeit«. Gerechtigkeit geht vor Barmherzigkeit, hatte die Weltkirchenkonferenz von Uppsala (1961) verkündet. Fortan genügte es nicht mehr, nur die im Lebenskampf Unterlegenen, die Versehrten und Gefallenen einzusammeln und sie entweder würdig zu bestatten oder sie zu versorgen und so die Lücken der Gesellschaft mit barmherzigen Taten auszufüllen. Vielmehr galt es jetzt, die Gesellschaft selbst in Richtung auf eine »bessere Gerechtigkeit« zu verändern. Das aber verlangte die Ausdehnung der traditionellen christlichen Rechtfertigungslehre über die private Existenz des Einzelnen hinaus in die Gesellschaft hinein.

Bislang hatte die Rechtfertigungslehre allzu oft eher zur Stützung der vorhandenen Autoritäten als zur Entbindung freiheitlicher Solidarität gedient. Sowohl für Martin Luther als auch für Johann Calvin hatten christliche Freiheit und bürgerliche Knechtschaft sehr wohl nebeneinander bestehen können.

Auf die Frage, wie der Apostel Paulus den Christen gebieten könne, sich nicht dem Joch der Knechtschaft zu unterwerfen (Galater 5,1), gleichzeitig aber den Sklaven verbieten, über ihren Stand bekümmert zu sein (1. Korinther 7,21), hat Calvin die bezeichnende Antwort gegeben: »Das kann doch nur daher kommen, daß christliche Freiheit und bürgerliche Knechtschaft sehr wohl miteinander bestehen können.« (Institutio IV, 20,1)

Jetzt aber bedingten sich Freiheit und Gerechtigkeit gegenseitig; dadurch erhielt auch die Liebe einen gesellschaftskritischen Stachel. Als Ziel stellte man sich eine geschwisterliche Welt vor.

Mit der ständig wachsenden weltweiten Bedrohung der Menschheit traten auch an die Christen in den Nachkriegsjahren immer neue Problemfelder heran und forderten zum politischen Einsatz heraus.

Für mich bedeutete dies vor allem: Eintreten für die Wiedergutmachung an Israel, für die Ost- und Vertriebenendenkschrift der Evangelischen Kirche in Deutschland, für die Anerkennung der DDR als eigenständigen Staat und der Oder-Neiße-Linie als endgültige Staatsgrenze, für das Antirassismusprogramm des Ökumenischen Rates der Kirchen, für die Erweiterung der Entwicklungshilfe zu einem partnerschaftlichen Handel mit den Ländern der Dritten Welt, für die globale Emanzipation der Frauen und für die Verwandlung der überstürzten nationalen Wiedervereinigung in einen allmählichen menschlichen Zusammenschluß. Dies alles bedeutete für mich »Anstiftung zum Christentum« in Politik und Gesellschaft. Mein

aktivstes politisches Engagement in der Öffentlichkeit hat
der neuen deutschen Ostpolitik während der Regierungs-
zeit von Willy Brandt und Helmut Schmidt gegolten. Zu
keiner anderen Zeit bin ich in der Bundesrepublik politisch so aktiv und glücklich gewesen wie damals.

Frage ich nach dem Ziel, das die vielfältigen politischen
Aktivitäten der Christen zu einem Ganzen verbindet, so
weiß ich heute kein besseres geistiges Band zu nennen als
die Losung des konziliaren Prozesses, der seit dem Beginn
der achtziger Jahre in der Weltchristenheit im Gange ist:
Gerechtigkeit, Friede und Bewahrung der Schöpfung. In
dieser Trias finde ich, trotz vieler erlebter Enttäuschun-
gen, den Sinn aller Politik ausgedrückt – wie Martin Luther ihn in seiner »Genesisvorlesung« definiert hat: »ut ge-
nus hominum maneat, damit das Menschengeschlecht erhalten bleibe«.

Aber wie sieht christliches Handeln in der Politik nun konkret aus? Woran kann der Glaube im jeweiligen geschichtlichen Augenblick Gottes Willen und Gebot erkennen?
Die Bibel liefert keine objektiven, allgemeingültigen Kriterien dafür, weder für die Erkenntnis der Wege Gottes in
der Geschichte noch für einen entsprechenden politischen
Gehorsam.

Mit christlichen Geschichtsdeutungen hat meine Generation schlechte Erfahrungen gemacht.

Zuerst haben die »Deutschen Christen« den sogenann-
ten »nationalen Aufbruch« im Jahre 1933 als eine göttliche
Gnadenstunde gedeutet, ja sogar von einem neuen Bund
Gottes mit dem »Führer« gesprochen. Sie hielten ihre
Windsäcke weit aufgespannt und warteten nun darauf,

Glaube und Politik – Abschied von der Utopie   143

daß der Geist Gottes hineinblase. Aber der Geist Gottes blies nicht; statt dessen wehte der Teufelsgestank der Hölle.

Nach dem Zusammenbruch 1945 glaubten wir unsererseits dann, daß die Stunde des nationalen Unheils eine besondere Stunde des göttlichen Heils sei, und wir sprachen vom »Nullpunkt der Gnade« – aber war es dies wirklich?

Als die deutsche Geschichte dann doch, anders als erwartet, weiterging, wurden die neu auftauchenden politischen Probleme wie Wiederbewaffnung und atomare Rüstung mit der Frage nach Gottes Willen und Gebot verknüpft. Die Antworten darauf waren so konträr, daß sie die evangelische Kirche fast zu spalten drohten. Während die einen selbst schon die Beteiligung an der Produktion von Zulieferungsmaterial für konventionelle Waffen als Sünde ansahen, scheuten sich andere nicht, sogar die Herstellung, ja Anwendung von Atomwaffen mit dem christlichen Liebesgebot zu rechtfertigen.

Je weiter sich die ökumenische Bewegung nach dem Zweiten Weltkrieg ausbreitete, desto kühner wagten die Christen sich mit ihren theologischen Deutungen in die gegenwärtige Weltgeschichte vor. Der tschechische Theologe Josef L. Hromadka, Initiator und Lenker der »Prager Friedenskonferenz«, behauptete, daß in der russischen Oktoberrevolution von 1917 Gottes heilbringender Wille offenbar geworden und deshalb auch von den Christen politisch zu vollstrecken sei. Nach ihm versicherten andere Christen Ähnliches von den Revolutionen Mao Tse-tungs und Ho Chi Minhs.

Vor allen kurzschlüssigen theologischen Deutungsversuchen hat mich damals unter anderem Martin Luthers Geschichtsdeutung bewahrt. Sie bildete das Thema mei-

144 Sechstes Kapitel: Vom neuen Himmel auf die alte Erde

ner Dissertation. Mehr als Luthers Geschichtsanschauung im großen und ganzen interessierten mich seine konkreten Urteile über einzelne historische Fakten und Personen. Aus ihnen hat sich mir das entscheidende Kriterium christlicher Geschichtsdeutung ergeben: Niemals darf die Berufung auf Gottes Willen und Walten in der Geschichte zur menschlichen Selbstrechtfertigung dienen – um sich ein gutes Gewissen zu verschaffen, das eigene Verhalten zu bestätigen, die für den Zweck eingesetzten Mittel zu rechtfertigen, den erreichten Erfolg zu verklären, kurzum, die eigene politische Idee und Tat zu sanktionieren. Vielmehr darf christliche Sinndeutung der Geschichte immer nur den einen Sinn haben, Menschen zur Sinnesänderung zu bewegen: schlafende Gewissen wachzurütteln und angefochtene zu trösten, vor Vermessenheit und Übertreibung zu bewahren und zu Nüchternheit und Demut anzuhalten, von Menschenfurcht und Todesangst zu befreien und selbst im Scheitern noch zu vertrauen – und am Ende Gott für alles zu danken. Was aber bedeutet dies anderes als die Ausweitung der reformatorischen Rechtfertigungslehre auf die Geschichte?

Viele christliche Generationen waren der Überzeugung, daß man die Welt nicht mit dem Evangelium regieren und mit der Bergpredigt »keinen Staat machen« könne. Meine Generation hat die Erfahrung gemacht, daß man es augenscheinlich aber auch nicht gegen das Evangelium und die Bergpredigt tun kann. Wie aber dann? An dieser Frage schieden sich die Geister.

Zum Schlüsselerlebnis wurde für mich ein Vortrag, zu dem mich die Tübinger Studentengemeinde im Sommer

Glaube und Politik – Abschied von der Utopie   145

1969, kurz vor dem stürmischen Stuttgarter Kirchentag, eingeladen hatte. Das Thema hatte ich formuliert »Von der Barmherzigkeit zur Gerechtigkeit – Von der Reformation zur Revolution?« Die Veranstalter jedoch hatten die erste Hälfte des Themas und das Fragezeichen am Ende einfach fortgelassen und plakatiert »Von der Reformation zur Revolution«.

Entsprechend sah dann auch die Veranstaltung aus. Der Festsaal der Universität, zur Zeit meines Studiums die stille Stätte stilvoller akademischer Feiern und Weihen, war zum lauten öffentlichen Markt geworden. Die Studenten saßen, standen oder hockten dichtgedrängt, lärmten und rauchten, und um das Katheder strichen einige verwegene Gestalten. Nach einem umständlichen Eingangspalaver, bei dem unter dem üblichen rhythmischen Beifallsklatschen auch ein Grußtelegramm an und von Ho Chi Minh verlesen wurde, erhielt ich schließlich das Wort: Vierzig Minuten, keine mehr! Mir war zumute wie einem Soldaten, der ein Minenfeld überwinden muß, jeden Augenblick gewärtig, hochzugehen. Aber irgendwie kam ich durch. Dann begann die Diskussion; da wandelte die Szene sich vollends zum Tribunal. Die Wortführer waren Theologiestudenten. Sie klagten mich an, daß ich nicht eindeutig genug im Namen Jesu die sozialistische Revolution verkündet hätte.

An jenem Abend in Tübingen hat sich mir wie in einem Soziodrama die im Gang befindliche theologische Entwicklung dargestellt. Von der Reformation zur Revolution – zutreffender als mit dieser Themenverkürzung hätte sich kaum ausdrücken lassen, wie rasch und vehement sich das nach dem Kriege gewonnene neue Verständnis von

Glaube und Politik zur »Theologie der Revolution« radikalisiert hat.

Wie man von einem See oder Fluß sagt, daß er biologisch »umkippe«, so gibt es auch ein »Umkippen« der Theologie in Politik. Da bleibt das politische Element nicht mehr nur ein partieller Aspekt der Theologie, sondern weitet sich zum universalen Horizont aus. Es ist, als suchte man den Ausfall an Gotteserfahrung durch eigene politische Leistungen aufzufüllen. In dem Maß, in dem die Transzendenz Gottes verlorengeht, dichtet man der Politik – dem Staat, der Gesellschaft, neuerdings auch wieder der Nation – Transzendenz an. Der Verlust der Transzendenz ist der Stoff, aus dem die politischen Träume sind.

Es war gewiß kein Zufall, daß die »Theologie der Revolution« zur gleichen Zeit aufkam, als der »Tod Gottes« nicht mehr nur ein theologisches Problem war, sondern zum Grund und Inhalt der Theologie selbst wurde. Gottes Tod als eigenes Programm der Theologie – das bedeutete die radikalste Herausforderung, mit der sich christliche Theologie je konfrontiert sah – ein noch nie dagewesenes theologisches Experiment. Dabei wurde mit dem Wort »Gott« freilich reichlich sorglos umgegangen. Davon zeugen die Titel der zahlreichen Bücher, die damals erschienen und noch heute mindestens drei Meter in meinen Bücherborden einnehmen: »Gott ist nicht mehr« – »Gott ist tot« – »Gott ist tot?« – »... daß Gott tot sei« – »Gott ist nicht ganz tot« – »Was kommt nach dem ›Tode Gottes‹?« – »Atheistisch an Gott glauben« – »Christlicher Glaube nach dem Tod Gottes?«

Glaube und Politik – Abschied von der Utopie 147

Vereinfacht und schematisiert ließen sich im wesentlichen zwei Richtungen unterscheiden.

Die radikale Richtung der »Gott-ist-tot-Theologie« stammte aus den Vereinigten Staaten. Ihre Vertreter wollten bewußte Atheisten sein, ohne jeden Gebrauch des Namens Gottes, ohne Gottesdienst und Gebet – nur so meinten sie unter den Lebensbedingungen des 20. Jahrhunderts Christen bleiben zu können. Entsprechend waren ihre theologischen Veröffentlichungen lauter »Nachrufe auf Gott«.

Angesteckt von dem amerikanischen Beispiel, aber durchaus auch aus eigenem Antrieb, entstand eine parallele theologische Richtung in Deutschland. Sie bezeichnete sich selbst als »Theologie nach dem Tode Gottes«. Den Unterschied zwischen der amerikanischen und der deutschen Ausprägung brachten wir damals auf die saloppe Formel: Theologie »oben ohne« und Theologie »ohne alles«. Ehrbarer ausgedrückt hieß dies: Die amerikanische Richtung wollte bewußt Theologie *des* Todes Gottes sein – da wurde der Tod Gottes selbst zum Inhalt der Theologie; die deutsche Richtung hingegen wollte Theologie *nach* dem Tode Gottes sein – da wurde der Tod Gottes vornehmlich als Situationsbestimmung genommen. Damit erwiesen sich die meisten deutschen Gott-ist-tot-Theologen als »christliche Atheisten«. Aber auch für sie bedeutete der »Tod Gottes« kein vorübergehendes, sondern ein endgültiges, im Realgrund der Geschichte wurzelndes Ereignis.

Durch den »Tod Gottes« erhielt die politische Theologie einen Sprengsatz, wie der Glaube an Gott ihn ihr so kaum je verliehen hatte. Das erste, allseits vernommene

Signal gab Dorothee Sölle mit ihrem Buch »Stellvertretung«, das sie im Untertitel ausdrücklich »Ein Kapitel Theologie nach dem ›Tode Gottes‹« nannte. Mit ihm wurde die Theologin zur Prophetin und Poetin eines radikalen christlich-sozialistischen Engagements und ist es bis zu ihrer jüngsten Veröffentlichung konsequent geblieben. Ihr Buch schloß damals mit dem bezeichnenden Satz: »Als die Zeit erfüllt war, hatte Gott lange genug etwas für uns getan... Es ist nunmehr an der Zeit, etwas für Gott zu tun.« Damit verwandelte sich die Klage über den Tod Gottes in einen Appell an die Menschen, nunmehr ihrerseits für Gott einzutreten, ihn zwar nicht zu ersetzen, wohl aber seinen Part stellvertretend zu übernehmen. An die Stelle der überholten traditionellen Gottesbeweise schien damit ein neuer »soziologischer« treten zu sollen.

Alle Vertreter einer politischen Theologie, auch die radikalsten, ja diese vor allem, beriefen sich auf den Namen Jesus aus Nazareth. Aber der Name Jesu hatte nur den Impuls zum politischen Handeln herzugeben. Den Inhalt und die Ziele besorgte man sich von anderswoher, und das reichte von Ernst Bloch über Herbert Marcuse und Fidel Castro bis hin zu Mao Tse-tung und Ho Chi Minh. Dabei suchten die Verfechter einer »Theologie der Revolution« deutlich ein Bündnis zwischen Christentum und Marxismus.

Damit aber endete die Entwicklung im Grunde wieder in der Aula meiner alten Schule, bei den Bildern Anton von Werners: Das Christentum wurde jedesmal nur als »innere« Kraftquelle gebraucht, um die politischen Inhalte und Ziele durchsetzen zu helfen, die man »von außen« bezog. Waren es früher vornehmlich national-konservative

Glaube und Politik – Abschied von der Utopie 149

Ziele und Ideen, so jetzt vor allem sozial-revolutionäre. Worin aber bestand dann noch ein wesenhafter Unterschied zu der einstigen Parole der »Deutschen Christen«: »Deutschland unsere Aufgabe – Christus unsere Kraft«?

In diese Situation hinein schrieb ich 1970 mein Buch »Gott kann nicht sterben – Wider die falschen Alternativen in Theologie und Gesellschaft«. Der Untertitel verriet den Standort des Verfassers und läßt es verstehen, warum er mit seinem Buch zwischen alle Stühle geriet. Dorothee Sölle schalt mich im »Spiegel« einen »Scheißliberalen«, der katholische Theologe Albert Brandenburg nannte das Buch in »Publik« das »Gottesbuch unserer Tage«, und die Evangelikalen hielten mich schon für halb bekehrt.

Für mich bestand die Absicht des Buches vor allem darin, entgegen allen zeitgenössischen Verführungen die Polarität zwischen Religion und Politik strikt durchzuhalten, mithin Glauben und Politik weder auseinanderzureißen noch sie zu vermischen, sondern sie in die richtige spannungsvolle Beziehung zueinander zu setzen.

»Politische Theologie« bedeutet, auf ihren Ursprung und Grund durchleuchtet, den Rückfall auf eine Stufe der Religionsgeschichte, die das Christentum gerade überwunden hat. In der griechisch-römischen Antike bildeten Religion und Staat, Politik und Kultur eine Einheit: Der Staat hatte seine Gottheit und die Gottheit ihren Staat – der Name »Athen« erinnert heute noch daran. Mit seiner Predigt von dem weltüberlegenen, transzendenten Gott hat das Christentum diese »politische Theologie« aus den Angeln gehoben. Des zum Zeichen verweigerten die ersten Christen dem römischen Kaiser das Opfer.

Für die Beziehung zwischen Religion und Politik bedeutet dies ein für allemal, daß die Politik ein »weltlich Ding« ist und daß gerade der christliche Glaube ihr zur Erkenntnis ihrer Weltlichkeit verhelfen sollte. Diesen christlichen »Realismus« in der Politik ebenso gegen radikale Lösungen wie gegen falsche Kompromisse durchzuhalten, erscheint mir nach wie vor als eine wichtige Aufgabe zeitgenössischer »Vermittlungstheologie«.

Das politische Handeln der Christen zielt auf die Erhaltung der Welt, nicht auf ihre Erlösung. Für die geschichtliche Zukunft der Welt besitzen die Christen keine Verheißung einer endgültigen Befreiung vom Bösen, sondern haben nur das Gebot, sich um die Eindämmung der Sündenfolgen mit allen Kräften zu bemühen. Dies allein ist auch die Aufgabe des Staates. Mehr steht ihm nicht zu; was darüber hinausgeht, das ist von Übel.

Der christliche Glaube liefert kein politisches Rezept oder soziales Programm. Man kann auch die Bibel nicht einfach wie einen Computer benutzen, der auf die eingegebenen Stichworte fertige Antworten liefert. Aber mögen Bibel und Glaube auch keine politische Theorie bieten, so enthalten sie doch eine politische Provokation und geben entsprechende Impulse zur politischen Aktion.

Was politisch und gesellschaftlich zu tun ist, hat auch den Christen die Vernunft zu gebieten und, da wir nicht mehr in einer geschlossenen christlichen Welt, sondern in einer weltanschaulich pluralistischen Gesellschaft leben, können sie auch öffentlich nur an die Vernunft und Menschlichkeit ihrer Mitbürger appellieren. Darum hat der christliche Glaube das »Humanum«, das sich aus der

Glaube und Politik – Abschied von der Utopie 151

Botschaft Jesu ergibt, in säkulare Humanität umzusetzen. Und er braucht sich dabei nicht zu scheuen, alles aufzunehmen, was seinen Kriterien des Humanum in der Welt entspricht – gemäß dem Wort des Apostels Paulus: »Was wahrhaftig ist, was ehrbar, was gerecht, was rein, was liebenswert, was einen guten Ruf hat, sei es eine Tugend, sei es ein Lob – darauf seid bedacht!« (Philipper 4,8)

Vernunftpolitik heißt heute vor allem »Verzichtspolitik«. Wenn wir den Süden der Welt als »unterentwickelt« bezeichnen, dann sind wir im Norden »überentwickelt«. Darum lautet die entscheidende Kategorie der politischen Ethik heute »Verzicht«. Das gilt sowohl im Nationalen als auch im Sozialen. Aber Verzicht zu leisten, empfindet jeder Mensch als unzumutbar. Aus diesem Grund muß der christliche Glaube an das erinnern, was beim Appell an die Vernunft leicht vergessen zu werden droht: daß es für den Menschen nicht genügt, nur Vernunft zu besitzen, um das Vernünftige alsbald auch zu tun. Denn in praxi gibt es keine reine Vernunft; vielmehr ist die menschliche Vernunft immer schon beeinträchtigt von allerlei Trieben, Unwägbarkeiten, Vorurteilen und Leidenschaften, vor allem von unser aller Habsucht aus Angst. Darum muß, wer das als vernünftig Erkannte tun will, immer noch erst den Weg durch das eigene Herz gehen: Ohne Sinnesänderung gibt es keine vernünftige Politik! Zu Unzumutbarkeiten aber bedarf es des »Muts zum Sein«. Es ist jene Kraft, die die Bibel »Glauben« nennt. Und so ist es paradoxerweise der Glaube, der den Menschen politisch zur Vernunft bringt – wenigstens sollte er dies tun. Ein Christ ist im Grunde nichts anderes als ein durch den Glauben an Gott zur Vernunft gebrachter Mensch.

Die notwendige Verknüpfung von Glaube und Vernunft nötigt zum Kompromiß als der durch Raum und Zeit bedingten Gestalt allen politischen und sozialen Handelns. Der Kompromiß stellt sich auf die Situation ein. Er sagt nicht: Alles oder nichts, sondern: Hier und heute. Er kennt »Zwischenstufen«; er wählt seine Argumente und Mittel je nach der Forderung des geschichtlichen Augenblicks – so, wie die Liebe es gebietet und die Vernunft es einsieht. Darum gibt es im politischen und gesellschaftlichen Handeln im Grunde immer nur »halbe Sachen«, nicht ein entschiedenes »Entweder – Oder«, sondern ein entschlossenes »Sowohl – Als auch«. Wer sich so verhält, treibt zugleich Ideologiekritik.

Dies gilt selbst für die Bergpredigt. Die Erfahrung hat meine Generation gelehrt, daß man die Welt weder *mit* der Bergpredigt noch *gegen* sie regieren kann. Und so steht die Christenheit heute weltweit vor der Aufgabe, es mit ihr noch einmal neu zu versuchen.

Zum Modellfall dieses Lernprozesses ist in unserer Zeit das Gebot des Gewaltverzichts und der Feindesliebe geworden, mit letztem Ernst am Beispiel des Krieges praktiziert – angesichts zweier Weltkriege wahrlich nicht verwunderlich. In der Bergpredigt haben Gewaltverzicht und Feindesliebe nur den privaten Lebensbereich und den persönlichen Feind im Auge – die Völkerversöhnung liegt ursprünglich nicht in ihrem Blickfeld. Dennoch setzen beide Forderungen einen Prozeß der »Entfeindung« in Gang, der über den privaten Lebensbereich hinaus in immer weiter ausgreifenden Ringen bis in die Weltpolitik hineinreicht. Ein ewiges Reich des Friedens wird es auf Erden

Glaube und Politik – Abschied von der Utopie

gewiß nie geben. Aber die grundsätzliche Unerfüllbarkeit der Bergpredigt darf den Christen nicht als Ausrede dienen, um sich von ihren radikalen Forderungen entweder zu dispensieren oder sich mit ihnen zu arrangieren. Allein im konkreten Tun kann sich erweisen, was möglich und was unmöglich ist, was dem Leben dient und was es zerstört. Damit kommt die Notwendigkeit des Kompromisses mit seinem Gebot des entschlossenen »Sowohl-Als auch« sogar in den Umgang mit der Bergpredigt hinein.

Wer als Christ ein politisches Amt wahrnimmt oder auch wie ich als Theologe in der Chefredaktion einer christlichen Wochenzeitung gearbeitet hat, tut sich unter dem Druck oder vielleicht auch nur Eindruck der vorhandenen Wirklichkeit mit der Erfüllung der Bergpredigt schwerer als ein Christ in der Diakonie oder ein Theologe auf der Kanzel und dem Katheder. Bei der Lektüre manchen theologischen Buches über das Handeln der Christen in der Politik habe ich mir überlegt, ob ich den Verfasser nicht einmal auf eine Zeitlang in die wöchentlichen Redaktionskonferenzen einladen sollte. Wahrscheinlich wäre ihm die Milch seiner frommen Denkungsart dabei manches Mal geronnen.

Was das Gebot des Gewaltverzichts und der Feindesliebe betrifft, so erkennen wir heute, daß der Lernprozeß hier langsamer voranschreiten und schwieriger sein wird, als manche Christen noch vor einigen Jahren gehofft haben. Ein ideologischer Pazifismus ist uns nicht mehr erlaubt! Es gibt kein Machtvakuum – Machtvakuen sind immer gefährlich, weil in sie alle möglichen unkontrollierten Mächte einfließen können. Naiv erscheint es mir auch, ein konsequent stufenweise gesteigertes Embargo für gewaltlos zu halten. Es kostet ebenso Menschenopfer wie ein Krieg, in dem geschossen wird – ja, es *ist* Krieg! Vollends empfinde ich es als Heuchelei, wenn Christen die Macht als böse verachten und sich ihrer eigenen Ohnmacht rühmen, sich dabei aber willig den Schutz der »Machthaber« gefallen lassen. Die Möglichkeit zum Martyrium steht jedem zu jeder Zeit frei.

Je länger desto mehr erscheint es mir an der Zeit, den christlichen Namen überhaupt aus der Politik herauszuhalten. Daß eine Partei sich nach der politisch-militärischen Katastrophe Deutschlands als Ausdruck ihres guten Willens zu einem radikalen Neuanfang das Emblem »christlich« beigelegt hat, kann ich verstehen – was haben wir damals am vermeintlichen »Nullpunkt der Gnade« nicht alles für möglich gehalten! Längst aber sind wir wieder nüchterner, vielleicht auch charakterloser geworden und sollten darum mit dem christlichen Parteinamen nicht länger mehr den guten Namen Jesu aus Nazareth lästern. Statt auf die religiöse Magie sollten wir auf die menschliche Vernunft bauen und die Beschwörung Gottes durch die eigene Verantwortung ersetzen. Das wäre ein Akt der Ehrlichkeit zur Ehre Gottes. »Es werden nicht alle, die ›Herr, Herr!‹ zu mir sagen, in das Himmelreich kommen, sondern die den Willen meines Vaters im Himmel tun« – auch dieses Wort steht in der Bergpredigt.

Aus der Gottesverkündigung Jesu ergeben sich keine ewigen Richtlinien für eine christliche Politik, sondern nur fallweise Beiträge zu einer menschlicheren Politik – Lektionen, kein Lektionar, Denkzettel, kein Zettelkasten. Für das politische Handeln der Christen heißt dies heute:

Glaube und Politik – Abschied von der Utopie 155

Statt sich das »politische Wächteramt« in der Gesellschaft anzumaßen und überall mitmachen zu wollen, sollten die Christen sich vornehmlich zu jenen Aufgaben drängen, die von anderen gern gemieden werden – wohl wissend, daß Jesu Verkündigen und Verhalten einen deutlichen »Zug nach unten« aufweist.

Statt von unbegrenzten Möglichkeiten zu schwärmen, sollten sie in jede allzu selbstverständliche geschichtliche Kontinuität ein Stück Diskontinuität hineintragen, nicht um den Fortschritt zu hindern, sondern um ihn aus dem Tritt und eben damit auf den richtigen Weg zu bringen – wohl wissend, daß auch alle Emanzipationsgeschichte stets Leidensgeschichte bleibt.

Statt sich dem maßlos übertreibenden Wissen der biblischen Apokalyptik zu überlassen und zu weit in die Zukunft zu träumen, sollten sie »Geistesgegenwart« beweisen und sich der maßvollen biblischen Weisheit anvertrauen – wohl wissend, daß die irdischen Dinge sehr gebrechlich sind und deshalb Geduld, Gelassenheit und Gottvertrauen wahrhaft vonnöten.

Statt alles über einen einzigen Leisten zu schlagen, sollten sie verschiedene politische Motive und Modelle gelten lassen und deshalb nicht nur im politischen Gemeinwesen, sondern auch in der christlichen Gemeinde politische Toleranz üben und sich als parteipolitische Gegner ertragen lernen – wohl wissend, daß jeder ohnehin sein eigenes maßgeschneidertes christliches Mäntelchen trägt.

Statt schließlich das ganze Leben der Menschen in Politik zu verwandeln, sollten sie ihre politische Mitverantwortung darin erblicken, von Politik freie Lebens- und Sprachräume zu erhalten – wohl wissend, daß zwar alles politisch, aber darum noch nicht alles Politik und die Politik schon gar nicht alles ist.

So wird die Politik auch für die Christen allzeit »ein starkes, langsames Durchbohren von harten Brettern mit Leidenschaft und Augenmaß« (Max Weber) bleiben müssen. Entsprechend empfehle ich als »geistliche Waffenrüstung« für das politische Handeln insgesamt die Losung: Zieht aus das enge Kleid der Resignation und legt an das weite Gewand der Hoffnung – gürtet es aber mit dem Strick der Resignation! Damit ist nicht jene müde Resignation gemeint, die die Welt für grundsätzlich erlöst, aber praktisch für unverbesserlich hält, sondern eine wache Resignation, die sich auf den gegenwärtigen Weltzustand einstellt und sachlich tut, was an der Zeit ist. Diese Mahnung enthält für mich zugleich die Warnung vor jeder Art Utopie.

Den Urstoff zu allen abendländischen Utopien hat die jüdisch-christliche Apokalyptik geliefert. Auch Jesus und die ersten Christen waren in ihr gefangen. Wir aber können uns das apokalyptische Weltbild ebensowenig wieder ancignen wie das ptolemäische – das wäre kein Glaubensgehorsam, sondern theologischer Krampf. Solchen theologischen Krampf hat es freilich rings um mich her reichlich gegeben. Was dabei von der endzeitlichen Hoffnung der Bibel übrigblieb, war eine reine »Kathedereschatologie«, durch keine religiöse Erfahrung mehr existentiell gedeckt. Die bisherige Vertikale wurde einfach nur in die Horizontale umgeklappt, so daß Gott nicht mehr »oben«, sondern »vorn« war. Auf diese Weise wurde die Zukunft Gottes mit dem Gang der Weltgeschichte gleichgesetzt und sein Schicksal in die Hand der Menschen gelegt.

Glaube und Politik – Abschied von der Utopie 157

Durch solche Gleichsetzung wird das Reich Gottes in eine Utopie verwandelt, die es nun mit allen Kräften zu verwirklichen gilt. Damit aber ist Jesu Reich-Gottes-Predigt ins Gegenteil verkehrt, denn in ihr heißt es ausdrücklich, daß Gottes Reich »von selbst« wachse, ja, daß es »schon jetzt« da sei und nur »empfangen« werden könne. Es ist auf keine Weise herstellbar, weder durch eine »sanfte Verschwörung« noch durch eine »gewaltsame Revolution«.

Angesichts der Tatsache, daß die Apokalypse heute für uns machbar geworden ist, besteht die Aufgabe nicht mehr in der Herbeiführung des größtmöglichen Glücks, sondern in der Abwehr des möglicherweise größten Unglücks. Die Unheilsprognose besitzt daher stärkere Glaubwürdigkeit als die Heilsprognose. Wer einer Utopie anhängt, kommt mir vor wie jemand, der auf dem Deck der sinkenden »Titanic« Walzer tanzt.

Das wahre Lebensgesetz des Menschen ist die Endlichkeit, das kräftigste Zeichen dafür der Tod, die größte »Nicht-Utopie«, wie Ernst Bloch ihn genannt hat. Die Voraussetzung aller verantwortlichen Zukunftsplanung ist, daß der Planende sich dabei seiner eigenen Endlichkeit bewußt bleibt, wie wenig er seiner selbst und der Welt mächtig ist. Das Leben ist kein Spiel ohne Grenzen. Die Utopie aber überfliegt die Endlichkeit und schwärmt ins Unendliche hinaus. Sie sucht die Erfahrung der Endlichkeit durch eine »Endlösung« zu überspringen und zwingt die widersprüchliche Wirklichkeit darum zur Übereinstimmung mit der Richtung ihres Ziels: Wir heißen euch hoffen – aber wehe dem, der eine andere Hoffnung hat als wir! Daher haben alle Utopien einen Zug ins Totalitäre

158 Sechstes Kapitel: Vom neuen Himmel auf die alte Erde

und treiben in den Machtmißbrauch hinein: Und bist du
nicht willig, so brauch' ich Gewalt!

Ich empfinde gegenüber aller apokalyptisch gefärbten
Eschatologie einen ungeschlichteten Zwiespalt und daher
auch eine Skepsis gegenüber jeder Utopie. Den Ausgangs-
punkt allen politischen Handelns bildet allemal das vorhandene Elend und der Wille, es zu bessern. Ob wir auf die
Vollendung der Schöpfung am Ende aller Zeiten hoffen,
erscheint mir fast gleichgültig. In jedem Fall gebietet die
Liebe mir, in der Gegenwart das Menschenmögliche zu
tun, damit das Menschengeschlecht erhalten bleibe. Kann
es ein höheres Endziel geben als dies?

Ich halte es hier mit dem Atheisten Albert Camus, ohne
ihn deshalb sogleich zum unbewußten Christen zu taufen.
Sein 1948 im Dominikanerkloster Latour-Maubourg bei
Paris gehaltener Vortrag »Der Ungläubige und die Christen« hat mich viele Jahre begleitet. Ich habe während meines Lebens manche Gräber aufgesucht; zu zweien bin ich
»gewallfahrtet«, zu dem Søren Kierkegaards auf dem Assistenzfriedhof in Kopenhagen und zu dem Albert Camus'
auf dem Dorffriedhof von Lourmarin.

In seinem Vortrag vor den Dominikanern sagt Camus,
daß er die Hoffnung der Christen nicht teile, wohl aber ihr
Grauen vor dem Bösen und damit die Bereitschaft zum
Kampf gegen eine Welt, in der Kinder leiden und sterben.
Er glaubt nicht an eine endgültige Überwindung des Bösen und an ein ewiges Heil. Aber er ist entschlossen, gegen
das Böse zu kämpfen, um es, wenn nicht zu verringern, so
doch wenigstens nicht zu vermehren. Und dann folgen
jene Sätze, die sich mir einst so eingeprägt haben, daß ich
sie heute noch fast auswendig hersagen kann: »Wir kön-

Glaube und Politik – Abschied von der Utopie

nen es vielleicht nicht verhindern, daß diese Schöpfung eine Welt ist, in der Kinder gemartert werden. Aber wir können die Zahl der gemarterten Kinder verringern. Und wenn Sie uns dabei nicht helfen, wer soll uns dann helfen?«

Dieses »Endspiel« aber findet immer heute statt. Beispielhaft dafür ist für mich eine Anekdote, die Gustav Heinemann mir einmal erzählt hat: Während einer Sitzung des Parlaments eines amerikanischen Bundesstaates irgendwo im Mittelwesten während des vergangenen Jahrhunderts trat eine Sonnenfinsternis ein, und eine Panikstimmung drohte auszubrechen. Darauf gab der gerade redende Delegierte zu bedenken: »Meine Herren Abgeordneten! Es gibt jetzt nur zwei Fragen mit dem gleichen Resultat. Entweder der Herr kommt, dann soll er uns bei der Arbeit finden, oder er kommt nicht, dann besteht kein Grund, unsere Arbeit zu unterbrechen.«

Siebtes Kapitel

Von der Institution zur Inspiration

Kirche –
Aufgebot des Glaubens in der Welt

»Veni, Creator Spiritus – Komm, Schöpfer Geist!«
Hrabanus Maurus / Martin Luther

Daß ich Christ bin, verdanke ich der Kirche – sie hat mir die Bibel erschlossen. Aber ich könnte nicht mit Martin Luther sagen: »Ich hab sie lieb, die werte Magd.« Es geht mir mit der Kirche wie Gustav Heinemann mit dem Staat, der, auf sein Verhältnis zu ihm angesprochen, zu antworten pflegte, er liebe nicht den Staat, sondern seine Frau.

Für mich ist die Kirche weder, wie für Luther, eine liebe, werte Magd, noch, wie für die Katholiken, die geliebte Mutter, sondern ein lebenslang ungelöstes Problem. Ich kann mein Verhältnis zur Kirche daher in den knappen Satz fassen: Ich lebe als Christ durch die Kirche, in der Kirche – und immer wieder – trotz der Kirche.

Dieses zwiespältige Verhältnis entspricht der Zweideutigkeit, die dem Faktum »Kirche« von seinem Ursprung her anhaftet. Die Tatsache, daß es *die* Kirche nur in *den* Kirch*en* gibt – dieses unauflösliche Ineinander von Singular und Plural – weist auf das Grundproblem aller »Kirchlichkeit« hin. Der katholische Theologe Alfred Loisy hat es in den berühmten Satz gefaßt: »Jesus hat das Reich Gottes angekündigt, und die Kirche ist gekommen.« Auch wenn Loisy unter anderem wegen dieses Satzes von Papst Pius X. exkommuniziert worden ist, so war das Recht doch historisch wie theologisch auf seiner Seite.

Jesus aus Nazareth hat in der Tat keine Kirche gegründet, sondern eine endzeitliche Glaubens- und Sammlungsbewegung entfacht. Er hat selbst von sich gesagt: »Ich bin gekommen, ein Feuer auf Erden anzuzünden« und hat voll Bangen hinzugefügt: »– was wollte ich lieber, als es brennte schon.« (Lukas 12,49) Nicht irgendeine weitere religiöse Organisation sollte entstehen und auch wieder vergehen – das Reich Gottes sollte endgültig hereinbrechen! Für eine Kirche blieb da keine Zeit mehr.

Aber wenn die Kirche von Jesus auch nicht vorgesehen war, so war ihre Entstehung doch vorauszusehen. Denn es kam anders, als Jesus es erwartet und die Urgemeinde erhofft hatte. Das Reich Gottes brach nicht an, die Welt nahm weiter ihren Lauf. Sollte die von Jesus entfachte Glaubens- und Sammlungsbewegung sich nicht wieder verlaufen, so mußte ihre »Vorläufigkeit«, um im Gang zu bleiben, institutionell stabilisiert werden. Auch der heilige Geist braucht, wenn er bleiben soll, ein Dach über dem Kopf.

Dazu mußte ein geschichtliches Gebilde entstehen, das, wie alle Gebilde in der Geschichte, seinen Bestand in der Welt mit den Mitteln der Welt behauptet. Und so ist fast von selbst »die Kirche gekommen« mit Schriften, Dogmen und Ämtern, mit Kultus, Macht und Recht, mit Hierarchie, Bürokratie und Finanzen – nicht an Stelle des von Jesus angesagten Reiches Gottes, sondern in Folge seiner Ansage des Reiches Gottes, mithin als mittelbare,

Kirche – Aufgebot des Glaubens in der Welt 163

nicht als unmittelbare Fortwirkung seines Glaubens und Verkündigens.

Die von Jesus entfachte endzeitliche Glaubens- und Sammlungsbewegung als eine Institution in der Zeit – das ist das Dilemma, in dem sich die Kirche befindet. Das macht sie zu einem so zweideutigen Faktum. Als solches aber hat sie teil an der Geistesgeschichte Gottes in der Welt. Nur wer die Dialektik dieser Zweideutigkeit begreift und durchhält, wird dem Wesen der Kirche gerecht.

Unter theologischem Aspekt betrachtet, ist die Kirche eine Geistgemeinschaft: Gottes Geist ist die Quelle ihres Lebens – er allein ist es, der die Kirch*en* zur Kirch*e* macht. Darum heißt die Kirche im Neuen Testament »Leib Christi«, und die Christen werden »Tempel Gottes« und »Gemeinschaft der Heiligen« genannt. Wo nicht der Geist Gottes in einer Kirche weht, dort ist sie nicht der Leib Christi, sondern Jesu Leichnam. Für die Zugehörigkeit zur Kirche als Geistgemeinschaft gibt es kein eindeutig erkennbares Kriterium. Es kann ein »Geistlicher« auch nicht einen Hauch vom Geist Gottes verspürt haben, während ein Atheist nicht fern vom Reiche Gottes ist.

Unter soziologischem Aspekt betrachtet, ist die Kirche zugleich eine gesellschaftliche Größe und hat als solche teil an den Zweideutigkeiten aller Lebensprozesse: Darum die Offenbarung als Tradition, das Wort Gottes als menschliche Urkunde, die Liebe als Moral, der heilige Geist als Amtsvollmacht, der Leib Christi als Körperschaft des öffentlichen Rechts, die Nachfolge Jesu als kirchliche Laufbahn, kurzum die Himmelsleiter als Kirchenleiter.

In allen diesen Zweideutigkeiten ist die Kirche dennoch eine Geistgemeinschaft. Aber der heilige Geist träufelt

164   Siebtes Kapitel: Von der Institution zur Inspiration

nicht wie ein lila Fluidum von der Kirchendecke, sondern vermittelt sich, wie jeder Geist, durch das Wort und die Einrichtungen von Menschen.

Das führt zu der unauflöslichen Spannung zwischen priesterlich-institutioneller Gestalt und prophetisch-charismatischem Protest. Sie bildet das ewige Grundproblem aller Religion und damit auch jeder Kirche. Wo immer Menschen die Offenbarung Gottes annehmen, tun sie es in religiöser Gestalt: Das ist das Institutionell-Priesterliche in der Religion – es kann in einer Kirche in verschiedenem Maß vorhanden sein, aber es ist unvermeidlich. Denn wo immer Menschen Gottes Offenbarung annehmen, drohen sie daraus Götzen zu machen – es ist die Versuchung, den Geist Gottes herabzuzwingen und ihn in Büchern, Dogmen und Personen, in Sakramenten, Ämtern und Altären zu »orten«. Aber das Endliche vermag das Unendliche nicht zu ergreifen. Jede kirchliche Institution, auch die vollkommenste, wird hoffnungslos hinter dem Reich Gottes zurückbleiben und jeder kirchliche Lehrsatz, auch der paradoxeste, die Fülle der göttlichen Offenbarung nur unzureichend fassen.

Darum erhebt sich gegen das priesterlich-institutionelle Element in der Kirche immer wieder der prophetisch-charismatische Protest – er kann in verschiedener Stärke auftreten, aber er ist unentbehrlich. Beide Elemente – das priesterlich-institutionelle und das prophetisch-charismatische – befinden sich in einer Art Dauerkonflikt miteinander und bleiben dennoch aufeinander angewiesen. Niemals wird einer Kirche die Domestizierung, die »Behausung« des heiligen Geistes vollends gelingen.

Die Kirche ist die mittelbare Fortsetzung des Wirkens

Kirche – Aufgebot des Glaubens in der Welt   165

Jesu. Als Tradentin der »memoria Jesu« hat sie das Feuer seines Geistes in der Welt am Brennen zu halten. Dabei sitzt sie selbst auf dem von ihr bewahrten und oft genug auch bewachten Evangelium wie auf einem Pulverfaß, ständig in der Gefahr, sich durch seine Verkündigung selbst in die Luft zu sprengen.

Auf diese Weise setzt sich die von Jesus entfachte Glaubens- und Sammlungsbewegung in der Weltgeschichte fort, keine apostolische Nachfolge von Bischof zu Bischof – das ist Menschenwerk, sondern eine spirituelle von Glauben zu Glauben – das ist Gottes Werk. In der Nachfolge Jesu als des »Anfängers und Vollenders des Glaubens« wird die Kirche so zum »Aufgebot des Glaubens« in der Welt.

Wie jemand sich Jesus Christus vorstellt, so stellt sich ihm die Kirche dar. Wer eine jesuanische Christologie »von unten« entwirft, für den wird auch die Gestalt der Kirche entsprechend anspruchslos ausfallen. Darum weiß ich, um mein Verständnis von Kirche auszudrücken, keine zutreffendere Formulierung als das von Matthäus überlieferte Wort Jesu: »Wo zwei oder drei in meinem Namen versammelt sind, da bin ich mitten unter ihnen.« (18,20) Entsprechend habe ich Kirche erlebt: mehr im Kleinen, Alltäglichen als im Großen, Extravaganten, mehr als Lebensgemeinschaft denn als Lehranstalt, eher als einen Kreis von Gleichgesinnten denn als göttliche Heilsanstalt und irdische Ordnungsmacht.

Was »Kirche« heißt, habe ich vor allem in der christlichen Jugendbewegung, der Evangelischen Studentengemeinde, der Bekennenden Kirche, in den Anfängen des

166   *Siebtes Kapitel: Von der Institution zur Inspiration*

»Deutschen Allgemeinen Sonntagsblatts«, im Deutschen
Evangelischen Kirchentag, im Kreis von Freunden und in
der eigenen Familie auf vielfältige Weise erfahren:

Wenn ich im Arbeitsdienst am Sonntagvormittag mit
wenigen Kameraden in die nahe Stadt zum Gottesdienst
ging – wenn ich mich während des Krieges als Soldat morgens vor Dienstbeginn irgendwo drinnen oder draußen in
eine Ecke setzte und eine der in der Bekennenden Kirche
zirkulierenden Predigten las – wenn wir nach dem Kriege
in der Studentengemeinde in einer halbzerstörten Kirche
täglich unsere Morgenwachen und allwöchentlich unsere
Wochenschlußgottesdienste hielten – wenn wir in der Familie mit unseren Söhnen zum »Sabbateingang« Glocken
und Chor im Rundfunk hörten und anschließend ein Gebet aus den Stundengebeten der »Michaelsbruderschaft«
lasen – als ich im September 1945 in Rosenheim zu einem
Gedenkgottesdienst für die Gefallenen, Vermißten, Verfolgten und Vertriebenen eingeladen hatte und die Kirche,
trotz Einspruchs des amerikanischen Stadtkommandan-
ten, so gedrängt voll stand, daß ich mir nur mühsam den
Weg von der Sakristei zum Altar bahnen konnte – als ich
im Advent desselben Jahres in einem amerikanischen In-
ternierungslager den Hunderten von ehemaligen Nazis,
die in dem weiten, dunklen Barackenraum, bei dem spär-
lichen Kerzenlicht kaum erkennbar, rings um mich saßen,
lagen und standen, ohne Haß und Zorn predigen konnte –
als der Kieler Studentengemeinde auf ihrer ersten Rends-
burger Studentenkonferenz so etwas wie ein Durchbruch
gelang und wir nicht wußten, wovon wir trunkener waren, ob vom Wort Gottes oder von unseren eigenen Reden, ob vom heiligen Geist oder vom gespendeten ameri-

Kirche – Aufgebot des Glaubens in der Welt 167

kanischen Kakao – als auf dem Leipziger Kirchentag 1954 während der Schlußversammlung auf der Rosentalwiese eine halbe Million Christen laut miteinander das Vaterunser beteten und dies bis in die Straßen der Stadt hineinscholl – als ich beim Ökumenischen Pfingsttreffen 1971 im Augsburger Dom neben Willem Visser't Hooft, dem damaligen Generalsekretär des Ökumenischen Rates der Kirchen, stand und uns beiden die Augen übergingen, als wir sahen, wie bei der Austeilung des Abendmahls katholische Nonnen und evangelische Diakonissen nebeneinander am Altar knieten und die austeilenden Priester noch nicht geübt waren, mit dem Wein hauszuhalten – als ich inmitten einer buntgewürfelten Gemeinde aus Christen und Nichtchristen, Alten und Jungen, Rechten und Linken auf der Tenne eines niedersächsischen Bauernhauses den Enkel eines Freundes taufte und es dabei ähnlich zwanglos und vertraut zuging wie in den ersten Christengemeinden – als ich jüngst von der Baptistengemeinde in Berlin-Steglitz zu Vorträgen und Predigt eingeladen war und daraus eine ökumenische Freundschaft entstanden ist – wenn ich Vorträge und Vorlesungen zu halten habe und wir hinterher zusammensitzen und miteinander reden, und niemand weiß, wer hier Katholik und wer Protestant, wer Christ und wer Nichtchrist ist.

Und so weiter und so fort.

Zur kirchlichen Heimat aber ist für mich der Kirchentag geworden. In ihm erlebe ich beides: Kirche im Kleinen, Alltäglichen in den Sitzungen des Präsidiums und Kirche im Großen, Außerordentlichen jeweils auf den Kirchentagen.

168   *Siebtes Kapitel: Von der Institution zur Inspiration*

Natürlich habe ich »Kirche« auch anders erlebt. Aber die
nüchterne Einsicht in ihre historische Unabwendbarkeit
hat meine Kritik an ihren Institutionen stets im Zaum gehalten. Darum bin ich fast in Verlegenheit geraten, als ich
aufgefordert wurde, mich an einer Sendereihe zu beteiligen, in der »zornige alte Männer« ihre Kritik an der Kirche
loslassen sollten. Dafür war meine Distanz zur sogenannten »Amtskirche« allzeit zu groß und meine Erwartungen
an sie zu gering. Ich lebe mit der Kirche in einer Art Ver-
nunftehe: in verhaltener Dankbarkeit, aber weder aus Enttäuschung zornig noch von Liebe überwältigt.

Gewiß hat es in meinem Leben auch Augenblicke gegeben und gibt sie immer noch, in denen mich trotz aller
inneren Distanz der Zorn gepackt hat.

Zornig war ich auf die Kirche und bin es noch: Als
einige Bischöfe, katholische wie lutherische, nach dem
Ökumenischen Pfingsttreffen 1971 in Augsburg das, was
sich dort an neuer kirchlicher Gemeinschaft ereignet hatte,
herunterzuspielen und die entfachte Bewegung abzublok-
ken versuchten – als ich erfuhr, daß Hans Küng von der
römischen Kurie in einer Art Nacht- und Nebelaktion die
kirchliche Lehrbefugnis (missio canonica) entzogen worden war und ich darüber einen Leitartikel schrieb, von
dem mir später ein Kuriale in Rom sagte, daß es das Böse-
ste gewesen sei, was damals über den Papst geschrieben
worden ist – als ich einen Bischof laut darüber meditieren
hörte, wem die höhere Klasse des Bundesverdienstkreuzes
zustehe, ob dem Ratsvorsitzenden der Evangelischen Kirche in Deutschland oder dem Präsidenten eines konfessionellen Weltbundes – als die vom Kirchentagspräsidium für
den Nürnberger Kirchentag beschlossene Losung von

Kirche – Aufgebot des Glaubens in der Welt 169

dem Bischof der gastgebenden Landeskirche zurückgewiesen wurde und das Präsidium an einem Sonntagabend anzutreten hatte, um eine neue, genehme Losung zu beschließen – als die Kirchenleitungen zwar nichts dagegen einzuwenden hatten, wenn Pfarrer in der Zeit zwischen den beiden Weltkriegen im Talar Feldgottesdienste für den »Stahlhelm« hielten, sich aber aufregten, wenn Pfarrer im Talar an Antikernkraftdemonstrationen teilnahmen – wenn ich sehe, wie sich der Papst bei seinen Auslandsreisen Ehrenkompanien gefallen läßt, als wäre er nicht der angebliche Stellvertreter des gekreuzigten Christus, sondern der Repräsentant einer Supermacht – wenn Geschiedene von den Sakramenten ausgeschlossen werden und so der geistlichen Stärkung verlustig gehen, die sie vielleicht mehr begehren und nötiger haben als manche Eheleute – wenn Kirchenmänner vor der Emanzipation warnen, bevor sie es überhaupt noch ernsthaft mit ihr versucht haben.

Und so weiter und so fort.

Man kann die der Kirche von ihrem Ursprung und Wesen her innewohnende Spannung nicht auflösen, indem man durch sie eine deutlich erkennbare Grenze zieht: Hier Herrschaft – dort Geschwisterschaft, hier Macht – dort Wahrheit, hier Gesetz – dort Gnade, hier Zeuge – dort Ketzer, hier wahre Kirche – dort falsche Kirche. Bis ans Ende der Zeiten wird die Kirche eine »gemischte Gesellschaft« bleiben.

Kirche muß sein. Aber muß Kirche so sein? Kann Kirche nicht auch anders sein? Aber wird auch eine »andere« Kirche nicht wieder Kirche sein?

In den »Gedanken zum Tauftag« seines Patenkindes schreibt Dietrich Bonhoeffer im Mai 1944 aus dem Gefängnis: »Bis du groß bist, wird sich die Gestalt der Kirche sehr verändert haben. Die Umschmelzung ist noch nicht zu Ende, und jeder Versuch, ihr vorzeitig zu neuer organisatorischer Machtentfaltung zu verhelfen, wird nur eine Verzögerung ihrer Umkehr und Läuterung sein.«

Was Bonhoeffer hier über die Zukunft der Kirche schreibt, hat sich noch nicht erfüllt. Die von ihm geschilderte Übergangssituation befindet sich noch im vollen Gange. Spätestens seit dem Ersten Weltkrieg vollzieht sich gleichzeitig eine Entkirchlichung der Gesellschaft und im Gegenzug dazu eine Verkirchlichung des Christentums. Das bedeutet: Die Kirche befindet sich – zwar in Intervallen, insgesamt aber stetig – auf dem Weg von der Volkskirche zur Kirche in der Diaspora. Dieser Prozeß hat lebenslang auch meine kirchliche Identität bestimmt.

Vorüber sind die Zeiten, in denen Kirche und Gesellschaft sich fast bis zum Gleichklang glichen. Dieser weitgehenden Übereinkunft entsprach die Gestalt der »Volkskirche«, in ihrem Fortbestand sozusagen durch einen zweifachen Generationenvertrag gesichert, nach innen durch Kindertaufe und Konfirmation, von außen durch vertragliche Verpflichtungen des Staates wie Kirchensteuereinzug, Dotationen, christlichen Feiertagskalender, Religionsunterricht an den Schulen, theologische Fakultäten an den Universitäten.

Kirche in der Diaspora heißt dagegen: Kirche inmitten einer nichtchristlichen, kirchenfremden, womöglich gar kirchenfeindlichen, auf jeden Fall weltanschaulich pluralen Umwelt. Damit würde sich – nach bald zwei Jahrtau-

Kirche – Aufgebot des Glaubens in der Welt   171

senden »Großkirche« – neu das biblische Bild von der »kleinen Herde« einstellen.

Die Christen sollten diese Situation nicht herbeireden, schon gar nicht in einer verstiegenen »Urkirchenromantik« herbeiwünschen, sie aber klaglos annehmen und rechtzeitig beginnen, sich in die Rolle einer Minderheit in der Gesellschaft einzuüben. Die entscheidende Frage lautet nicht, ob und wie lange die Volkskirche noch bestehen wird, sondern ob die Christen bereit sind, sich auf den volkskirchlichen Schrumpfungsprozeß einzustellen – dann mag die Volkskirche fortbestehen oder nicht.

Die Diasporasituation bringt fraglos die Gefahr mit sich, daß die Kirche sich selbst gettoisiert und zu einer Fluchtburg wird für alle jene, die nicht mit der Zeit zu gehen bereit sind, sondern sich vor dem kalten Luftzug der veränderten Welt im schützenden Windschatten eines warmen Nestes bergen möchten. Worum ich mich daher mehr sorge als um den Rückgang des äußeren Bestandes der Kirche, ist ihre innere Verkümmerung, daß sie nicht kleiner, sondern kleinlicher wird. Ich fürchte in der Kirche kaum etwas so sehr wie geistige Enge, Unfreiheit und Niveaulosigkeit – kleinbürgerlichen Provinzialismus bei gleichzeitiger ökumenischer Globetrotterei. Die Sorge um geistige Weite, Noblesse und Liberalität ist es dann auch, die mich die Umwandlung der »Volkskirche« in eine »Freiwilligkeitskirche« nur zögernd herbeiwünschen läßt. Denn die Änderung der Struktur könnte leicht auch eine Wandlung des Geistes mit sich bringen. Das in den »Kerngemeinden« ohnehin schon reichlich vorhandene, teilweise sogar vorherrschende geistige Kleinbürgertum mit seiner ängstlich-fundamentalistischen Mentalität –

von den Kirchenbehörden nicht nur lustlos geduldet, sondern auch furchtsam geschützt, ja zuweilen liebevoll gehätschelt – würde sich in der Kirche noch mehr ausbreiten. Am Ende würde sie nicht zur »kleinen Herde«, sondern zur »Sekte« werden und einer Thermosflasche gleichen, die nach innen wärmt und nach außen kalt bleibt.

Angesichts der zu erwartenden Diasporasituation gibt es nur *einen* gangbaren Weg in die Zukunft: Das Christentum insgesamt muß viel bewußter als bisher die von Jesus aus Nazareth entfachte Glaubens- und Sammlungsbewegung fortsetzen und die Kirche sich entsprechend als das »Aufgebot des Glaubens« in der Welt verstehen. Der von manchen Christen empfohlene »Gesundschrumpfungsprozeß« wäre ein falscher Weg für die Kirche. Er würde nur zu einer noch rascheren Verkirchlichung des Christentums und am Ende in eine religiöse Erstarrung führen. Nicht durch die defensive Bewahrung des vorhandenen Bestandes, sondern allein durch die Gewinnung neuer Christen kann die Kirche dem im Gang befindlichen Erosionsprozeß widerstehen.

Will die Kirche bewußt die von Jesus entfachte Glaubens- und Sammlungsbewegung fortsetzen, dann muß sie sich vor allem als eine Lebensgemeinschaft mit der Bibel und um die Bibel verstehen. »Tradition« heißt in der Kirche nicht »Festschreibung«, sondern »Fortschreibung« der biblischen Botschaft!

Daß Jesus aus Nazareth für sie der Weg zum Leben ist, können die Christen nur so bezeugen, daß sie seinen Lebensweg in die Welt hinein fortsetzen. Ungescheut betrachtet, bietet die Diasporasituation – bei allem Abtrag –

Kirche – Aufgebot des Glaubens in der Welt 173

der Kirche auch eine Chance. Indem die Postmoderne die Illusion einer »christlichen Welt« vollends zerstörte, hat sie der Kirche zugleich eine neue Möglichkeit eröffnet, in der Welt präsent zu sein. Dadurch sind die Christen gleichsam aus dem gesicherten Jerusalem hinausgeworfen und an die Straße nach Jericho gestellt worden, in die profane Welt, in ihre Mitte, um dort, in der Solidarität der leidenden und kämpfenden Menschheit, auf menschliche Weise das Helfende zu tun.

Das aber verlangt eine offensive Vorwärtsstrategie und damit die grundsätzliche, zugleich aber höchst praktische Entscheidung, ob die Nachhut oder die Vorhut künftig den Weg des wandernden Volkes Gottes bestimmen soll.

Das Grundmodell aller Kirchlichkeit liefert der neutestamentliche Bericht von der Ausgießung des heiligen Geistes zu Pfingsten. Die aus allen Ländern der Erde zum Fest nach Jerusalem herbeigeströmten Pilger hören alle, ein jeglicher in seiner Sprache, die großen Taten Gottes verkündigen: Juden und Judengenossen, Parther, Meder, Elamiter... Das pfingstliche Geschehen ist ein Sprachgeschehen. Die babylonische Sprachverwirrung wird rückgängig gemacht, aber es wird den Christen keine einheitliche Weltsprache, kein christliches Esperanto, verpaßt. Die Vielfalt der Sprachen bleibt bestehen, jedoch so, daß durch sie nicht mehr Wirrwarr, Zwietracht und Zerstreuung, sondern gegenseitiges Verstehen und neue Gemeinschaft entstehen. »Einheit in Vielfalt« heißt für mich darum die Grundgestalt der Kirche in den Kirchen. Gesteht man sich gegenseitig das Recht zur Verschiedenheit zu, so ist die Einheit im Grunde bereits da.

Die Kirche ist für mich ein Haus mit vielen Wohnungen im Innern und offenen Türen nach draußen. In ihr gilt kein exklusives Entweder – oder, sondern ein inklusives Sowohl – als auch. Wer sich im Heiligtum befindet und wer im Vorhof oder gar draußen vor, läßt sich nicht ein für allemal feststellen. Es kann jemand Christ sein, ohne einer institutionellen Kirche anzugehören, wie umgekehrt eine ganze Kirche in den Verdacht der Unchristlichkeit geraten kann. Gegenseitiger Respekt ist deshalb geboten. Das schließt den Streit um die Wahrheit nicht aus, verlangt aber als Mittel der Konfliktbewältigung das höfliche Gespräch.

Schon früh ist mir Paul Tillichs Unterscheidung zwischen »manifester« und »latenter Kirche« wichtig geworden. Er gebraucht den Begriff »latente Kirche« nicht zur Eingrenzung der Kirche auf die wahrhaft Gläubigen, sondern gerade umgekehrt zu ihrer Ausweitung auf die, die scheinbar nicht mehr gläubig sind. Es sind seine eigenen Erfahrungen, die sich Tillich hier zum Begriff verdichtet haben: »Es geht nicht an, alle, die den organisierten Kirchen und überlieferten Symbolen entfremdet sind, als unkirchlich zu bezeichnen. Mein Leben in diesen Gruppen – ein halbes Menschenalter lang – zeigte mir, wieviel latente Kirche in ihnen ist: Erlebnis der menschlichen Grenzsituation, Frage nach dem Jenseitigen, Begrenzenden, unbedingte Hingabe für Gerechtigkeit und Liebe, Hoffnung, die mehr ist als Utopie, Anerkennung der christlichen Wertung und feinstes Empfinden für den ideologischen Mißbrauch des Christentums in Kirche und Staat. Oft schien es mir, als ob die latente Kirche, die mir in diesen Gruppen begegnete, wahrere Kirche sei als die organi-

Kirche – Aufgebot des Glaubens in der Welt 175

sierte, weil weniger in dem Pharisäismus des Besitzes der Wahrheit befangen... Latente Kirche ist ein Begriff der Grenze, an der zu stehen Schicksal unzähliger protestantischer Menschen in unseren Tagen ist.«

Tillichs Unterscheidung zwischen manifester und latenter Kirche nötigt mich, die religiösen Grenzlinien anders zu ziehen, als konventionelle Kirchlichkeit dies vielfach tut. Die entscheidende religiöse Trennungslinie verläuft jedenfalls nicht zwischen den Christen und den Nichtchristen. Es gibt Christen und Nichtchristen, die beide – je in ihrer Art – mit Gott »fertig« sind. Und es gibt Christen und Nichtchristen, die noch keineswegs fertig sind mit Gott, die suchen und forschen, ob es sich denn mit Gott so verhalte, wie sie bisher geglaubt beziehungsweise nicht geglaubt haben, die sich in ihrem Glauben vom Unglauben und in ihrem Unglauben vom Glauben beunruhigt fühlen, und die gerade durch die Dringlichkeit ihres Fragens und Zweifelns die Lebendigkeit Gottes bezeugen.

Tillichs Unterscheidung zwischen manifester und latenter Kirche hat mich auch geleitet, als ich Anfang der siebziger Jahre als amtierender Präsident an der Neugestaltung des Deutschen Evangelischen Kirchentages mitzuwirken hatte. Der »neue Kirchentag«, wie er sich seitdem entwickelt hat, erscheint mir als ein gelungenes Beispiel heutiger Kirchlichkeit: eine gemischte Gesellschaft mit fließenden Grenzen und offenen Türen, aber keine »Gemischtwarenhandlung«, wie eine fromme Rechte ihn gern verdächtigt.

Siebtes Kapitel: Von der Institution zur Inspiration

Unter allen Vorwürfen, die der Kirche heute zu Recht oder zu Unrecht gemacht werden, erscheint mir einer von besonderem Gewicht. Das ist der Eindruck vieler Zeitgenossen, daß wir – trotz aller gutgemeinten Diakonie – keine wirklich menschenfreundliche Kirche sind: »Wo Gott wohnt, ist es nicht warm.« (C. F. Delius) Die Menschen kommen zu uns, falls sie denn überhaupt noch kommen, mit Fragen, die ihr Leben betreffen, wie sie es in dieser wirren Welt bestehen können. Und sie gehen häufig von uns fort mit dem Verdacht, daß es uns gar nicht um ihr, sondern um unser Leben geht, nicht zuerst um ihre Fragen, sondern um unsere Antworten, daß wir von der Sorge um unseren eigenen Bestand in Anspruch genommen sind, von unseren theologischen Richtigkeiten und Streitigkeiten, von Mitgliederzahlen und Kirchensteuern, und daß wir bei dem allen einen dünkelhaften Glauben an den Tag legen und uns durch Querfragen nicht stören lassen.

Darum fallen mir, wenn ich mir ein Wunschbild von der künftigen Kirche male, zuerst Wörter wie Menschlichkeit, Freundlichkeit, Lebensdienlichkeit, Offenheit, Wärme und Barmherzigkeit ein. So bedrückt, wie manche Christen sich geben und reden, kann doch selbst das Gewicht der Ewigkeit nicht lasten!

Wie ernst es einer Kirche mit ihrer »grenzenlosen« Offenheit und Menschlichkeit ist, zeigt sich daran, ob sie bereit ist, die Gunst ihrer Amtshandlungen nicht nur ihren Kirchensteuerzahlern, sondern allen Menschen, die sie begehren, zuteil werden zu lassen. Ich räume ein, daß diese Frage eines meiner Steckenpferde ist. Als ich sie in einer kleinen Gesprächsrunde zum erstenmal stellte, erwiderte

Kirche – Aufgebot des Glaubens in der Welt 177

der anwesende Superintendent feierlich: »Die kirchliche Bestattung bedeutet, daß die Gemeinde ihre Gestorbenen zu Grabe geleitet«, und ein Pfarrer danach weniger geistlich: »Amtshandlungen für jeden – dann können wir gleich einpacken.« Der eine sorgte sich um die Ordnung, der andere dachte an die Kirchensteuer.

Ich meine, daß die Kirche mit der ihr anvertrauten Gnade nicht geizen sollte. Jeder Mensch, nicht nur jeder Kirchensteuerzahler hat Anspruch auf ihren Dienst. Der Kirchensteuereinzug ist ein bürokratisches Verfahren und zieht keinerlei religiöse Grenzlinie.

Natürlich muß jede Amtshandlung eine christliche Feier bleiben, jedoch ohne dreiste Bekehrungsabsicht nach dem Motto: »Der Herr hat sie in meine Hand gegeben«, sondern einfach als ein Stück geistlicher Diakonie an den Höhe- und Krisenpunkten menschlichen Daseins. Die Pfarrer sollten sich dadurch nicht zu Zeremonienmeistern degradiert fühlen, sich vielmehr als Anwälte der Menschlichkeit in einer immer unmenschlicher werdenden Welt verstehen.

Es läßt sich nicht leugnen, daß es sich bei dem Verlangen nach kirchlichem Lebensgeleit weithin um die Befriedigung eines religiösen Bedürfnisses handelt. Aber warum soll es dies nicht geben und die Kirche ihm nicht nachkommen? »Religion« gehört zur anthropologischen Ausstattung, und wenn die Kirche dem gerecht wird, so tut sie etwas »Menschliches« und erweist sich damit als eine menschenfreundliche Kirche.

Mit der heute immer wieder herbeizitierten »Kirchenreform« habe ich wenig im Sinn. Was ich für nötig und auch für möglich halte, ist höchstens eine Auflockerung der verfestigten kirchlichen Strukturen.

Die Verkirchlichung des Christentums hat zugleich zu seiner »Eingemeindung« und diese wiederum zur Verengung auf die sogenannte »Kerngemeinde« geführt. Entsprechend bildet die Ortsgemeinde das bevorzugte Feld kirchlicher Aktivitäten und die Parochie analog dazu die strukturelle Verankerung der Volkskirche. Das hat eine Art »Gemeindefetischismus« entstehen lassen. Spricht man in der Kirche von der »Gemeinde«, so meint man fast immer die Ortsgemeinde. Komme ich etwa erfüllt von einem Kirchentag nach Hause, fragt mich der Superintendent: »Und was trägt das für die Gemeinde aus?« Oder werde ich bei der Besetzung eines übergemeindlichen Amtes um Rat gefragt, heißt es auf meinen Vorschlag hin sogleich wieder: »Hat er oder sie auch Gemeindeerfahrung?« Alles zielt auf die Erbauung der Ortsgemeinde. »Gemeindeaufbau« lautet daher die Wunderwaffe pastoraler Strategen.

Wer sich nicht »zur Gemeinde hält«, die Kirche nur für die Segnungen seines privaten und familiären Lebens in Anspruch nimmt, höchstens am Heiligen Abend den Gottesdienst besucht, sich sonst aber nicht zu engagieren gedenkt, wird als »Randsiedler« verdächtigt. Hier ist eine Umstimmung der Gemeinde mit einer entsprechenden Akzentverschiebung der Arbeit vonnöten, teilweise auch schon im Gange.

Wie heute keine Politikverdrossenheit, sondern eine Parteienverdrossenheit herrscht, so auch eine Kirchenverdrossenheit und keine Religionsverdrossenheit. Im Gegenteil, während das Gerücht vom »Tode Gottes« wei-

Kirche – Aufgebot des Glaubens in der Welt 179

ter durch die Welt läuft, erleben wir gleichzeitig, wie viele Menschen nach wie vor oder neu Sinn und Geschmack für die Religion haben. Und so bleiben, trotz der hohen Austrittszahlen, immer noch erstaunlich viele Menschen in der Kirche. Die meisten von ihnen gehen zur Gemeinde jedoch auf Distanz und wählen aus dem kirchlichen Angebot nur aus, was sie als Wahrheit überzeugt oder ihnen als Brauch zusagt. Und das sind nun einmal vornehmlich die kirchlichen Amtshandlungen. Denn sie beziehen sich auf die Höhe- und Krisenpunkte und damit auf die Grundfragen des menschlichen Daseins wie Geburt, Reife, Hochzeit, Alter, Tod und suchen auf sie eine individuelle Antwort zu geben, die nicht nur das intellektuelle Bedürfnis befriedigt, sondern auch das religiöse Verlangen nach Feier und Feierlichkeit stillt.

Ich habe mich immer gescheut, die distanzierten Mitglieder der Kirche als »Randsiedler« einzustufen. Sie haben nicht vergessen, auszutreten – sie wollen es nicht. Die »Distanzierten« sind verläßlich. Im übrigen zahlen sie weithin die Kirchensteuern, von denen die Gemeinden leben.

Aus den Erfahrungen des sogenannten »Kirchenkampfes« in der Zeit der Nazidiktatur hat die Kirche teilweise falsche Konsequenzen gezogen. Damals mußte sie, um nicht wie andere Verbände und Institutionen – zum Beispiel Gewerkschaften, Parteien und Universitäten – vom totalitären Regime »gleichgeschaltet« zu werden, vor allem auf ihrer Eigenständigkeit als Kirche bestehen. Dies aber ist ihr eher schlecht als recht gelungen. Die Folge war, daß nach dem Kriege, bestärkt noch durch die fortschreitende Säkularisierung, eine übertriebene Verkirchlichung des

Christentums stattgefunden hat. Jetzt schaltete die Kirche ihrerseits früher selbständige Vereine, zum Beispiel in der Inneren und Äußeren Mission, kräftig gleich. Dies aber hat nicht nur die Entkirchlichung nicht aufgehalten, sondern sie noch zur Klerikalisierung gesteigert.

Die Zahl der Laien nimmt ab, der Einfluß der Theologen wächst. Die Laienfrage droht für die Kirche zur Lebensfrage zu werden. Schon die Amsterdamer Weltkirchenkonferenz 1948, die erste nach dem Zweiten Weltkrieg, hat erklärt: »Nur durch das Zeugnis einer geistig aufgeschlossenen und aktiven Laienschaft kann die Kirche die jetzige Welt wirklich treffen.«

Nach einer glücklichen Definition Schleiermachers ist ein Laie jemand, der »zur selbständigen Ausübung des Christentums in der Welt« fähig und ermächtigt ist. Das Vermögen, Gott zu erfahren, das Erfahrene zu bedenken und mitzuteilen, auch mit Zeitgenossen darüber zu streiten, darf deshalb nicht länger nur das Amt eines besonderen Standes sein. Ich meine sogar, daß die beiden vornehmlichen Triebkräfte der neuzeitlichen Aufklärung – die Säkularisierung und die Autonomie, Verweltlichung und Mündigkeit – den Laien heute eine größere Chance einräumen, das Christentum in der Welt zu vertreten, als den Theologen.

Es ist Zeit für die theologische Emanzipation der Laien. Wir brauchen deshalb nicht nur »Theologie« *für* Nichttheologen, sondern auch *von* Nichttheologen. Ich stelle mir einen Christen in der Politik oder in der Wirtschaft vor: Ob dieser »vor Ort«, in der politischen Drecklinie oder im Wirtschaftsdschungel über den Umgang mit der Macht und ihren Gefahren, über Konkurrenz und Kor-

Kirche – Aufgebot des Glaubens in der Welt 181

ruption, über private Rechtschaffenheit und öffentliche Gerechtigkeit nicht mehr erfährt und darum vielleicht über Gottes Willen oder Unwillen besser Auskunft und Rat zu geben vermag als ein Theologe, der nur von außen in das politische oder ökonomische Geschäft hineinruft?

Und bedarf ein Christ, der als Klinikchef viele Jahre in seinem Beruf tagtäglich Krankheit, Leiden, Sterben und Tod erfahren hat, zur Bestätigung seiner Gottes-, Welt- und Lebenserfahrungen nachträglich noch des Sichtvermerks eines Theologen? Müßte es nicht eher umgekehrt sein und der Theologe sich vom Nichttheologen über Krankheit, Leiden, Sterben und Tod belehren lassen?

Damit weite ich den Gedanken des »allgemeinen Priestertums« bewußt auch auf die Theologie aus. Nach meiner Überzeugung wird auch die Zukunft des Christentums im künftigen Europa mehr als von der wissenschaftlichen Theologie davon abhängen, ob es genügend Christen geben wird, die ihre im »weltlichen Stande« erworbenen Gotteserfahrungen selbständig und gleichen Ranges mit den »Berufschristen« in die Kirche einbringen, und zwar nicht nur wie üblich, wo es um ethische Fragen des Berufs und der Gesellschaft geht, sondern auch dort, wo in der Kirche über Bibel, Gott und Christus nachgedacht und gestritten wird. Es kann keine Aufgabenteilung derart geben, daß die Theologen für den Glauben und die Laien für das Handeln der Christen verantwortlich sind. Die Kirche braucht dringend glaubenserfahrene, mündige Laien, die die kirchlichen Dogmen und Lehren für die Menschen unserer Tage vom Himmel auf die Erde herunterholen helfen – auf dieselbe Erde, auf der Jesus aus Nazareth Mensch war.

182   Siebtes Kapitel: Von der Institution zur Inspiration

Natürlich denke ich auch an keine Zweiteilung in der Kirche, derart, daß die Laien auf die Seite des Geistes und seiner Gaben und die Theologen samt den Kirchenjuristen auf die Seite der Institution und ihrer Ämter zu stehen kommen. Es handelt sich hier nicht um ein Gegeneinander, sondern um ein Miteinander. Geteilter Geist ist nicht halber, sondern doppelter Geist. Wie das Licht im Raum nicht abnimmt, sondern sich ausbreitet, wenn man an einer brennenden Kerze eine zweite anzündet, so verhält es sich auch mit der Teilung des göttlichen Geistes.

Mose aber sprach zu Josua: »Wollte Gott, daß alle im Volke Propheten und Prophetinnen wären und Gott seinen Geist auf sie kommen ließe!« (4. Mose 11,29)

Die Diasporasituation stellt den Einzelnen stärker auf sich selbst und verlangt von ihm eine freie persönliche Glaubensentscheidung und eigene mutigere Profilierung. Damit verbietet sich die vom einstigen Verbund der Kirche mit der staatlichen Obrigkeit herrührende Betreuungsmentalität von oben nach unten beziehungsweise von unten nach oben. In den autoritären Beamtenstrukturen der Landeskirchen setzt sich jedoch teilweise noch die Autorität des landesherrlichen Kirchenregiments fort. An ihre Stelle muß viel stärker als bisher die »Partizipation«, die mündige Teilnahme aller am Ganzen, treten. Wer selbst nur Adressat der Verkündigung ist, kann kein Missionar sein.

Ob man es nun »Kirche von unten« oder »Basisgemeinde« nennt, mir kommt es darauf an, daß in der Kirche fortan die Religion mehr gilt als die Theologie und die Erfahrung mehr als die Lehre, daß aber die Religion nicht das

Kirche – Aufgebot des Glaubens in der Welt 183

Leben überwältigt und das Menschsein nicht vergewaltigt. Daraus ergeben sich für mich eine Reihe von Akzentverschiebungen im Leben der Kirche.

Ich plädiere dafür, daß der Tauftitel unbedingt den Vorrang hat vor jedem Amtstitel und alle Mitarbeiter darum, ob Theologen oder Nichttheologen, gleichen geistlichen Ranges sind; daß die Theologinnen und Theologen in der Kirche zwar zu raten, aber nicht das Sagen haben; daß alle Amtsträger von der Gemeinde gewählt, statt nach dem Schema eines immobilen Staatsbeamten gesetzt werden; daß Pfarrer unter Umständen einen Beruf ausüben und Laien nebenher Theologie studieren, was übrigens, entgegen allen anderslautenden Gerüchten, leichter getan als immer gedacht und gesagt wird.

Auf die immer drängendere Frage, wie der Beamtenstatus der Pfarrer mit dem notwendigen Leistungsprinzip in Einklang zu bringen sei, weiß ich keine Antwort – es sei denn die radikale, das Beamtentum in der Kirche grundsätzlich abzuschaffen. Aber ich scheue mich, von außen in das »heilige Geschäft« hineinzureden.

Die Zeit des einseitigen Parochialsystems scheint mir zu Ende zu gehen und druch eine profiliert vielfältige Schwerpunktstruktur ergänzt werden zu müssen. Gleich einem Netz sollte sich das Christentum über die Erde spannen, in vielen kleinen und großen Zellen, die wiederum durch gegenseitige Kontakte in lockerem Gefüge untereinander verknüpft sind: In den Gemeinden Hauskreise, Initiativgruppen, Meditationszirkel, Musik- und Singkreise, Selbsthilfegruppen, Arbeitsgemeinschaften, Stammtische usw.; über die Grenzen der Ortsgemeinden hinaus Citykirchen, Bildungs- und Begegnungsstätten,

Schwestern- und Bruderschaften, Clubs, Orden, Sozietäten, Akademien usw.; schließlich jenseits der Landeskirchen Kirchen- und Katholikentage, Festwochen, Fachkongresse, konfessionelle Weltbünde, ökumenische Konferenzen usw. Sie alle bilden das Netzwerk »Christentum« innerhalb der säkularisierten pluralistischen Gesellschaft.

Was dem vielfältigen christlichen Netzwerk fehlt, ist die Einheit in der Vielfalt. Es scheint sich heute im Blick auf das künftige »europäische Haus« wiederholen zu sollen, was sich einst am Beginn der Neuzeit in Europa ereignet hat. Damals wollten die Menschen angesichts der konfessionellen Streitigkeiten und sogar Kriege endlich Frieden haben. Dafür aber boten die Kirchen in ihrer theologischen Zerrissenheit keinen einheitlichen religiösen Grund, und so blieb fast nichts anderes übrig, als die Wahrheit fortan auf die gemeinsame menschliche Vernunft zu gründen.

Wieder drohen die Kirchen heute angesichts der europäischen Herausforderung zu versagen. Dabei könnten sie ein Modell dafür abgeben, wie »Einheit in Vielfalt« sich verwirklichen ließe. Aber statt auf ihrem gemeinsamen Fundament ein Haus mit verschiedenen Wohnungen im Innern und offenen Türen nach außen zu bauen, streiten sie um das vorhandene Fundament, sperren ihre Wohnungen voreinander zu und verschließen sich auch nach außen.

Mich hat das Postulat »Einheit in Vielfalt« vornehmlich im Blick auf das Verhältnis zwischen Katholiken und Protestanten interessiert. Was den Dialog zwischen den bei-

Kirche – Aufgebot des Glaubens in der Welt 185

den Konfessionen betrifft, fasse ich meinen Standpunkt hier noch einmal in sieben knappen Thesen zusammen:

Erstens: Was der Christenheit nottut, ist keine Einheit im Sinne einer Vereinerleiung, wohl aber eine Einheit in Vielfalt – Eintracht statt Vereinigung, Verträglichkeit statt Verträge.

Zweitens: Die entscheidenden theologischen Trennungslinien laufen heute nicht mehr an den einzelnen Kirchen und Konfessionen entlang, sondern gehen mitten durch sie hindurch, so daß es zwischen Protestanten und Katholiken zu neuen Bündnissen und Scheidungen kommt und die ökumenischen Trennungs- und Verbindungslinien über Kreuz gehen.

Drittens: Wenn es um das geht, was ein Christ wirklich, nicht nur kirchlich glaubt, worauf er sich im Leben und im Sterben zu verlassen gedenkt, dann sind es in beiden Konfessionen vier Hauptstücke: Vertrauen auf Gott – Schuld und Vergebung – Nachfolge Jesu – ewiges Leben. Im Vergleich dazu rückt alles andere in die zweite oder dritte Reihe und ist nur noch kirchen-, aber nicht mehr glaubenstrennend. Die gemeinsame Basis zwischen Katholiken und Protestanten ist mithin sehr viel breiter, als es nach außen erscheint und mancher Kirchenmann wahrhaben möchte.

Viertens: Katholizismus und Protestantismus bilden zwei verschiedene, aber ranggleiche Ausfaltungen des Christentums. Die Katholiken sind nicht älter als die Protestanten. Als »Konfessionen« sind beide Kirchen gleichzeitig, im Widerstreit miteinander, im 16. Jahrhundert entstanden. Was in der Geschichte des Christentums davor liegt – an Reichtum und Fülle, aber auch an Schuld und

186   Siebtes Kapitel: Von der Institution zur Inspiration

Schande – gehört beiden Kirchen. Die Protestanten haben genauso für die verderbten Renaissance-Päpste oder für die Inquisition in Spanien einzustehen, wie ihnen auch Augustin, Benedikt und Thomas von Aquino gehören.

Fünftens: Eine institutionelle Wiedervereinigung der beiden Kirchen ist weder realistisch noch wünschenswert. Sie würde eher eine Schwächung der Christenheit durch hierarchische Zentralisation als eine Stärkung durch religiöse Konzentration bedeuten, mithin eine Verarmung statt einer Bereicherung des gemeinsamen christlichen Erbes.

Sechstens: Wichtiger als die Einheit der Kirche ist die Frage nach der Wahrheit Gottes und die Sorge um die Nöte der Menschen. Was immer Katholiken und Protestanten einander zu sagen haben, das haben sie sich vor dem Forum der Welt – im gemeinsamen Wettstreit um die Wahrheit – zu sagen.

Siebtens: Gott ist in jedem Fall größer und das Leben der Menschen wichtiger als aller Kirchenstreit um den richtigen Glauben.

Die unüberbrückbare Mauer zwischen der katholischen und der evangelischen Kirche bildet das grundverschiedene Kirchen- und Amtsverständnis. Die römische Kirche versteht sich als eine sakramentale Heils- und Rechtsanstalt. Durch sein autoritär-reaktionäres Regiment hat der gegenwärtige Papst dieses Selbstverständnis noch verstärkt und dadurch die Mauer zwischen den beiden Kirchen weiter erhöht. Johannes Paul II. ist wirklich ein »polnischer Papst«. In ihm finde ich den Katholizismus, wie ich ihn in den dreißiger und vierziger Jahren bei Familien-

Kirche – Aufgebot des Glaubens in der Welt 187

besuchen in Polen kennengelernt habe, geradezu personi-
fiziert: autoritär, mariologisch, päpstlich – römischer Katholik polnischer Nationalität, »ungeschieden und ver-
mischt«.

Es erstaunt mich immer wieder, wie wenig sich der
Machtapparat der römischen Kurie seit der Reformation
verändert hat. Es funktionieren nach wie vor die gleichen
Mechanismen. Die Lehrzuchtverfahren laufen noch genauso ab wie einstmals gegen Martin Luther – mit dem
einzigen Unterschied, daß dem Ketzer seit der Aufklärung
an seinem Leibe kein Schaden mehr zugefügt werden darf
– seine Seele war schon immer in Gottes Hand gut aufgehoben.

Von der römischen Kirche die Preisgabe ihres Selbst-
verständnisses zu erwarten hieße jedoch, ihre Selbstauf-
gabe zu verlangen. Der interkonfessionelle Dialog zwischen Protestanten und Katholiken kann daher nur über
die Mauer des römischen Kirchen- und Amtsverständnis-
ses hinweg, am Stuhl des Papstes vorbei geführt werden.

Es ist an der Zeit, daß die Protestanten sich nicht von
ihren katholischen Nachbarn vor Ort, wohl aber vom römischen Papsttum auch in der Öffentlichkeit entschiedener absetzen. Als Hans Küng und Eugen Drewermann die
Lehrbefugnis entzogen und andere katholische Theologen
auf andere Weise diszipliniert wurden, haben zwar einzelne
Protestanten ihre persönliche Solidarität mit den Gemaß-
regelten bekundet, die Evangelische Kirche in Deutschland aber und auch der Ökumenische Rat der Kirchen haben peinlich geschwiegen. Während im Tal gestritten
wird, hält man sich auf den Höhen der Hierarchien be-
deckt und nennt solches Stillhalteabkommen dann »öku-

menische Bewegung«. Ich habe vor meinen katholischen Freunden großen Respekt, weil sie trotz allem, was Rom ihnen angetan hat, ihrer Kirche die Treue halten und in ihr ungescheut, eher noch mit leise erhöhtem Ton weiterarbeiten.

Während der Katholizismus das »Römische« immer stärker herauskehrt, ist das Profil der Protestanten unscharf geworden. Dabei werden gerade sie ihren Part im künftigen europäischen Haus energischer wahrnehmen müssen. Ihre Aufgabe wird vornehmlich sein, in kritischer Rationalität das heute auch von Christen verachtete Erbe der neuzeitlichen Aufklärung mit größerem Tiefgang fortzusetzen und so für die Freiheit der Gewissen einzustehen. Wer fest im Zentrum steht, kann sich im Kreise frei bewegen. Darum: Liberalität im Sinne von Freimut aus Ehrfurcht vor der Größe Gottes, aus Liebe zu den Mitmenschen und aus Freude an der Fülle der göttlichen Wahrheit.

Vielleicht hängt es mit meiner protestantischen Liberalität zusammen, daß ich im Grunde meines Herzens schon lange »konfessionslos« beziehungsweise »postkonfessionell« fühle und denke und deshalb nie ein sonderlich großes theologisches Interesse an der »Ökumene« gehabt habe. Auch beim Schreiben meiner Bücher hatte ich niemals Protestanten und Katholiken vor Augen, sondern immer nur Zeitgenossen, Christen und Nichtchristen.

Ich empfinde es fast als eine nachträgliche Rechtfertigung, wenn ich an die vielen ökumenischen Versammlungen in unserem Jahrhundert denke. Strenge abstrakte theologische Studien und Analysen haben sie geleistet, einen Berg von »Papers«, Botschaften und Resolutionen,

Kirche – Aufgebot des Glaubens in der Welt

produziert – was aber war das Ergebnis dieser kolossalen Anstrengung? Nicht einmal eine allseitige Anerkennung der Taufe, nicht einmal eine gastweise Zulassung zum Abendmahl und schon gar nicht eine gegenseitige Anerkennung der kirchlichen Ämter! Am Ende hatte man das Trennende gründlicher festgestellt als das Gemeinsame gefördert.

Aber gerade die Enttäuschung über dieses magere Resultat hat in unseren Tagen eine Wende herbeigeführt: Von der Analyse des Trennenden zum Erleben und Erkennen des schon Gemeinsamen. Der neue Schlüsselbegriff für die ökumenische Arbeit heißt »Koinonia« – »Einheit als Gemeinschaft von bleibend Verschiedenen«. Statt sich bei den Divergenzen aufzuhalten, gilt es, die schon vorhandenen Konvergenzen auszuleben, in der Hoffnung, sie auf diese Weise zu erweitern und zu vertiefen. Bischof Desmond Tutu aus Südafrika hat dies auf der letzten Weltkonferenz der Kommission für »Glauben und Kirchenverfassung« (Santiago de Compostela 1993) in den Appell gefaßt: »Riskiert, euch so zu verhalten, als wäret ihr vereint, und laßt die Theologen dann die nötigen Aufräumungsarbeiten machen.«

Die Lehre trennt – das Leben verbindet.

Lange Zeit haben wir gemeint, durch exakte theologische Studien die Einheit der Kirchen herstellen und durch Reformen der gesellschaftlichen Strukturen die Welt erneuern zu können. Hier bahnt sich heute weltweit eine heilsame Enttäuschung an. Der Weg führt nicht von den Strukturen weg, aber neu zu den Personen hin: Von der Institution zur Inspiration.

Seit Jahren ist weltweit eine charismatische Bewegung im Gange. Bereits auf seiner Fünften Vollversammlung 1975 in Nairobi hat der Ökumenische Rat der Kirchen erklärt: »Wir sehnen uns nach einer neuen Spiritualität, die unser Denken, Planen und Handeln durchdringt.« Und die letzte Vollversammlung des Ökumenischen Rates 1991 in Canberra hat den heiligen Geist vollends zum Thema gemacht und dies in den Gebetsruf gefaßt: »Komm, Schöpfer Geist, und erneuere die ganze Schöpfung!« Angesichts dieser Tendenzen hat selbst Karl Barth gegen Ende seines Lebens mit der ihm eigenen Mischung aus Überheblichkeit und Humor erklärt: »Ein bißchen Pfingstlertum als Salz der Erde kann uns allen nicht schaden.«

All dies sind Zeichen der Zeit, die anzeigen, was an der Zeit ist: die Wiederkehr des heiligen Geistes – wenn nicht als Tatsache, so doch als Notwendigkeit und Hoffnung, als Aufgabe und als Gebet.

Soll die zeitgenössische Sehnsucht nach neuer, lebendiger religiöser Erfahrung gestillt werden – nicht nur mit gesteigertem menschlich-seelischen Erleben, mit »Psychologie«, sondern mit wahrhaft lebendiger Gotteserfahrung, mit »Theologie« –, dann nötigt dies die Christenheit, sich der Frage nach dem heiligen Geist neu zu stellen, seinem Wirken sich zu öffnen.

Die Erkenntnis des Mangels schon ist Gewinn. Denn wir können nur etwas vermissen, was wir einmal besessen haben, und etwas wünschen, wovon eine Ahnung in uns ist. Und so ist die Erfahrung der Abwesenheit des heiligen Geistes schon ein Zeichen seines verborgenen Wirkens – wie der weiße Fleck an der Wand anzeigt, daß hier einmal

Kirche – Aufgebot des Glaubens in der Welt 191

ein Bild gehangen hat. Der heilige Geist glänzt sozusagen selbst noch durch seine Abwesenheit.

Die Erfahrung der Abwesenheit kann eine Wende bedeuten. Das Ende kann in einen neuen Anfang umschlagen, im spirituellen Vakuum schon die Verheißung einer neuen Spiritualität liegen. Ob damit die Möglichkeit eines neuen »Kairos« gekommen ist, läßt sich nicht sagen – wohl aber, daß nur auf diese Weise ein neuer Kairos für das Christentum kommen kann.

Seit den frühen Tagen der »Dialektischen Theologie« nach dem Ersten Weltkrieg pflegt man, wenn es die Kirche zu kritisieren gilt, Dostojewskis »Großinquisitor« zu zitieren. Seine Gestalt ist zu einem Abbild der Kirche, fast ihr offizielles Selbstbildnis geworden. Sie hat mich mein Leben lang in wechselnden Deutungen begleitet. Darum gehört sie für mich in die theologische Summe meines Lebens hinein.

Dostojewski bedient sich in seiner Erzählung des von Literaten und Theologen häufiger geübten Stilmittels, daß er Jesus auf die Erde wiederkehren läßt, nicht zu seiner endgültigen Wiederkunft am Ende der Zeiten in himmlischer Herrlichkeit, sondern nur vorübergehend in seiner einstigen menschlichen Gestalt.

Es geschieht in Sevilla, an einem Tag, an dem tags zuvor in einem prunkvollen Autodafé an die hundert Ketzer zur größeren Ehre Gottes verbrannt worden sind. Noch einmal wiederholt sich alles so, wie es zu Seinen Lebzeiten geschehen ist. Er wandelt unter dem Volk, und die Menschen strömen Ihm zu. Er tut Wunder, heilt Kranke und weckt ein kleines Mädchen auf, das gerade im Trauerzug zur Kirche geleitet wird. Eben in diesem Augenblick geht auf dem Platz vor der Kathedrale der Kardinal-Großinquisitor vorüber, begleitet von der heiligen Wache. Als er sieht, was da geschieht, befiehlt er der Wache, ihn zu ergreifen. Und die Macht des Kardinals ist so groß, daß die Menge scheu zurückweicht und sich gehorsam unterwirft, die Stirn am Boden.

In der Nacht besucht der Großinquisitor den Verhafteten heimlich im Gefängnis. Er fragt Ihn, wer Er sei und kündigt Ihm an, daß er Ihn, wer Er auch sei, morgen den Flammen übergeben werde. Der aber schweigt – wie einst vor dem Hohenpriester. Sein Schweigen bringt den Großinquisitor zum Reden. Dabei enthüllt er immer mehr, wer er selbst ist. Seine Anklage gerät mehr und mehr zu einer Selbstdarstellung der Kirche, zu ihrer Selbstrechtfertigung. Er selbst habe ihnen Sein Werk unvollendet hinterlassen; deshalb seien sie gezwungen gewesen, es zu Ende zu führen. Und sie haben es vollendet – in Seinem Namen – zum Glück der Menschheit, denn die von Ihm verkündigte Freiheit wäre zu riskant gewesen. Jetzt steht der Bau der Kirche fertig da, endgültig und ein für allemal, und niemand soll ihn verändern oder fortsetzen.

Immer mehr steigert sich der Großinquisitor in seinen Anklagen und enthüllt damit zugleich immer mehr von sich selbst. Schließlich gibt er das »Geheimnis« der Kirche preis: Sie steht nicht auf seiten Gottes, sondern auf der Seite des Teufels. Sie hat den Menschen genau jene drei Gaben gegeben, die Er einst bei Seiner Versuchung in der Wüste verworfen hatte. Statt bedingungsloser Freiheit Sättigung durch Brot – statt freier Glaubensentscheidung Überwältigung durch Wunder – statt Gewissensfreiheit

Kirche – Aufgebot des Glaubens in der Welt

und Vielfalt Einheit und Gleichheit durch N
ruht der Bau der Kirche auf den drei Größe.
Geheimnis, Autorität – denn mehr als Gott liebe
Menschen Mirakel, mehr als nach Empörung verlangt es
sie nach Verehrung, mehr als nach unbequemer Freiheit
sehnen sie sich nach bequemer Knechtschaft.

»Warum also bist du gekommen, um uns zu stören?«
Die Kirche kann es sich nicht leisten, Ihn zu sich einzulas-
sen. Denn sie muß ihr Geheimnis unbedingt wahren – um
des Glückes der Menschheit willen. Darum muß sie Ihn
verstoßen. Und so kündet der Großinquisitor am Ende
seiner langen Rede dem Gefangenen noch einmal den
Scheiterhaufen für den nächsten Tag an.

Der Gefangene schweigt, wie Er während der ganzen
Zeit dem Kardinal nur still zugehört hat, ohne ein einziges
Wort zu sagen. Dieses Schweigen beirrt den Großinquisitor. Er wünschte, der andere sagte irgend etwas, sei es
auch etwas Bitteres, Furchtbares. Der aber nähert sich
schweigend dem Greis und küßt ihn auf seine blutleeren
neunzigjährigen Lippen – das ist seine ganze Antwort. Da
geht der Großinquisitor zur Tür, öffnet sie und sagt zu
Ihm: »Geh und komme niemals wieder – nie wieder, nie!«
Und so weist er dem Gefangenen die Tür, und der geht
hinaus ins Dunkel.

Dostojewski enthüllt das Geheimnis der Kirche als Abfall von ihrem Ursprung. Er erklärt ihr Dilemma nicht
ambivalent als *notwendiges* Übel, sondern einseitig nur als
Übel und damit als Schuld. Aber so, wie Dostojewski den
Großinquisitor schildert, ist die Kirche in Wahrheit nicht,
ist sie auch in ihrer Geschichte als ganze niemals gewesen.

Ich frage mich, ob man den »Großinquisitor« nicht zu

Siebtes Kapitel: Von der Institution zur Inspiration

einseitig zu interpretieren pflegt. Immerhin küßt Jesus ihn am Ende auf den Mund. Was aber heißt dies anderes, als daß er sich auch über ihn erbarmt? Und vom Großinquisitor heißt es, daß er unter diesem Kuß zusammengezuckt sei und seine Mundwinkel ihm nicht mehr gehorcht hätten. Dostojewskis Erzählung schließt mit dem Satz: »In seinem Herzen brennt nun der Kuß, auch wenn der Großinquisitor ausharrt bei seiner Idee.« Aber was soll der Großinquisitor anderes tun als ausharren? Kirche *muß* sein...

Ich plädiere darum auf mildernde Umstände für den Großinquisitor.

Wenn die Christenheit seit den Tagen der Alten Kirche betet: »Es vergehe die Welt, und es komme dein Reich!«, dann bittet sie damit indirekt auch um das Vergehen der Kirchen. Am Ende der Religionsgeschichte steht nicht der Sieg des Christentums, schon gar nicht der Katholiken, Protestanten oder Orthodoxen, sondern das Reich Gottes, in das alle Religionen und Konfessionen eingehen werden. Bis dahin geht die Religionsgeschichte weiter und in ihr die Geschichte der Kirche.

Achtes Kapitel

Vom Absolutheitsanspruch zum interreligiösen Dialog

Weltverantwortung –
Ökumene der Weltreligionen

>»Ich glaube an die fundamentale Wahrheit aller großen Religionen der Welt. Ich glaube, daß sie alle gottgegeben sind. Und ich glaube, daß jede von ihnen notwendig war für das Volk, in dem sie offenbart wurde.«
>
> *Mahatma Gandhi*

>»Ich bin überzeugt, daß die Geschichte der Religionen nicht am Ende, sondern in einer ihrer aktivsten, freilich kritischen Phase ist.«
>
> *Carl Friedrich von Weizsäcker*

Ich sehe ihn noch vor mir, den gipsernen Neger, der freundlich mit dem Kopf nickte, wenn man eine Münze hineinsteckte. Solche Figuren gab es viele in Pfarrhäusern und Gemeinden. In naiver Form verkörperten sie den Absolutheitsanspruch des Christentums mit seinem Willen zu »Heidenmission« und europäischem Kolonialismus.

Rückblickend erscheinen mir die zwanziger und dreißiger Jahre wie eine letzte Euphorie der von Europa ausgehenden christlichen Weltmission. Die erste theologische These, die mir in meinem Leben überhaupt haften geblieben ist, habe ich, noch als Schüler, auf einer Missionswoche vernommen. Sie besagte, daß einzig das Christentum

»wahre Religion« sei, weil es allein sich auf göttliche
Offenbarung gründe, während alle übrigen Religionen
nur von Menschen stammten. Das bedeutete dann auch,
daß allein der christliche Glaube den Menschen das ewige
Heil verbürge. Wer einen solchen exklusiven Heilsan-
spruch erhob, konnte gar nicht anders als unter den anderen Religionen Mission treiben, und seine Mission mußte
notwendig auf Bekehrung aus sein. Denn wer wagte es,
auch nur eine einzige Menschenseele in Ewigkeit verlo-
rengehen zu lassen?

Noch um die Jahrhundertwende hatte John R. Mott,
der mit dem Friedensnobelpreis ausgezeichnete General-
sekretär des »Christlichen Studentenweltbundes«, zuver-
sichtlich die Losung ausgegeben: »Die Welt noch in dieser
Generation für Christus!« Daß fast zur gleichen Zeit, im
Jahre 1893, in Chicago bereits das erste »Parlament der
Weltreligionen« tagte, das die Gleichberechtigung aller
Religionen anstrebte, davon erfuhren wir nichts.

Im Studium erhielt ich die dogmatische Begründung
für den christlichen Absolutheitsanspruch nachgereicht.
Ich bin noch mit der theologischen Faustregel aufgewachsen: »Offenbarung von oben – Religion von unten.« Es
war dies der Grundakkord der von Karl Barth nach dem
Ersten Weltkrieg begründeten »Dialektischen Theologie«. Als radikaler Offenbarungstheologe ließ er als göttliche Wahrheit nur die Offenbarung Gottes in Jesus Christus gelten. Damit war allem, was sich in der Geschichte
als »Religion« darstellt, das Urteil gesprochen: »Religion
ist eine Angelegenheit, man muß geradezu sagen, *die* Angelegenheit des gottlosen Menschen.« Sie bedeutete für
Barth den »Sklavenaufstand des Menschen«, der wie Gott

Weltverantwortung – Ökumene der Weltreligionen 197

sein will, die »trunkene Verwischung der Distanzen«, die »Vergöttlichung des Menschen und die Vermenschlichung Gottes«. Entsprechend betrachtete er die Religionsgeschichte als einen einzigen »Hexensabbat« – »von der plumpsten Deisidämonie bis zum feinsten Spiritualismus, von der ehrlichsten Aufgeklärtheit bis zur saftigsten Metaphysik«.

Barths schroffes »Nein« gegen jede Art von Religion erscheint heute maßlos. Damals aber bedeutete es das energische Halt gegen alle Versuchungen, neben Jesus Christus auch noch andere Offenbarungsquellen anzuerkennen, als da waren Staat, Volk, Führer, Blut und Boden, Rasse und Nation. Barths »Nein« gegen die Götzen, die auch manche Christen und Kirchenmänner zu verführen drohten, mündete in das »Ja« der ersten These der »Theologischen Erklärung von Barmen« (1934): »Jesus Christus, wie er uns in der Heiligen Schrift bezeugt wird, ist das eine Wort Gottes, das wir hören, dem wir im Leben und im Sterben zu vertrauen und zu gehorchen haben. Wir verwerfen die falsche Lehre, als könne und müsse die Kirche als Quelle ihrer Verkündigung außer und neben diesem einen Worte Gottes auch noch andere Ereignisse und Mächte, Gestalten und Wahrheiten als Gottes Offenbarung anerkennen.« Diese erste Barmer These bedeutete für uns mehr als ein theologisches Diktum; sie gab uns Trost und Halt für unser Leben unter der Nazidiktatur. In Erinnerung an jene Jahre komme ich mir heute fast wie ein theologisches Leichtgewicht vor.

Dietrich Bonhoeffer hat Karl Barths Religionskritik ins Konkret-Praktische gewandt, indem er sie zu seiner geschichtlichen Situation in Beziehung setzte. Und so ist er,

nicht zuletzt durch die gottlose Umgebung im Gestapoge-
fängnis, zu seiner radikalen These vom »Ende der Religion« gelangt: »Die Zeit, in der man alles den Menschen
durch Worte – seien es theologische oder fromme Worte –
sagen könnte, ist vorüber, ebenso die Zeit der Innerlich-
keit und des Gewissens, und das heißt eben die Zeit der
Religion überhaupt. «

Es ist anders gekommen, als man erwartet hatte. Keine der
Voraussagen über die Zukunft der Religion hat sich bewahrheitet. Die Welt ist weder christlich noch religionslos
geworden. Eher ist das Gegenteil von beidem eingetreten.
Während das kirchliche Christentum weiter abnahm,
wuchs zur gleichen Zeit das Interesse an der Religion im
allgemeinen.

Der fällige Dialog zwischen dem Christentum und den
Weltreligionen setzte zunächst innerhalb des Christentums selbst ein neues Verhältnis zwischen Religion und
Theologie voraus. Die Hoffnung, durch die strenge Unterscheidung zwischen menschlicher Religion und göttlicher Offenbarung der Umklammerung durch die atheistische Religionskritik zu entgehen, hatte getrogen. Eher
war durch die jahrzehntelange Abschließung von jedwe-
der Religion das Christentum selbst religiös ausgetrock-
net. Diese Dürre hat zur Folge, daß das neuerwachte religiöse Bedürfnis seine Stillung weithin nicht in den christlichen Kirchen sucht. Ihnen wirft man vor, daß sie statt der
erhofften Hilfe zum Leben hartes, trockenes Brot böten:
Wissen, Belehrung, Dogmatik – gedacht, geredet, veran-
staltet.

Dieses offenbare religiöse Defizit im geistlichen Kräfte-

Weltverantwortung – Ökumene der Weltreligionen 199

haushalt der christlichen Kirchen, zumal der protestantischen, ist es denn auch, was meine theologische und schriftstellerische Arbeit während der letzten Jahre bestimmt hat. Es hat mich unter anderem zu meinem Buch »Gotteswende« angeregt. Sein Untertitel »Christsein zwischen Atheismus und neuer Religiosität« deutet an, worauf es mir angesichts der gegenwärtigen religiösen Situation im Christentum ankommt.

Es wird dem Christentum nichts anderes übrigbleiben, als sich selbst wieder als »Religion« zu verstehen und sich unter die anderen Weltreligionen einzureihen. Eine Reihe von Anzeichen spricht dafür, daß dieser Prozeß bereits im Gange ist. Die christliche Theologie hat begonnen, ihr bislang sprödes, wenn nicht gar feindseliges Verhältnis zur Religion zu revidieren. Die Religion gilt nicht länger mehr nur als Unglaube und Spuk und Friedrich Schleiermacher nicht als ein gefährlicher Vermittler oder gar Überläufer. Entsprechend ist die Religion auch nicht mehr ein Stiefkind oder Prügelknabe der Theologie, sondern die Theologie eine Dienerin der Religion, und dies nicht, indem sie ihr mit der Fackel voranleuchtet, sondern indem sie ihr die Schleppe nachträgt. Dies aber geht heute nicht mehr ohne eine Begegnung des Christentums mit den anderen Weltreligionen.

Das Vorhandensein von Religion in der Welt erweist, daß es mit den Tatsachen der Welt noch nicht abgetan ist, daß in den Menschen vielmehr ein Hunger vorhanden ist, der sich mit Fakten und Statistiken allein nicht abspeisen läßt, daß nur die Quelle des Lebens selbst diesen Lebensdurst zu stillen vermag, daß sich im Lauf der Weltgeschichte

200 Achtes Kapitel: Vom Absolutheitsanspruch zum Dialog

darum Gottes Lebenslauf verbirgt und durch »Virtuosen« der Religion – Gottessöhne, Offenbarer, Propheten, Gesetzgeber, Weisheitslehrer – ans Licht kommen will.

»Religion« gehört wie Liebe, Gerechtigkeit und Glück, ja wie das Leben selbst zu jenen Phänomenen, deren Vorhandensein wir feststellen können, die wir aber nicht zu definieren, höchstens zu beschreiben vermögen. Ich meine in den verschiedenen Religionen ein Grundmuster erkennen zu können, das etwa so aussieht:

Am Anfang aller Religion steht eine Erschütterung. Sie entspringt aus der Erfahrung der Endlichkeit und damit der Fraglichkeit der Welt. Fraglichkeit der Welt heißt nicht nur, daß die Welt dem Menschen einzelne Fragen aufgibt, sondern daß sie ihm als ganze fraglich wird. Diese Erfahrung der totalen »Fragwürdigkeit« der Welt erzeugt im Menschen das Bewußtsein des Nicht-aus-sich-selbst-Seins und damit das Gefühl einer schlechthinnigen Abhängigkeit.

Darin kreuzen sich zwei Grunderfahrungen. Negativ ist es die Erfahrung eines Mangels, ein Leiden am Leben, wie es ist, ein Sichwundreiben an der Widerständigkeit der Wirklichkeit: daß die Welt zerbrechlich und nicht heil ist, daß sie im argen liegt und absurd ist – und das eigene Leben auch absurd und arg. Darum umweht alle Religion ein Hauch von Weltschmerz.

Aber schon in der negativen Reaktion, im Veto gegen die vorhandene Welt meldet sich der positive Protest an, daß die Welt so, wie sie ist, nicht bleiben kann. Es ist das ahnende Bewußtsein einer unerschwinglichen Ganzheit, über die bloße physische Lebensfristung hinaus das Verlangen nach Überwindung des heillosen Zustandes der

Weltverantwortung – Ökumene der Weltreligionen   201

Welt, die Erwartung nicht nur eines Besseren, sondern des ganz Guten, die Sehnsucht nach einem Vollen und Ganzen, die Hoffnung auf Rettung und Erneuerung, kurzum auf das »Heil«: daß die Welt nicht im argen und absurd bleiben, sondern heil und gut werden möchte – und man selbst wiederum auch.

Nimmt man die beiden Grunderfahrungen – das Leiden und das Hoffen der Menschen – zusammen, so überwiegt darin die Hoffnung und damit die Tendenz vom Unheilvollen, Vereinzelten, Bruchstückhaften, Verlorenen zum Ganzen, Vollen, Rettenden und Heilen. Es ist die universale Heilsgegenwart Gottes, die, noch vor allem Offenbarwerden, in der Weltgeschichte verborgen wirkt. Der Mensch erfährt dies darin, daß er das Ganze, das Heil nicht durch die eigene Tat, auch nicht durch die eigenmächtige Verwirklichung einer moralisch-gesellschaftlichen Zielvorstellung zu vollbringen vermag, sondern daß es von außen, von dem Letzten und Ganzen selbst, in dem alles gründet, das alles hält, trägt und durchwaltet, geschehen muß.

In allen Religionen wird darum auf die Ankunft eines »Gottes« gewartet, steht deshalb am Anfang eine »Theophanie«, das heißt das unverfügbare Ereignis einer göttlichen Zuwendung, die dann im Fortgang durch Kult, Ritus, Lehre und Sitte wiederholt und festgemacht wird. Religion ist mithin in erster Linie eine geöffnete Hand, um Gaben entgegenzunehmen, und erst in zweiter Linie eine tätige Hand, um Gaben auszuteilen.

Die Heilsfrage aber bildet heute nicht mehr nur ein Thema der Religionen, sondern wirkt als Triebkraft auch außerhalb aller Religion. Viele Menschen streben in unseren Tagen nach Heilung und Heil, nach Selbstbefreiung und lebenswerter Menschlichkeit. Was bislang als eine Angelegenheit der Kirchen und Religionen erschien, wird als eine gemeinsame Sache der Menschheit empfunden. Zumal christliche Wertvorstellungen sind zum Gemeingut geworden und wirken anonym, losgelöst von ihrem Ursprung, weiter.

Religion gibt es nur in Gestalt konkreter Religionen, und die Geschichte der Menschheit enthält zahlreiche Angebote von »Heilswegen«. Ihre Vielfalt erklärt sich aus der Vielfalt menschlicher Erfahrungen mit Gott und der Welt. Trotz des gemeinsamen allgemein menschlichen Grundmusters sind die religiösen Erfahrungen soziokulturell, geographisch und sogar klimatisch verschieden bestimmt. Daraus ergeben sich unterschiedliche Erfahrungstraditionen. Es gibt in der Menschheit Wegekreuze, an denen sie verschiedene Richtungen eingeschlagen hat und so in unterschiedliche geistige Regionen auseinandergeraten ist. Mag die eine oder andere Religion scheinbar aus dem Rahmen fallen, die »Familienähnlichkeit« (Ludwig Wittgenstein) bleibt dennoch erkennbar.

Die Vielzahl der Religionen ist ein Zeichen des Reichtums und kein zu beseitigendes Übel. In allen Religionen zusammen ist mehr Wahrheit enthalten als in einer einzelnen, auch als im Christentum. Es gibt authentische religiöse Erfahrungen, die in anderen Religionen keinen Platz gefunden haben, aufgrund ihrer unterschiedlichen Eigenart gar nicht finden konnten. Gott ist zu reich, als daß eine einzelne Religion die Fülle seiner Gottheit zu fassen vermöchte. Darum werden auch künftig neue Religionen

Weltverantwortung – Ökumene der Weltreligionen　　203

entstehen und wieder vergehen. Die Offenbarungen Gottes sind mit dem Christentum nicht abgeschlossen – die Religionsgeschichte geht weiter.

Es ist anders gekommen, als die christliche Heidenmission es sich noch in meiner Jugendzeit erhofft hatte. Die nichtchristlichen Weltreligionen haben seitdem wider Erwarten eine Renaissance erlebt. Sie sind an der Begegnung mit dem Christentum nicht, wie vorausgesagt, zugrunde gegangen, sondern haben – nach ihrer Verletzung durch den europäisch-christlichen Kolonialismus – ihr Selbstbewußtsein wiedergewonnen und sind in einen überraschend erfolgreichen Wettstreit mit dem Christentum getreten. In bislang ungekanntem Maße sind sie missionierend in den einstigen abendländisch-christlichen Kulturkreis vorgedrungen, allen voran der Islam. Fast sieht es so aus, als setzte dieser seinen einst blutigen Eroberungszug heute auf unblutige, wenn auch gewiß nicht immer gewaltlose Weise fort.

Aber nicht nur im Islam, in allen großen Weltreligionen, auch im Christentum, hat sich fast gleichzeitig eine partielle Radikalisierung vollzogen. Etwa seit der zweiten Hälfte der siebziger Jahre ist weltweit auf breiter Front – von Algier bis Teheran, von Washington bis Jerusalem – eine religiös-politische Erneuerungsbewegung im Gange.

Nach dem Zweiten Weltkrieg hatten auch die Religionen angefangen, sich mit ihrer Botschaft auf die Moderne einzustellen. »Aggiornamento« – Aktualisierung – lautete das Zauberwort, keineswegs nur im römischen Katholizismus. Da erfolgte der Umschlag: Statt Modernisierung des Islam Islamisierung der Moderne, statt konziliaren

Aggiornamentos päpstliche Missionierung Europas, statt Assimilation an den areligiösen Zionismus Assimilierung des Zionismus an die Thora. Und ähnliche Entwicklungen kündigen sich auch bereits im Hinduismus und Shintoismus an.

Was in allen drei Weltreligionen – im Islam, Christentum und Judentum – zur gleichen Zeit stattfindet, ist ein Aufstand gegen die Aufklärung der Neuzeit. Der angeblich atheistische Humanismus gilt als der universale Sündenbock und wird deshalb zum Prügelknaben – in Rom so gut wie in Teheran, auf dem Zion ebenso wie im Weißen Haus. Vor allem die Intellektuellen sollen die Sünde begangen haben, die Menschen von Gott zu trennen, die Vernunft über den Glauben zu stellen und die Emanzipation aller Triebe und Begierden zu propagieren. Und, statt dem Ungeist der Moderne zu widerstehen, haben auch die Religionen sich angepaßt und sind so an dem Abfall von Gott beteiligt.

Aus dieser allgemeinen geistigen Orientierungslosigkeit gibt es nach Meinung der »Fundamentalisten« nur einen einzigen Ausweg. Das ist die entschlossene Rückkehr zur angestammten Religion in ihrer ursprünglichen Reinheit und die Wiedereinsetzung der heiligen Schriften – Bibel, Thora, Koran – als verbindliches Fundament des gesamten Lebens, nicht nur im Kreis der Ehe und Familie, sondern auch in der Öffentlichkeit des Staates und der Gesellschaft, vor allem in den Schulen und Universitäten.

Alles in allem ist das 20. Jahrhundert nicht, wie vielerseits erwartet und angekündigt, zum »Jahrhundert ohne Gott« geworden. Die Geschichte der Religionen ist in ihm

Weltverantwortung – Ökumene der Weltreligionen 205

keineswegs zu Ende gegangen, wohl aber in eine neue, aktive, freilich höchst kritische Phase getreten – da ist C.F. von Weizsäcker zuzustimmen.

Die Erprobung des christlichen Glaubens vollzieht sich heute zunehmend auf dem Hintergrund jenes Vorgangs, den Teilhard de Chardin die »Planetisierung der Erde« genannt hat, das heißt der entstehenden *einen* Welt, des Zusammenwachsens der Völker zur *einen* Menschheit. Das verlangt vom Christentum die Bewahrheitung seiner Botschaft im Horizont des sich bildenden Weltbewußtseins und einer entsprechenden künftigen Weltgesellschaft. Damit hat die Gleichsetzung des Christentums mit der »europäischen Kultursynthese« (Ernst Troeltsch) ein für allemal ihr Ende gefunden. Die christlichen Missionen sind endgültig keine europäischen Brückenköpfe mehr.

Was dem Weg der Menschheit zur Weltgemeinschaft entgegensteht, ist ihre Egozentrizität. Diese zeigt sich in zweierlei Gestalt: Entweder als Partikularismus, der nur das Seine sucht und deshalb eigensinnig an der Vereinzelung festhält, oder als Totalitarismus, der mit Zwang und Gewalt eine Weltgesellschaft herzustellen trachtet und dabei über jede Individualität rücksichtslos hinweggeht. Das unbewältigte Problem besteht in jedem Fall in dem richtigen Verhältnis zwischen Einheit und Vielfalt.

Angesichts dieser Problematik stellt sich allen Weltreligionen die Aufgabe, untereinander Einheit und Vielfalt in ihrer wechselseitigen Beziehung modellhaft zu verwirklichen und dadurch an dem Entwicklungsprozeß in Richtung auf eine Weltgemeinschaft beispielhaft mitzuwirken.

Das aber verlangt von den Weltreligionen, daß jede den

Anspruch auf die eigene Absolutheit aufgibt und die Ebenbürtigkeit der anderen Religionen anerkennt. Niemand hat das Recht, aus seinem zufälligen religiösen Geburtsstand für alle Zeiten ein religiöses »Erstgeburtsrecht« abzuleiten. Es gibt kaum etwas Gefährlicheres in der Menschheitsgeschichte als einen absoluten Erwählungsanspruch, von wem immer er erhoben wird.

Der Geist Gottes ist – ante et post Christum natum – an allen Orten und zu allen Zeiten als eine verborgene Macht und Struktur in der Religionsgeschichte gegenwärtig. Es gibt zahlreiche »Geistgemeinschaften«, in denen, je nach dem geschichtlichen Ursprung und dem soziokulturellen Umfeld, der Geist Gottes weht. Die Freiheit des göttlichen Geistes verbietet es einem Menschen oder einer Gruppe, sich allein im Besitz des Heils zu wähnen und alle anderen als minderwertig oder verloren zu betrachten. Wer an den vielfältigen Vermittlungen des Geistes Gottes in der Welt achtlos oder gar verächtlich vorübergeht, weil er meint, allein im Besitz der Wahrheit zu sein, verschließt sich den Wirkungen des Geistes und droht an seiner eigenen Geistlosigkeit zugrunde zu gehen.

Künftig wird es mehr auf das ankommen, was die Religionen eint, als auf das, was sie trennt. Jede Religion wird lernen müssen, unter Aufrechterhaltung ihrer eigenen Identität die Individualität der anderen zu respektieren. Damit wird aus den bisherigen Monologen ein mehrseitiger Dialog.

Aber es gibt keinen Weg zur Einheit auf Kosten der Wahrheit. Darum: Wird der Dialog zwischen den Religionen ehrlich geführt, so ist er notwendig ein höflicher Streit

um die Wahrheit. Jede Religion muß ihre Wahrheit an vier Kriterien messen lassen:
– an ihrer *Humanität*: ob sie die Menschlichkeit fördert und bewahrt oder beschädigt und zerstört;
– an ihrer *Authentizität*: ob sie durch die Zweideutigkeiten aller Geschichtsprozesse hindurch ihrem Ursprung treu geblieben ist oder ihn verleugnet;
– an ihrer *Liberalität*: ob sie nur sich allein für göttlich hält oder auch anderen Religionen Gottes Geistesgegenwart gönnt;
– an ihrer *Spiritualität*: ob sie bereit ist, die drei genannten Kriterien auch auf sich selbst anzuwenden und also die eigene Praxis ständig kritisch zu begleiten.
Dabei darf keine Religion ihren eigenen Standpunkt aufgeben. Dialogfähigkeit und Standfestigkeit bedingen und halten sich gegenseitig. Nur wer fest im Zentrum steht, kann sich frei im Kreise bewegen.

Die Christenheit geht heute, soweit sie die Zeichen der Zeit erkannt hat, auf eine größere Ökumene zu: die Ökumene der Weltreligionen. Paul Tillichs letzte Vorlesung am 12. Oktober 1965, zehn Tage vor seinem Tod in Chicago gehalten, hatte zum Thema »Die Bedeutung der Religionsgeschichte für den systematischen Theologen«. Mit ihr hat Tillich ein verpflichtendes Vermächtnis hinterlassen: Christliche Theologie gibt es nur noch als ökumenische Theologie im Horizont der Weltreligionen.

Die neue Begegnung des Christentums mit den anderen Religionen beginnt mit der unverstellten Wahrnehmung des vor Augen liegenden religionsgeschichtlichen Tatbestandes. Tatsache ist:

208 *Achtes Kapitel: Vom Absolutheitsanspruch zum Dialog*

- daß alle Religionen Antwort auf eine fundamentale Lebensfrage geben;
- daß das Christentum eine Religion unter anderen ist;
- daß es weit mehr Andersgläubige als Christen auf der Erde gibt;
- daß die Nichtchristen nicht alle blinde, verlorene Seelen sind.

Heute glaubt kein verständiger Christ mehr, daß ein Mensch, der zu seinen Lebzeiten das Evangelium Jesu nicht gehört hat, deswegen des ewigen Heils verlustig gehe. Sobald jedoch das ewige Heil nicht mehr auf dem Spiel steht, weil man es getrost Gott überlassen kann, wer »in den Himmel kommt«, gewinnt man Zeit und Freiheit zur Begegnung, und statt um das Heil geht es jetzt um die Wahrheit.

Endlich können die Christen ihren so lange mit Gewalt, Kattun und Gelehrsamkeit verteidigten Alleinvertretungsanspruch Gottes auf Erden aufgeben und sich in die Gemeinschaft der Weltreligionen einreihen. Damit fällt die protestantische Entgegensetzung von »Religion« und »Offenbarung« ebenso dahin wie die katholische Gleichsetzung von römischer Kirche und ewigem Heil.

Zwar glauben und bekennen die Christen, daß Jesus aus Nazareth »der Weg, die Wahrheit und das Leben« ist, weil er für sie die letzte, endgültige Auslegung Gottes gebracht hat. Aber mit diesem Glauben und Bekenntnis sprechen sie den anderen Religionen nicht ab, daß auch sie Wahrheit enthalten, einen Weg zu Gott weisen und Leben spenden. Alles auf eine Karte setzen heißt zwar, die anderen liegenzulassen, nicht aber, sie für nichts zu achten. Auch in ihnen stecken Trümpfe. Jesus Christus ist für den christlichen

Weltverantwortung – Ökumene der Weltreligionen

Glauben zwar das endgültige, aber nicht das einzige Heil auf Erden, der universale, aber nicht der exklusive Erlöser. Jesus definiert Gott, aber er begrenzt ihn nicht. Er ist *ein* Fenster – das Fenster, durch das die Christen auf Gott blicken –, aber es gibt daneben noch andere Fenster. Gott ist größer als alle Offenbarer zusammen; er allein ist absolut, nicht eine einzelne Religion. Darum: Jesus als den Christus Gottes bekennen, aber Mose, Mohammed und Buddha nicht verachten!

Was »interreligiöse Ökumene« heißt, habe ich vor wenigen Jahren auf einer Nilreise geradezu leibhaftig erlebt. Unser Schiff lag im Hafen von Assuan. Meine Frau und ich hatten wie an jedem Morgen miteinander die Losung der Herrnhuter Brüdergemeine und dazu ein Gebet gelesen – da sah ich durch das Fenster der Kabine auf dem Vordeck des neben uns ankernden Schiffes einen ägyptischen Matrosen auf den Knien liegen und, das Gesicht gen Mekka gewandt, beten. Spontan ergriff mich in diesem Augenblick die Erkenntnis: Der Muslim und wir beiden Christen haben zur gleichen Zeit zu einem und demselben Gott gebetet. Und ich fühlte mich, trotz aller intellektuellen und sozialen Unterschiede, mit dem Andersgläubigen zutiefst verbunden.

»Absolut«, »einzigartig«, »unbedingt«, »exklusiv« oder wie immer man es nennen mag, wird das Christentum nicht durch abstrakte Behauptungen und Argumente, sondern allein durch den Einsatz der eigenen Existenz in der Nachfolge Jesu, womöglich bis zur Preisgabe des Lebens. »Unbedingtheit« ist das Kriterium der Märtyrer und Konfessoren. »Man schweige daher besser vom ›Unbedingten‹, solange man nicht bereit ist, dies Kriterium anzulegen.« (Gert Theißen) Alles andere ist nur orthodoxe Rechthaberei oder frommes Geschwätz.

Wie aber kann das Christentum seine Eigenart, ja Einzigartigkeit bewahren und dennoch zugleich der Verschiedenheit der Religionen gerecht werden, ja ihren Eigenwert loyal bejahen? Die Antwort darauf liegt im Fundament des Christentums beschlossen, in Jesu Verkündigung der Menschlichkeit Gottes und einer entsprechenden Praxis der Mitmenschlichkeit. Damit faßt das Christentum beides in sich: Partikularität und Singularität.

Das Besondere des Christentums gegenüber den anderen Religionen besteht darin, daß Gottes Heil an ein einmaliges personales und damit notwendig begrenztes Ereignis gebunden ist: Jesu Auftreten stellt ein kontingentes, das heißt ein historisch, chronologisch und geographisch bedingtes, mithin partikulares Ereignis dar, datierbar und lokalisierbar – geschehen um das Jahr 30 in Palästina.

Aber eben in dieser Partikularität liegt zugleich die Universalität des Christentums beschlossen. Denn in dem historisch konkreten und damit begrenzten Geschehen wird Gottes Wesen offenbar. Weil Jesus die Offenheit Gottes für alle Menschen verkündigt und gelebt hat, kann das Christentum sich anderen Religionen gegenüber öffnen und in Beziehung zu ihnen treten, ohne seine Eigenart darüber einzubüßen.

So führt der ökumenische Weg hindurch zwischen einem Absolutismus, der für die eigene Religion Exklusivität beansprucht, und einem Relativismus, der in banaler

Weltverantwortung – Ökumene der Weltreligionen 211

Toleranz, gleichgültig gegenüber der Wahrheitsfrage, alle Religionen für gleichwertig hält.

Die in Aussicht stehende Ökumene der Religionen bedeutet keine »religiöse Internationale«, zu der man sich, angefeuert durch den Schlachtruf »Gläubige aller Länder, vereinigt euch!«, zusammenschlösse, um sich auf diese Weise besser gegen Säkularismus und Atheismus verteidigen zu können. Sie ist auch kein religiöses Kollektiv, in das jede einzelne Religion die ihr anvertraute Wahrheit einbrächte, um sie darin aufgehen zu lassen, so daß im diffusen Licht einer abstrakten Allwahrheit die konkreten Konturen und Linien der singulären Wahrheiten verschwömmen. Vielmehr handelt es sich bei der künftigen Ökumene der Religionen um eine Gemeinschaft, in der in »Gottes Namen« Jude, Christ und Muslim, Hindu, Buddhist, Konfuzianer und Taoist miteinander denken, reden und handeln, vielleicht sogar auch beten oder meditieren, nicht in indifferenter Toleranz, auch nicht in emotionaler Umarmung, sondern in gemeinsamem Wettstreit um die Wahrheit und im vereinten Kampf gegen alle menschenmordenden Götter.

In diesem Sinne entfaltet Hans Küng das von ihm postulierte »Weltethos« in zwei voneinander untrennbaren Losungen: »Kein Weltfriede ohne Religionsfriede« und »Kein Religionsfriede ohne Religionsdialog«.

Ich stimme beiden Losungen zu – es gibt in der Tat keinen anderen Weg. Aber ich kann nicht leugnen, daß sich in diese Zustimmung eine kräftige Portion Skepsis mischt. Ich sehe die Verwirklichung einer interreligiösen Ökumene noch in weiter Ferne liegen. Halte ich mir den ge-

212 Achtes Kapitel: Vom Absolutheitsanspruch zum Dialog

genwärtigen Weltzustand vor Augen, so scheinen wir uns, wenigstens in der alltäglichen Praxis, eher weiter vom Ziel weg als auf es hin zu bewegen. Das entbindet die Christen freilich nicht von der Pflicht, den Anfang zu machen beziehungsweise das schon Begonnene fortzusetzen.

Wird der Dialog mit den anderen Religionen von den Christen ernst genommen und ehrlich geführt, dann bedeutet er auch für sie Geben und Nehmen, nicht mehr nur die Verteilung christlicher Glaubensschätze und Liebesgaben an die anderen, sondern auch Bedenken des eigenen Standpunkts und eine Bereicherung durch die anderen. Das Christentum darf nicht nur reden – es muß auch mit sich reden lassen. Wer seines Gottes gewiß und deshalb ohne Angst ist, kann sich Toleranz leisten. Er ist nicht auf Eroberung und Ausschluß, sondern auf Austausch und Anschluß bedacht.

Es verhält sich mit dem Dialog zwischen dem Christentum und den Weltreligionen nicht anders als mit einem Dialog sonst: Man verliert durch ihn nicht seine Identität, aber man geht verändert, sowohl verwundet als auch bereichert, aus ihm hervor. Was das »Eigene« ist, wird in der Konfrontation mit dem »Anderen« klarer.

Dabei wird der besondere Beitrag des Protestantismus zum Dialog zwischen den Weltreligionen wiederum darin zu bestehen haben, daß er in kritischer Rationalität den Weg zwischen einem weltanschaulichen Rationalismus und einem emotionalen Irrationalismus hindurch geht und auf diese Weise das Erbe der neuzeitlichen Aufklärung mit größerem Tiefgang und weniger Optimismus fortsetzt – allzeit ein Grenzgänger, ohne je ein Überläufer nach

Weltverantwortung – Ökumene der Weltreligionen   213

der einen oder anderen Seite zu werden. Dazu gehört dann
auch gegenüber dem heute weltweit drohenden religiös-
politischen Fundamentalismus das unbeirrte Festhalten an
der Polarität zwischen Religion und Politik.

Der Dialog des Christentums mit den anderen Religionen
bedeutet keine Absage an die Mission, wie viele Christen
immer noch argwöhnen. »Mission« bedarf für mich überhaupt keines Imperativs. Sie lebt spontan aus dem Indika-
tiv der Wahrheit. Die Wahrheit hat es nun einmal in sich,
aus sich herauszugehen: »Wir können es nicht lassen, von
dem zu reden, was wir gesehen und gehört haben.« (Apostelgeschichte 4,20)

Damit verlagert sich der Akzent der missionarischen
Praxis von der absichtlichen Bekehrung des Einzelnen
zum selbstverständlichen Zeugnis in der Gesellschaft. Daß
Jesus aus Nazareth für sie der Weg, die Wahrheit und das
Leben ist und sie ihn darum als den Christus Gottes bekennen, das können die Christen nur bezeugen, indem sie ihm
von Herzen nachfolgen und so seinen Lebensweg in die
Welt hinein fortsetzen, ohne die Heilswege der anderen
Religionen verächtlich zu machen. Nur durch solche »Er-
weise des Geistes und der Kraft« können sie die Einzigartigkeit ihrer Religion dartun.

Befreit vom Absolutheitsanspruch, hat die Christenheit
heute die Aufgabe und die Chance, eine »schöpferische
Minderheit« innerhalb der Weltgesellschaft zu bilden.
Weder sollen die Christen die Erde erobern noch sich der
Welt anpassen – beides haben sie lange genug getan –, sondern sie sollen in sie hineingehen und sich auf sie einlassen,
als »Salz der Erde«, nicht als ihr Zuckerguß. Die Eigen-

schaft des Salzes besteht nicht darin, eine Speise zu verwandeln und zu verfremden, sondern den ihr eigenen Geschmack hervorzubringen. So sollen auch die Christen als das Salz der Erde die Welt nicht verchristlichen oder gar verkirchlichen. Die Vorstellung von einer in sich geschlossenen christlichen oder gar kirchlichen Welt ist für mich ein Alptraum – damit wäre die Welt gründlich versalzen. Vielmehr sollen die Christen als das Salz der Erde den Menschen zu dem ihnen eigenen Geschmack verhelfen, zu ihrer göttlichen Bestimmung, daß sie werden, was sie von ihrem Ursprung her sind: Menschen, Erde, Welt – mit einem Wort, Gottes gute Schöpfung. Kann es denn etwas »Höheres« geben als dies?

Das Christentum wird in dem Maße Zukunft haben, als es für die Zukunft der Menschen und der Erde einsteht: daß auf Erden Gerechtigkeit walte, Friede herrsche, Freiheit bestehe und die Schöpfung erhalten bleibe. Vielleicht geschieht es dann, daß andere das Zeugnis der Christen als eine Einladung verstehen und erwidern: »Davon wollen wir euch weiter hören.«

Auch die Christen besitzen nicht die ganze Wahrheit Gottes, sondern befinden sich, zusammen mit anderen, auf dem Weg zu ihr. Für mich ist dieser Weg zum Lebensweg geworden. Wie ich ihn zu gehen versucht habe, hat mich Lessings Ringparabel in »Nathan der Weise« gelehrt.

Die Entscheidung darüber, welcher unter den drei Ringen der echte ist, läßt sich nicht objektiv treffen. Aber das verführt nach Lessing nicht zu müder Toleranz oder gar Indifferenz. Im Gegenteil, gerade die Unmöglichkeit der objektiven Feststellbarkeit fordert zum leidenschaftlichen

Weltverantwortung – Ökumene der Weltreligionen 215

Wettstreit um die Wahrheit heraus. Da der echte Ring nur kraft seiner Wirkung zu erkennen ist, gilt es, für seine Echtheit den Beweis zu erbringen. Die eigene Wahrheit durch das Tun der Wahrheit zu bewahrheiten und die anderen Wahrheiten derweil zu dulden, das ist der Rat, den ich von Lessing aus dem Mund des »weisen Richters« empfangen habe.

Also: Weder Streit über die wahre Religion noch Beendigung des Streits durch einen unfehlbaren Schiedsspruch, auch nicht die Proklamation einer Einheitsreligion – vielmehr ein immerwährender Streit um die Wahrheit. Die Leidenschaft für die Wahrheit geht zusammen mit dem gleichzeitigen Wissen um ihre letzte Unverfügbarkeit. Erst am Ende wird ein endgültiges Urteil über Wahrheit und Unwahrheit in der Religionsgeschichte möglich sein.

Lessings Ringparabel leitet von selbst zu seinen berühmten Sätzen über, in denen ich als Primaner geschwelgt habe: »Nicht die Wahrheit, in deren Besitz irgendein Mensch ist oder zu sein vermeint, sondern die aufrichtige Mühe, die er angewandt hat, hinter die Wahrheit zu kommen, macht den Wert eines Menschen. Denn nicht durch den Besitz, sondern durch die Nachforschung der Wahrheit erweitern sich seine Kräfte, worin allein seine immer wachsende Vollkommenheit liegt. Der Besitz macht ruhig, träge, stolz. –

Wenn Gott in seiner Rechten alle Wahrheit und in seiner Linken den einzigen, immer regen Trieb nach Wahrheit, obschon mit dem Zusatz, mich immer und ewig zu irren, verschlossen hielte und spräche zu mir: ›Wähle!‹, ich fiele ihm mit Demut in seine Linke und sagte: ›Vater, gib'! Die reine Wahrheit ist ja doch nur für dich allein!‹«

Aber kann dieses großartige Wort Lessings für einen Christen wirklich das letzte Wort sein?

Zugegeben: Das Forschen nach Wahrheit und nicht das Finden macht den Wert eines Menschen. Auch das zugegeben: Der vermeintliche Besitz der Wahrheit macht ruhig, träge und stolz. Und ganz und gar zugegeben: Die reine Wahrheit ist nur für Gott allein.

Dennoch: Wenn jemand noch so leidenschaftlich dem Forschen nach der Wahrheit hingegeben ist, so möchte er sich doch nicht immer und ewig irren. Wer nach der Wahrheit fragt, der will auch Antwort. Er möchte wenigstens einen Zipfel vom ganzen Mantel der Wahrheit Gottes fassen, nicht um ihn für sich zu besitzen, sondern um sich daran zu halten. Es geht am Ende nicht um Wissen, sondern um Gewißheit.

Und darum kann ich als Christ nicht davon absehen, daß Gott – mag die ganze und reine Wahrheit auch nur für ihn allein sein – seine Rechte geöffnet und von der in ihr verschlossenen Wahrheit wenigstens so viel mitgeteilt hat, wie ein Mensch braucht, um wahrhaft als ein Mensch zu leben.

Aber es verhält sich mit dem interreligiösen Dialog nicht anders als mit dem interkonfessionellen: Am Ende der Religionsgeschichte steht nicht der Sieg des Christentums, sondern das Reich Gottes, in das alle Geistgemeinschaften eingehen werden. Bis dahin geht die Religionsgeschichte weiter und in ihr die Geschichte des Christentums.

Darum wird der Dom, an dem alle Religionen bauen, niemals fertig. Und er darf niemals fertig werden, wenn es ein Dom sein soll, in dem Gott verkündigt und angebetet

Weltverantwortung – Ökumene der Weltreligionen 217

wird. Der Schlußstein im Gewölbe darf nicht gesetzt werden, wenn der Himmel hereinschauen soll.

Weil aber der Schlußstein, der das Gewölbe hält und trägt, nie gesetzt werden kann, darum ist alle Religion immer wieder zum Scheitern verurteilt. Dennoch müssen wir den Bau immer aufs neue beginnen, müssen immer wieder das Unerhörte wagen, daß Menschen – endliche, sündige, sterbliche Menschen – mit ihren Worten und Taten von Gott reden. Darum muß Gott uns auch unsere Religionen vergeben, vielleicht nichts so sehr wie unsere eigene Religion.

Neuntes Kapitel

Vom raumzeitlichen Jenseits zur Geborgenheit in Gott

Die letzten Dinge –
Glaube auf Leben und Tod

>»Dein Blick spurt im Nebel:
>die auf Widerruf gestundete Zeit
>wird sichtbar am Horizont.«
>
>*Ingeborg Bachmann*

>»Wer dorthin unterwegs ist, für den
>schickt es sich, über die Wanderung
>dorthin nachzudenken und sich ins Bild
>zu setzen.«
>
>*Platon, Phaidon*

Theodor W. Adorno hat recht: »Der Satz, der Tod sei immer dasselbe, ist so abstrakt wie unwahr; die Gestalt, in der das Bewußtsein mit dem Tod sich abfindet, variiert samt den konkreten Bedingungen, wie einer stirbt, bis in die Physis hinein.« Dies trifft auch auf das Reden der christlichen Theologie vom Tod und vom Glauben an das ewige Leben zu. Im Zuge der vielen Veränderungen unserer Zeit haben sich auch hier die Mutmaßungen über Gott gewandelt.

Ich bin dem Tod in meinem Leben zuerst in dem Dreieck von Familie, Kirche und Jenseits begegnet. Es war sozusagen ein »bürgerlicher Tod«. Man starb zu Hause im eigenen Bett und wurde in ihm auch aufgebahrt. Von dort ging die Trauergemeinde zu Fuß oder fuhr in der Kutsche hinter dem Leichenwagen her zum Gottesdienst in die Kirche und zur anschließenden Bestattung auf dem Friedhof. Dabei bestand für mich zwischen Tod und Kirche eine Art nachbarschaftlicher Beziehung. Der Vater meines ersten Freundes war der Sohn des Ortspfarrers. Daraus ergab sich sozusagen von Berufs wegen eine alltägliche Nähe zum Tod. Wir spielten miteinander auf dem alten Friedhof rings um die Kirche oder im großen Pfarrgarten, der an den neuen Friedhof grenzte.

Die Verstorbenen befanden sich für uns »oben im Himmel« – im »Jenseits«, wobei die Unterscheidung zwischen Unsterblichkeit der Seele und Auferstehung der Toten unklar blieb. Zu all dem paßte das Lied, das ein Lehrer schon in der Grundschule mit uns Kindern einübte: »Wo findet die Seele die Heimat, die Ruh? / Wer deckt sie mit schützenden Fittichen zu?«

So blieb es für mich lange Zeit – unbestritten, aber auch unbedacht. Das Bedenken begann ernsthaft erst mit dem Älterwerden.

Zwar war das Christentum schon damals längst keine Jenseits- und Todesreligion mehr – wenn es dies überhaupt je war –, kein »Platonismus fürs Volk«, wie Friedrich Nietzsche spottete. Der Tod galt daher auch nicht mehr als des Glaubens liebstes Kind, und alle Lebenskunst wurde nicht mehr zur Sterbekunst. Dennoch zielte alle kirchliche Verkündigung nach wie vor zuletzt auf das ewige Heil am Ende des Lebens.

An keiner anderen Stelle mußte dem christlichen Glauben die »Einübung in das kopernikanische Bewußtsein« so dringlich erscheinen wie angesichts der Frage nach dem ewigen Leben in einem »Jenseits«. Hier wurde das Pro-

Die letzten Dinge – Glaube auf Leben und Tod 221

blem der Transzendenz in seiner ganzen Schärfe virulent. Darum nimmt es nicht wunder, daß mit dem Aufkommen der »Theologie nach dem Tode Gottes« Ende der sechziger Jahre zugleich der Glaube an das ewige Leben erledigt schien. Während atheistische Philosophen wie Martin Heidegger und Ernst Bloch sich der Frage nach dem Tod stellten und ihr weiten Raum gaben, meinten christliche Theologen das Todesproblem aussparen zu können. Der Tod Gottes war ihnen näher als ihr eigener. Im Hinblick auf die »postmortale Existenz«, wie man das ewige Leben jetzt gern nannte, bekannten sie sich entweder vorsichtig als Agnostiker oder offen als »Verächter«.

Während christliche Theologen auf die Frage des Weiterlebens nach dem Tod zu verstummen begannen, meldeten sich andere religiöse und weltanschauliche Gruppen zu Wort und versprachen ausführliche Auskunft. Denn inzwischen hatte sich das geistig-religiöse Klima geändert. Zwar blieb aus der Öffentlichkeit jedes Memento mori verbannt und fand das Sterben meistens abseits im Krankenhaus statt, aber die Frage nach dem, »was danach kommt«, hatte sich für viele Zeitgenossen noch keineswegs erledigt, sondern beanspruchte nach wie vor oder neu ihr Interesse. Auch diesen Umschlag spiegeln die Bücherborde in meinem Arbeitszimmer wider. Während die lange Reihe der Bücher zum Tode Gottes jäh abbricht, hat die Zahl der Veröffentlichungen zum Thema Sterben und Tod des Menschen sie längst überflügelt und wächst immer noch. Man konnte den Tod nicht länger mehr ignorieren. Und so stand auch die Frage nach der Möglichkeit einer »nachtodlichen Existenz« neu zur Verhandlung an.

Dabei hat eine ganze Reihe von Gründen zusammen-gewirkt. Zunächst war es wohl vornehmlich die auch durch die Medien vermittelte Erfahrung, wie unmensch-lich die technisierte Medizin sein kann und wie einsam und unwürdig darum das Sterben. Angst also war gebo-ten und nach dem Glaubensverlust jeder Ersatztrost des-halb willkommen. Fast von allein ergab sich daraus das wachsende Verlangen nach »Sterbehilfe« und im Zusam-menhang damit wiederum das Interesse an den Erlebnis-berichten reanimierter Patienten. Glücklich darüber, nicht immer nur »glauben« zu müssen, sondern endlich auch einmal »wissen« zu können, griff man begierig nach ihnen. Die geschilderten Selbsterfahrungen schienen zu beweisen, daß die Sterbestunde womöglich gar nicht so schlimm ist, wie man bislang befürchtet hatte, ja daß sie vielleicht nur den kurzen, dunklen Durchgang zu einem Weiterleben bildet.

Den entscheidenden Schub, angeblich sogar über die Grenze des Todes hinaus, brachte die »okkulte Explo-sion«. Entgegen einer einseitig materialistischen Weltan-schauung, die kein vom Körper abgelöstes Leben und da-mit erst recht kein irgendwie geartetes »ewiges Leben« gelten läßt, beruft die okkulte Religiosität sich auf außer-sinnliche Wahrnehmungen. Besonders sensitive Men-schen sollten imstande sein, auf Grund ihrer aus dem Jen-seits empfangenen Botschaften ein umfassendes Bild von dem Vorhandensein einer jenseitig-geistigen Welt zu ge-ben. Ihre Schilderungen hätten bewiesen, daß der Mensch in seinem Kern ein ewiges spirituelles Wesen sei, daß er dem Reich des Geistes angehöre und jeweils nur eine Zeitlang in seinem Körper wohne – daß die Seele mithin nach dem Tode weiterexistiere. Und so konnte das »große Abenteuer Tod« beginnen.

Es heißt Reinkarnation in Gestalt einer endlosen Kette von Wiedergeburten.

Die Reinkarnationslehre bildet heute fraglos das meistbegehrte Angebot auf dem Markt der religiösen Möglichkeiten. In ihrer Vielgestalt wirkt sie schon fast wie die Achse einer künftigen Einheitsreligion, um die sich alles andere konzentriert.

Im Mittelpunkt steht der Mensch – seine Selbstverwirklichung. Das Ziel ist die volle Entfaltung des in ihm angelegten göttlichen Selbst zur Vollkommenheit und mit dem Aufstieg der einzelnen Seelen zugleich die Vollendung der ganzen Menschheit. Zwar herrscht im Kosmos das Karma, das strenge Gesetz des Ausgleichs gemäß der Funktion von Ursache und Wirkung. Aber es ist und bleibt der Mensch, der sich sein Schicksal selbst bereitet, der erntet, was er gesät hat, und auch seine nächste Wiedergeburt noch selber wählen kann. Das optimistische Fortschrittsdenken der Neuzeit – die Verbindung des naturwissenschaftlichen Evolutionsgedankens mit dem individualistischen Persönlichkeitsideal – hat die ursprünglich fernöstliche Reinkarnationsidee fast in ihr Gegenteil verkehrt. Während das Karma in der fernöstlichen Religiosität einem Karussell gleicht, von dem man lieber heute als morgen abspränge, ähnelt es im Westen einer Wendeltreppe, auf der man munter emporsteigt: Wohlan, noch einmal!

Die Vorbehalte, die ich gegenüber der Reinkarnationslehre hege, zielen zuletzt alle auf einen und denselben

Punkt. Es ist das Dilemma der Selbsterlösung. Stufe um Stufe sich emporarbeitend, muß der Mensch durch endlose Wiederverkörperungen hindurch seine eigene Vollkommenheit zu erreichen trachten und damit zugleich seinen Teil zur Erlösung der Menschheit beitragen. Damit erweist die Reinkarnationslehre sich beispielhaft als eine »Leistungsreligion«. Nicht zufällig wird das Bild von der Schule verwendet – es ist das Sinnbild von Leistung und Vergeltung schlechthin. Nicht nur das Leben des Einzelnen, die Geschichte der Menschheit, ja selbst der Kosmos bilden ein einziges universales Schulsystem mit Sitzenbleiben und Versetztwerden – eine grauenhafte Vorstellung! Nein, ich möchte nicht wiedergeboren werden: Bitte, nicht noch einmal!

Wie in der Reinkarnationslehre die Leistung, so gilt im Christentum die Gnade als das »Prinzip«, das Ursprung und Wesen zugleich bedeutet. Um dies darzulegen, müßte ich das Neue Testament ausschreiben und dabei schon mit dem Alten beginnen.

Was bei jeder Wiederverkörperung neu ins Fleisch käme, wäre doch immer wieder nur einer von meiner eigenen alten Sorte, darum auch bei der tausendsten Wiedergeburt Gott nicht näher und seiner Gnade nicht weniger bedürfend als bei der ersten. Ich bin meiner Schuld nicht mächtig. Die einzige Möglichkeit, von ihr freizukommen, besteht für mich in der Vergebung durch Gott.

Die Reinkarnationsidee bedeutet im Grunde eine Unsterblichkeitslehre ohne Gott. Zwar steht im Hintergrund eine unpersönliche Rede von Gott oder vom »Göttlichen«, aber fiele sie fort, hinterließe dies keine Lücke. Doch eben deshalb scheint die Reinkarnationsidee für

Die letzten Dinge – Glaube auf Leben und Tod 225

viele Zeitgenossen ein willkommenes Absprungbrett vom Christentum zu sein. Man wird Gott los, behält aber seine Unsterblichkeit. Im Christentum dagegen steht auch hier der Glaube an Gott im Zentrum – der Glaube an das ewige Leben bildet nur seine logische Konsequenz.

Niemand vermag im voraus zu sagen, wie er reagieren wird, wenn die allgemeine Wahrheit, daß der Mensch sterblich ist, zur persönlichen Nachricht an ihn wird, daß er jetzt sterben muß. Diese Kautel muß, um der Ehrlichkeit willen, auch der Theologe für seine Mutmaßungen über den Tod und das ewige Leben in Anspruch nehmen. An mich ist jene persönliche Nachricht bis jetzt noch nicht ergangen – in diesem Sinne bleibt alles, was ich im folgenden sage, »vorläufig«.

Ich kann meine Mutmaßungen über den Tod und das ewige Leben in zwei scheinbar widersprüchliche Sätze fassen: Mitten im Leben erfahre ich mich vom Tod umgeben – mitten im Tod weiß ich mich vom Leben umfangen. Die Spannung zwischen diesen beiden Sätzen macht den christlichen Glauben an das ewige Leben aus.

Alles ernsthafte Nachdenken über das Leben ist ein Rendezvous mit dem Tod. Aber im achtzigsten Lebensjahr wird das Rendezvous schon eher zu einer Bataille. Die allgemeinen Aussagen über den Tod, die man als Theologe lebenslang gemacht hat, beginnen peinlich existentiell zu werden: »Alles Leben steht im Horizont des Todes« – ja, aber der Todeshorizont scheint nicht mehr mit mir zu wandern, sondern auf mich zuzukommen. »Sobald der Mensch geboren ist, ist er alt genug, um zu sterben« – ja, aber mein Geborenwerden liegt schon reichlich lange zurück. Die Einrede, daß jeder Mensch zu jeder Zeit sterben könne, besagt wenig – die Statistik spricht hier eine deutliche Sprache.

Die Vorzeichen mehren sich. In den Todesanzeigen »ermißt« man an den Daten der Verstorbenen unwillkürlich die eigene Lebenserwartung – nur noch wenige sind älter geworden, als ich jetzt bin. Auch von meinen Altersgenossen leben schon viele nicht mehr – wie wenn die See einen Gefährten nach dem anderen vom Floß herabgespült hätte, und immer weniger halten sich noch an ihm fest. Nicht, daß ich ständig an den Tod dächte, aber immerhin täglich, und nachts vor dem Einschlafen falten sich unwillkürlich die Hände. Ich brauche den Trost der Ewigkeit.

Man kann heute häufig die Meinung hören, der moderne Mensch fürchte sich nur noch vor dem Sterben, aber nicht mehr vor dem Tod. Ich bezweifle dies. Mein Sterben hoffe ich noch einigermaßen zu bestehen, wenn ich einen Arzt finde, der, im Unterschied zum Gros seiner Kollegen, etwas von moderner Schmerztherapie versteht, und wenn ich zu Hause sterben darf, ohne meiner Frau damit zu viel zuzumuten. Wie aber will ich dem Tod begegnen, von dem ich nicht einmal weiß, wer oder was er ist?

Die »totale Verhältnislosigkeit« hat Eberhard Jüngel den Tod genannt. Ich habe dies immer für die bestmögliche Definition gehalten, falls eine Definition hier überhaupt möglich ist. Der Mensch ist die einzige Kreatur, in der der Lebensvorgang zum Bewußtsein seiner selbst gelangt. Darum ist er auch das einzige Lebewesen, das sich zu sich selbst verhalten kann; auch wenn er sich zur Welt verhält, tut er es stets so, daß er sich dabei zu sich selbst

Die letzten Dinge – Glaube auf Leben und Tod 227

verhält. Ob ich ein historisches Ereignis deute, eine Nachricht empfange, einem Menschen begegne oder eine Blume betrachte – nichts davon kann ich ohne Bezug auf mich selbst tun. Aus diesem Grunde hat der Mensch »Welt« und nicht nur »Umwelt« wie das Tier.

Im Tod aber hört das Verhalten des Menschen zu sich selbst auf; da gehen für ihn in *einem* Vorgang er selbst und die Welt unter. Und darum bedeutet der Tod die »totale Verhältnislosigkeit«. Aber kann ich mir eine totale Verhältnislosigkeit überhaupt vorstellen? Wenn alles Sein ein »Mitsein«, ein »In-Beziehung-Sein« ist, dann bedeutet der Tod das Nicht-Sein. Und über das Nichts läßt sich zwar trefflich philosophieren und auch theologisieren – aber vorstellen kann ich es mir nicht.

Einen Augenblick mag es mir vielleicht gelingen, mir etwa meine Beerdigung auszumalen: die Kirche, den Friedhof, die Blumen, das Trauergefolge, den Pfarrer, den Sarg – aber auf einmal halte ich ein, weil mir aufgeht: Dies alles kann ich mir ja gar nicht vorstellen, weil ich selbst – die »Bezugsperson« – nicht mehr da und also nicht mehr dabei sein werde. Weder hat der Sarg ein Guckloch noch liege »ich« darin.

Die totale Verhältnislosigkeit ist ineins ein unvorstellbarer Zustand und eine unerträgliche Vorstellung. In jedem Fall steht sie im äußersten Gegensatz zu meinem Verlangen nach Identität und Bleiben.

O Welt, ich muß dich lassen: Die Frau, die ich liebe, lachend und liebend mit anderen – ohne mich; die Kinder, ganz auf sich selbst gestellt und längst schon mit den eigenen Kindern beschäftigt – ohne mich; die Freunde, die Nachbarn, die Kollegen, aber auch das Haus, in dem ich wohne, die Straße, durch die ich täglich gehe, die Amsel morgens auf der Terrasse und der Mond nachts über dem Meer – alles ohne mich. Der Gedanke dünkt schier unerträglich, einfach am Wegrand zusammenzusinken und zurückzubleiben, während die anderen weiterwandern, plaudernd, als wäre nichts geschehen. Alles in der Welt geht weiter – alles ohne mich.

Wahrlich, der Welt und den Menschen zuschauen, ohne daß man selbst dabei ist, und ihnen das Leben gönnen, ja sie segnen und sprechen: Es ist gut so – wer das vermag, hat die wahre Lebensweisheit und Sterbekunst ineins gelernt. Aber wie vermag ich das?

Einen Schutz gegen das Selbstmitleid bietet die Dankbarkeit im Bunde mit der Vernunft. Wer in meiner Generation die Nazidiktatur und den Zweiten Weltkrieg heil überstanden hat, mehr als einmal aus Todesgefahr errettet wurde, in zwei Ehen glücklich verheiratet war beziehungsweise noch ist, eine »heile Familie« und Erfolg im Beruf hat, im hohen Alter noch Bücher schreibt und Vorträge hält und so weiter, und so fort – der hat wahrlich allen Grund, sich mit dem, was ihm beschieden wurde, dankbar zu begnügen. Wer mehr vom Leben verlangte, wäre ein Nimmersatt. Zudem sollte seine Vernunft ihn die gnädige Rückseite des Todes erkennen lehren: daß die Fortsetzung dieses Lebens in ewiger Dauer unerträglich wäre, kein »ewiges Leben«, sondern die Hölle der Dauer auf Erden.

Lebensweisheit kann wohl Hilfe zum Leben bieten, als Beistand gegenüber dem Tod reicht sie jedoch nicht aus. Auch die Logik hilft hier nicht weiter, etwa der Rat Epi-

Die letzten Dinge – Glaube auf Leben und Tod　　　229

kurs: »Gewöhne dich an den Gedanken, daß der Tod uns nichts angeht.« Alles Leben, so argumentiert die Stoa, beruhe auf Wahrnehmung. Der Tod aber bedeutet den Verlust aller Wahrnehmung – darum geht er uns nichts an. Solange wir existieren, ist der Tod nicht da, weil wir ihn nicht wahrnehmen; wenn er aber da ist, existieren wir nicht mehr und nehmen ihn folglich nicht wahr.

Mein Glaube an Gott hat zwar einen Einschlag von Stoizismus, gegen den Gedanken an den Tod aber kommt die Stoa nicht an. Ich bin auch keineswegs bereit, jeden Gedanken an den Tod aus meinem Gedächtnis zu verbannen, denn gegen den Tod nicht aufbegehren, sondern sich widerstandslos in ihn schicken, kann einen Mangel an bewußtem Leben bedeuten. Vielleicht gibt es überhaupt keinen ehrlicheren Mut als den, sich die Angst vor dem Tod nicht zu verdecken, sondern sie sich einzugestehen und bewußt auf sich zu nehmen.

Auch die ersehnte »ewige Ruhe« im Tod erweist sich bei gründlicherem Nachdenken als ein logischer Irrtum. Denn ohne das Bewußtsein von Ruhe kann es den ersehnten Genuß der Ruhe nicht geben.

Und wer garantiert mir schließlich, daß das Nichts wirklich »nicht ist«? Die Erfahrung des Nichts ist zweideutig: Es kann in der Tat nichts da sein – es kann aber auch sein, daß wir, was da ist, nur nicht sehen. Wenn ich in einen dunklen Raum eintrete, weiß ich vorher nicht, ob der Raum leer ist oder ob ich das, was in ihm ist, nur mit meinen Sinnen nicht erkenne.

Natürlich weiß ich, daß der Tod zur Endlichkeit der Schöpfung gehört und das Sterben deshalb ein natürlicher Vorgang ist. Oft genug habe ich gegen die traditionelle

Vorstellung polemisiert, daß Gott den Stammvater der Menschheit zur Strafe für seinen »Sündenfall« mit dem Tod belegt habe und darum seitdem alle Menschen sterben müßten. Dieser Gedanke war, noch ehe er gefaßt wurde, durch die biologische Tatsache widerlegt, daß der Tod schon vor der Entstehung des Menschen in der Welt war und überhaupt kein Leben ohne Tod denkbar ist. Dennoch steckt in der mythologischen Rede der Bibel vom Tod als »der Sünde Sold« für mich ein Stück erlebter Wahrheit. Daß es mir immer wieder nicht gelingen will, den Tod als eine »natürliche Sache« und darum ohne Angst hinzunehmen, deckt die Wahrheit über mich auf: wer ich bin und woraus ich »letzten Endes« existiere. Meine Angst vor dem Tod ist der Sold, den ich für meinen Unglauben zu zahlen habe.

Der Tod macht endgültig offenbar, daß das Leben unverfügbar ist, und wird so zum Ernstfall des Glaubens.

Wenn mir die Welt untergeht, wenn die Stützen brechen, mit denen ich mein Leben lebenslang vor der Vergänglichkeit zu sichern versucht habe, wenn ich mich zu keinem Menschen, nicht einmal mehr zu dem mir allernächsten verhalten kann und kein Mensch sich mehr zu mir – dann stellt sich die Vertrauensfrage für mich in letzter Zuspitzung: Worauf ist da noch Verlaß?

Überlegenheit über den Tod kann ich nur durch eine Kraft gewinnen, die mir meine Lebens- und Todesangst ineins überwinden hilft: durch einen Glauben auf Leben und Tod. Wenn der mich beherrschende Affekt die Angst ist, dann muß es notwendig ein Affekt sein, der meiner Angst überlegen ist – mithin das Vertrauen auf einen

Die letzten Dinge – Glaube auf Leben und Tod 231

Grund, der mein ganzes Dasein, mein Leben *und* mein Sterben, gründet, hält und trägt.

Der christliche Glaube gibt auf die im Angesicht des Todes gestellte Vertrauensfrage die Antwort: In dem Augenblick, in dem der Mensch aufhört, sich zu sich selbst und zur Welt verhalten zu können, verhält sich Gott weiterhin zu ihm. Das ist es, was der Glaube »ewiges Leben« nennt. Diese Wahrheit des Glaubens will verbürgt sein. Die Bürgschaft bietet mir der Name Jesus aus Nazareth.

Als Jesus in der letzten Woche vor dem Todespassah von den Sadduzäern gefragt wird, wie die Auferstehung von den Toten möglich sei, antwortet er ihnen nicht mit der Voraussage seiner eigenen Auferweckung, sondern mit dem Hinweis auf die Macht und Treue Gottes. Er zitiert Gottes Zusage an Mose: »Ich bin der Gott Abrahams, der Gott Isaaks und der Gott Jakobs« und zieht daraus die Konsequenz: »Gott ist nicht ein Gott der Toten, sondern der Lebenden.« (Matthäus 22,23 ff.)

Jesu Antwort begründet den Glauben an das ewige Leben mit dem Schöpfungsglauben: Das von Gott gewollte Leben trägt in sich die Überwindung des Todes! Die auf der Gottebenbildlichkeit beruhende »Entsprechung« zwischen Gott und Mensch leidet keinen Abbruch, nicht einmal eine Unterbrechung, selbst durch den Tod nicht. Martin Luther hat die Unzerstörbarkeit des ewigen Gesprächs zwischen dem Schöpfer und seinem Geschöpf so ausgedrückt: »Wo und mit wem Gott redet, es sei in Zorn oder in Gnade, derselbe ist gewiß unsterblich. Die Person Gottes, der da redet, und das Wort Gottes zeigen an, daß wir solche Kreaturen sind, mit denen Gott bis in die Ewigkeit und unsterblicherweise reden will.«

Der christliche Glaube an das ewige Leben bildet mithin kein Sonderkapitel, sondern ist ein Implikat seines Gottesglaubens. Er folgt mit innerer Logik aus dem Glauben an den von Jesus erfahrenen und verkündigten Gott und bedeutet seine in die Unendlichkeit ausgezogene Perspektive – den von Gott selbst durchgehaltenen Bezug zum Menschen bis in den Tod hinein. Wohin der Tod auch kommt, dort ist immer schon Gott, und wo Gott ist, herrscht das Leben. Der Tod ist kein hoffnungsloser Fall. Ich bleibe auch im Tod in Gottes Liebe geborgen.

Damit bleibt mein Leben zwar eine Einbahnstraße auf den Tod zu, aber es ist jetzt keine Sackgasse mehr. Zwar setzt der Tod nach wie vor einen Punkt hinter mein Leben, aber Gott macht daraus einen Doppelpunkt. Am Sterbebett lautet das letzte Wort des Arztes »Exitus« – die christliche Beerdigungsliturgie nimmt dieses Wort auf und verwandelt es in den Psalmvers: »Der Herr behüte deinen Ausgang und Eingang von nun an bis in Ewigkeit!« (121,8) So wird der Tod aus dem Exitus zum Transitus, aus dem Ausgang zu einem Durchgang und Übergang. Ich bleibe nicht, aber Gott bleibt mir auch im Tode, und damit habe ich eine »ewige Bleibe«.

Augustin schreibt, Meister Eckhart zitiert Augustin, und Ernst Bloch wiederum rezitiert Meister Eckhart: »Ich werde etwas in mir gewahr, das meiner Seele vorspielt und vorleuchtet. Würde das zur Vollendung und Stetigkeit in mir gebracht, das müßte das ewige Leben sein.«

Nach der Auflösung aller raumzeitlichen Jenseitsvorstellungen durch die neuzeitliche Aufklärung kann die Theologie keine verbindlichen dogmatischen Aussagen mehr

Die letzten Dinge – Glaube auf Leben und Tod 233

über das Vorhandensein einer jenseitigen Welt liefern. Zur Klage über das »verlorene Jenseits« besteht jedoch kein Anlaß. Die kopernikanische Wende bedeutet für den christlichen Glauben auch hier keinen Verlust, sondern eine Läuterung.

Die Bibel bietet keine kompakte Dogmatik, sondern eine vielfältige Bilderrede vom ewigen Leben. Mit diesen Bildern verhält es sich wie mit der Kadenz in einem Klavierkonzert. Es ist dem Interpreten jeweils freigestellt, wie er das Thema variieren will. Ein jeder ist hier ein Solist, der seine Variationen nach seinem religiösen Geschmack und seinem theologischen Geschick spielen darf. Er muß nur darauf achten, daß das Thema in den Variationen nicht verlorengeht. Das Thema aber ist im Christentum immer nur eines: die von Jesus aus Nazareth durch sein Glauben, Lehren und Leben, sein Leiden, Sterben und Auferstehen verbürgte Botschaft von der universalen Liebe Gottes – und darum Grund zum Vertrauen bis ans Ende.

Aus diesem Grunde richtet sich mein Haupteinwand gegen die Reinkarnationsidee auch nicht gegen die Vorstellung von der Wiederverkörperung als solcher – da sehe jeder selbst zu –, sondern gegen die sich in ihr darstellende gnadenlose Leistungsreligion, die, statt auf Gott zu vertrauen, sich dem Karma unterwirft und damit das Thema verfehlt.

Mir haben sich in meinem Leben bisher vornehmlich zwei Bilder vom ewigen Leben bewährt. Das erste vor allem in der Seelsorge, noch bevor es durch die Erlebnisberichte Reanimierter bekannt geworden ist: Ich sehe vor mir einen langen, dunklen Tunnel, durch den ich hindurch muß; am Ende dieses Tunnels aber wird es ganz hell sein.

234 Neuntes Kapitel: Vom Jenseits zur Geborgenheit in Gott

Das zweite Bild ist die Gestalt des aus der Sintflut geretteten Noah. Dieser überlebt die Sintflut nicht, weil er ein listenreicher Archenbauer – eine Art hebräischer Odysseus – ist. Er wird gerettet, weil Gott ihm die Treue hält und ihn durch die Flut hindurchträgt. Ich denke, daß das Sterben für jeden seine persönliche Sintflut bedeutet, und ich hoffe, daß Gott auch dann bei mir bleibt und mir durch die Wasser des Todes hindurchhilft, indem er sich weiterhin zu mir verhält, auch wenn ich mich zu keinem anderen und kein anderer sich mehr zu mir verhalten kann. Die durchgängige Treue Gottes ist der alleinige Grund meiner Hoffnung auf das ewige Leben. Bleibt nur noch hinzuzufügen, daß Noah nicht wußte, was Gott mit ihm vorhatte, als er auf sein Geheiß die Arche baute. Im Vertrauen auf Gott ging er ins Unbekannte hinein.

Darum kann der christliche Glaube auch ebensogut auf alle Spekulationen über das Wann, Wo und Wie des ewigen Lebens – über die Zeitdifferenz zwischen Sterbestunde und Auferstehung, den sogenannten »Zwischenzustand«, über den Ort der Toten und ihre Befindlichkeit – entweder verzichten oder sie wenigstens freistellen, am besten Gott anheimstellen. Ich möchte in meinem Glauben noch gern so weit kommen, daß ich alles Wann, Wo und Wie und damit mich selbst ganz und gar ihm überlasse und so zum Tod »Adieu« sage, das heißt ihn Gott befehle – und Gott wird's in jedem Fall *wohl* machen.

Bisher hat die christliche Theologie, vor allem die protestantische, im Bann ihres traditionellen antiplatonischen Affekts, die Vorstellung von einer eigenen, vom Leib getrennten Existenz der Seele strikt abgelehnt. Das hat sie in

Die letzten Dinge – Glaube auf Leben und Tod 235

ein Dilemma gebracht. Auf der einen Seite hat sie auf der Ganzheit von Seele und Leib bestanden und entsprechend konsequent auch mit beider *ganzem* Tod gerechnet – auf der anderen Seite aber hat sie, sozusagen im gleichen Atemzug, das Weiterleben des Menschen nach dem Tod behauptet. Wie geht das zusammen? Das ist es, was auch Christen heute zunehmend Beschwer bereitet.

In dieser Situation bietet sich ein neues Leib-Seele-Modell an. Die Parapsychologie legt zuverlässig beglaubigte Beispiele außersinnlicher Wahrnehmungen vor, die eine außerkörperliche geistig-seelische Existenz als möglich erscheinen lassen. Mein Herz hängt nicht an diesen paranormalen Erkenntnissen, aber ich kann mich ihnen nicht verschließen, solange sie eine Sache des Forschens und Wissens bleiben und nicht zu einer Art Glaubensersatz werden.

In einer Dokumentation der »Evangelischen Zentralstelle für Weltanschauungsfragen«, einer ebenso zuverlässigen wie unverdächtigen Quelle, lese ich: »Es stellt sich die Frage, ob Theologen eine Ganztod-Theorie entworfen hätten, wenn ihnen diese vielfältigen Materialien bekannt und einer gründlichen Reflexion wert gewesen wären... Wir haben es mit Überlegungen zu tun, die zwar aus der Beschäftigung mit der Reinkarnationsidee hervorgegangen sind, die aber keineswegs an die Annahme dieser Theorie gebunden sind. Über die Theologie hinaus zeigt sich die Relevanz der Forschungen auch für Philosophie, Biologie, Physik etc. Das uralte Problem des Verhältnisses von Leib und Seele, von Geist und Materie erscheint unter neuen Vorzeichen.«

Der Theologie fiele damit die Aufgabe zu, unter den

neuen Vorzeichen das biblische Symbol der »Gottebenbildlichkeit« des Menschen mit dem Leib-Seele-Problem in Zusammenhang zu bringen und ein entsprechendes theologisches Denkmodell für den christlichen Unsterblichkeitsglauben zu entwickeln. Auch wenn im Hintergrund die Parapsychologie spukt, bedeutet der Wechsel eines theologischen Denkmodells einen normalen Vorgang in der Theologiegeschichte.

Nicht, daß das Weiterleben des Menschen nach dem Tod nun zur Abwechslung parapsychologisch bewiesen werden sollte! Weder philosophisch noch parapsychologisch, weder platonisch noch antiplantonisch, ob als Auferstehung des Leibes oder als Unsterblichkeit der Seele gedacht – es bleibt allein Gottes lebensschaffende Tat. Wie in aller Theologie geht es auch hier darum, den Glauben nicht aufzuheben, sondern ihn verstehbar zu machen. Wenn irgendwo, dann ist hier im ursprünglichen Sinn des Wortes »Seelsorge« geboten.

Auf dem allgemeinen Hintergrund der biblischen Bilderrede vom ewigen Leben treten drei Bilder besonders hervor.

Da ist zunächst die Vorstellung vom Weltgericht.

Je älter man wird, desto schwerer drückt einen die Schuld. Man hat so viel gelebt – aber was hat man nicht alles gelebt, was nicht alles angerichtet, vieles, von dem man gar nicht weiß; wieviel auch gelogen, weil man anders nicht durchzukommen meinte. Darum muß die Vergangenheit »rekapituliert« werden. Was ungeklärt geblieben ist, muß klargestellt werden, was verschwiegen wurde, zur Sprache kommen. Es muß für den Einzelnen eine

Die letzten Dinge – Glaube auf Leben und Tod 237

»Reinigung« und für alle eine »Richtigstellung« geben. Die Wahrheit wird uns alle miteinander freimachen.

Um das Bild vom Gericht zu deuten, gehe ich von einer Erfahrung aus, von der viele Reanimierte berichten. Sie hätten, so erzählen sie, in ihrer tiefen Bewußtlosigkeit noch einmal ihr ganzes Leben wie im Zeitraffertempo ablaufen gesehen, und das hätte für sie eine Art »Aufklärung« über ihr Leben bedeutet. Wohlgemerkt, ich halte dieses Erlebnis nicht für das Jüngste Gericht; ich verwende es nur als ein Interpretament.

Schon wenn wir im hiesigen Leben ein Tun bereuen und dies dem Nächsten, an dem wir schuldig geworden sind, bekennen, schämen wir uns, und die Scham brennt in unserem Herzen. Hinterher jedoch, wenn der andere uns vergeben hat, fühlen wir uns befreit. Wieviel mehr noch muß dies gelten, wenn wir Gott begegnen! Da kommt unser Böses – was wir angerichtet haben und was uns angetan worden ist – noch einmal, zum letztenmal zur Sprache. Und das schmerzt, aber es heilt; es brennt, aber es reinigt und befreit. Unsere Werke verbrennen, aber wir bleiben. Was brennt, ist nicht das Feuer der Hölle, sondern die Glut der göttlichen Liebe, in der unsere Werke vergehen. Wie die Gnade am Anfang von allem steht und das erste Wort hat, so wird sie auch am Ende das letzte Wort behalten.

Das biblische Bild vom Weltgericht führt von selbst weiter zur Vorstellung von der Allversöhnung, der endgültigen Heimholung aller Menschen und Dinge in Gott. Für die kirchliche Normallehre gilt dies als Irrlehre – von allen angeblichen Irrlehren ist sie mir die liebste.

238   Neuntes Kapitel: Vom Jenseits zur Geborgenheit in Gott

Das Überwältigtsein von der Gnade Gottes hat Christen immer wieder in diese Ketzerei getrieben. Nicht ihr Mangel, sondern sozusagen ihr Übermaß an Glauben hat sie aus der Bahn der Rechtgläubigkeit geworfen und das kirchlich nicht mehr Erlaubte denken lassen. Sie waren von der Universalität der Gnade Gottes so durchdrungen, daß sie an ihren endgültigen Triumph und deshalb an die Rettung *aller* Menschen glaubten.

Ich räume ein: Wortwörtlich genommen, hat der Glaube an die Allversöhnung in der Bibel nur eine schmale Basis, inhaltlich jedoch eine breite. Pointiert gesagt: Er hat zwar einen flachen Grund in den Wörtern der Bibel, aber einen tiefen im Worte Gottes. Bei dem Gott der Bibel überwiegt der Wille, zu retten weit den, zu strafen. Von Anfang an, das heißt von Ewigkeit her, ist Gott auf das Heil aller Menschen bedacht: »Er will, daß allen Menschen geholfen werde und sie zur Erkenntnis der Wahrheit gelangen« (1. Timotheus 2,4) – das ist der cantus firmus, der sich durch die ganze Geschichte Gottes mit den Menschen zieht. Gott ist auf das Ganze aus – das gibt seiner Liebe von vornherein einen Zug ins Universale und eben damit eine verborgene Tendenz zur Allversöhnung. Ihre Offenbarung hat einen solchen Schwung, daß ihre Bewegung erst zur Ruhe kommt, wenn sie alles erfaßt hat und die ganze Schöpfung umschließt: »Auf daß Gott sei alles in allem!« (1. Korinther 15,28; vgl. Epheser 3,15; Philipper 2,10f.)

Aber wie es mir um der Liebe Gottes willen schwer fällt, an eine ewige Verdammnis zu glauben, ebenso wird es mir um seiner Gerechtigkeit willen schwer, es nicht zu tun. Ich habe die Geopferten vor Augen – die Entrechteten,

Die letzten Dinge – Glaube auf Leben und Tod 239

Verfolgten, Gedemütigten, Vergasten, Gefolterten, Verbrannten, Gefallenen, Verhungerten, Geschlagenen – und ich frage mich, ob das jenen Millionen, ja nun schon in die Milliarden gehenden Menschen zugefügte Unrecht und Leid einfach mit dem Mantel der Liebe zugedeckt werden könne, ob selbst Gott dies tun dürfe. Es würde bedeuten, daß die Weltgeschichte eine Geschichte der Sieger wäre – und wo blieben die Besiegten, unter ihnen der Gekreuzigte von Golgatha?

Soll alles, so oder so, »umsonst« gewesen sein? Umsonst, das heißt vergeblich alle Leiden, umsonst, das heißt unvergolten auch alle Frevel – umsonst das Weinen der Unterdrückten und umsonst das Hohnlachen der Unterdrücker, umsonst die Pein der Gequälten und umsonst die Lust ihrer Peiniger, umsonst das Geschrei der Gefolterten im Keller und umsonst das Geplauder der Machthaber im Salon darüber? Nicht Rachsucht ist es, was mich so fragen läßt, auch nicht das neidische Verlangen nach der Gleichheit aller, sondern der Durst nach Gerechtigkeit und der Hunger nach Sinn, das Mitleid mit den Leidenden und die »Fürklage« für die Toten – es ist die Sehnsucht Max Horkheimers, daß der Mörder am Ende nicht über das unschuldige Opfer triumphieren möge.

Auch an die Täter denke ich und frage, ob diese einfach so, ohne Gericht und Läuterung, ohne Einsicht und Verwandlung, der Gnade Gottes teilhaftig werden können. Aber dann kann es auch wieder geschehen, daß ich mir gleichsam einen Ruck gebe und mir sage: Man könnte sich ja auch vorstellen, daß selbst bei einem Hitler oder Stalin, wenn ihnen die Augen aufgingen, das Böse wie ein schrecklicher Krampf sich löste. Doch auch das könnte sein, daß Menschen Gott einfach abhanden kommen, nicht in irgendeine Hölle, sondern ins Nichts hinein, oder auch, daß Menschen von sich aus keinerlei Nähe zu Gott wünschen. Beides bedeutete dann das, was die Bibel den »Zweiten Tod« nennt. Aber hier verlieren sich meine Gedanken ins Ungangbare und Ausweglose.

Eine dritte, mir immer häufiger gestellte Frage betrifft die Verbindung der Hinterbliebenen mit den Verstorbenen. Je weiter sich die Kenntnis von der Möglichkeit außersinnlicher Wahrnehmungen verbreitet, desto größeres Gewicht gewinnt diese Frage.

Hier habe ich meine eigenen Erfahrungen. Nach dem jähen und schlimmen Tod meiner ersten Frau hätte es zwischen uns noch so viel zu sagen und zu klären gegeben, und ich habe mich damals auch in einem ununterbrochenen Gespräch mit ihr befunden. Nur waren es immer meine eigenen inneren Selbstgespräche. Niemals habe ich den Eindruck gehabt, daß meine Frau an ihnen teilnähme. Vielmehr habe ich das Wort Jesu bestätigt gefunden: »Die Kinder dieser Welt heiraten und lassen sich heiraten. In der Auferstehung aber werden sie weder heiraten noch sich heiraten lassen; denn sie werden den Engeln gleich sein und Gottes Kinder heißen.« (Lukas 20,34ff.par) Von den Engeln heißt es, daß sie vor Gott stünden und sein Antlitz schauten. Warum also sollte, wer gewürdigt ist, Gott von Angesicht zu Angesicht zu sehen, sich noch nach jemand auf der Erde umgucken, und wäre es auch nach dem einstigen Ehemann?

Die letzten Dinge – Glaube auf Leben und Tod 241

Wohin Gott durch den Tod uns führt, bleibt ein Geheimnis. Mit einem Geheimnis aber kann man leben, wenn man Vertrauen hat. Über ein Geheimnis kann man auch nachdenken, aber man kann es nicht enträtseln wie den Mordfall in einem Kriminalroman. Wenn der Tod für uns aus einem menschlichen Rätsel zu einem göttlichen Geheimnis wird, sind wir ein Stück weiter, dann haben wir überhaupt die letzte uns mögliche Lebensstufe erreicht und können darum »das Zeitliche segnen«.

In meiner Brieftasche trage ich einen Zettel bei mir, der inzwischen schon reichlich vergilbt und zerknittert ist. Vor mehr als vierzig Jahren habe ich mir die Liedstrophe abgeschrieben, die als einziges außer dem Namen auf Søren Kierkegaards Grab auf dem Assistenzfriedhof in Kopenhagen steht und übersetzt etwa so lautet:

>»Noch eine kleine Zeit,
>So ist's gewonnen,
>So ist der ganze Streit
>In nichts zerronnen;
>Im Rosensaale darf ich
>Ohn' Unterbrechen
>In alle Ewigkeit
>Mit Jesus sprechen.

Wer darauf hofft, der löst sich keine Rückfahrkarte.

Zehntes Kapitel

»– und leider auch Theologie«
Von der Kathedertheologie
zur Weisheitslehre

> »Ich zeuge für Erfahrung und appelliere
> an Erfahrung. Ich sage dem, der mich
> hört: ›Es ist deine Erfahrung. Besinne
> dich auf sie, und worauf du dich nicht
> besinnen kannst, wage, es als Erfahrung
> zu erlangen‹ ... Ich nehme ihn an der
> Hand und führe ihn zum Fenster. Ich
> stoße das Fenster auf und zeige hinaus.
> Ich habe keine Lehre, aber ich führe ein
> Gespräch. «
>
> *Martin Buber*

Ich habe in meinem Leben viele tausend Seiten Theologie
gelesen, die meisten mit Gewinn, einige sogar zur Erbauung. Bei manchen habe ich mich freilich gefragt: Cui bono
– wem nützt es? Es hätte genügt, sie als Expertisen unter
Experten zirkulieren zu lassen.

Ich will die akademische Theologie gewiß nicht verun-
glimpfen – dazu verdanke ich ihr zuviel. Ich gehöre ja selber zur Zunft und habe teil an ihren Schwächen. Aber in
der Form, wie sie zumeist noch an den Fakultäten und Se-
minaren und von dort fortwirkend in den Kirchen und
Pfarreien betrieben wird, halte ich die wissenschaftliche
Theologie für nicht sehr fruchtbar und hilfreich. Ausge-
rechnet diejenige Wissenschaft, die wie kaum eine andere

die Menschen und ihr Leben in den Blick nehmen sollte, ist zu einer Angelegenheit hochgradiger Spezialisten geworden, die überdies so tun, als ob die Zukunft des Christentums von ihren Vorlesungen, Büchern und Fußnoten abhinge.

Ewig sitzen im Kreise die Schriftgelehrten unter dem Baum der Erkenntnis und zeigen sich gegenseitig die Früchte, die sie gepflückt haben, lieblich anzuschauen und gut zu essen, derweil Adam und Eva im Schweiße ihres Angesichts das Gemüse für den Wochenmarkt ziehen.

»Was ist mit der Theologie los?« lautete schon vor Jahren der Titel einer Schrift und meinte im Grunde doch bereits: Es ist nichts mit ihr los. Der Frust besteht auf beiden Seiten. Die Zeitgenossen klagen darüber, daß sie uns Theologen nicht verstehen, und wir Theologen leiden darunter, daß wir uns ihnen nicht verständlich machen können. Der Grund des gegenseitigen Mißverständnisses ist eine Sprachbarriere. Dabei geht es jedoch nicht nur vordergründig um die Unverständlichkeit des Vokabulars – auch ein gewollt forscher Jargon schadet eher, als daß er hilft –, sondern um die Differenz zwischen Frage und Antwort und damit um eine unterschiedliche Erwartungshaltung. Und so reden wir aneinander vorbei. Die Zeitgenossen fragen uns Theologen, wieviel Uhr es ist, und wir erklären ihnen, wie das Uhrwerk zusammengesetzt ist; sie bitten uns um Brot, wir aber reichen ihnen eine Speisekarte. Deshalb haben sie uns im Verdacht, daß wir den Zug nur im Vorbeifahren beschreiben, selbst aber nicht darin sitzen.

Søren Kierkegaard erinnert einmal daran, daß es zweierlei sei, Schilder herzustellen mit der Aufschrift »Hier wird Wäsche gewaschen« und Wäsche zu waschen. Von der heutigen akademischen Theologie, und zwar keineswegs nur von der protestantischen, kann der Zeitgenosse zuweilen den Eindruck gewinnen, daß sie nicht Wäsche wäscht, sondern nur Schilder herstellt mit der Aufschrift »Hier wird Wäsche gewaschen«, ja, daß sie unfroh, fast schwermütig darüber grübelt und streitet, wie die Schilder beschaffen und beschriftet sein müssen, welche versichern, daß hier Wäsche gewaschen werde.

Ich kann mir einfach nicht vorstellen, daß die Sache mit Gott so kompliziert ist, wie wir Theologen sie häufig machen. Gott ist wohl verborgen, er kann sogar sehr tief verborgen sein, aber Gott ist niemals kompliziert. Die Kompliziertheit Gottes ist eine Erfindung von uns Theologen, vielleicht unser eigener theologischer Komplex. Auf jeden Fall widerspricht dies dem in der Bibel klar bezeugten Willen Gottes, seinen Namen in der Welt unter den Menschen bekannt zu machen. Sich um die Zukunft Gottes in der Welt zu sorgen aber ist ein gottloses Unterfangen. Gott sorgt für uns, damit wir uns um die Welt sorgen können.

Alle Religion verlangt Unmittelbarkeit und Gegenwart. Wir aber leiden gleichermaßen unter der Historisierung und der Dogmatisierung des Christentums und schleppen uns müde an der Überlieferung seiner Wahrheit. Was auch als Anruf und Frage aus der Gegenwart an uns gelangt, immer durchlaufen wir zunächst unsere ganze Vergangenheit bis zu den Ursprüngen in Orient und Okzident. Und wenn wir dort angelangt sind, stockt uns nicht der Atem, sondern ist uns die Luft ausgegangen, und es fehlt uns die Kraft und Phantasie zur eigenen Aussage. »Ad fontes – zurück zu den Quellen!« – für das Bündnis der Reformation mit dem Humanismus bedeutete dieser Ruf einst die Befreiung von einer altgewordenen Vergangenheit durch ihre Erneuerung vom Ursprung her; uns aber belädt er mit der vollen Last unserer Geschichte.

Hand in Hand mit der Historisierung der Theologie geht ihre »Philologisierung«. Historische Forschung und philologische Kritik machen die Vergangenheit nicht nur gegenwärtig; sie können die Gegenwart auch in die Vergangenheit entrücken. Dann regieren die Abgelebten aus ihren Gräbern das Heute. Es scheint mir darum an der Zeit, den Nachteil der Historie für die Religion zu bedenken.

Einstmals hat die Anwendung des geschichtlichen Denkens auf die Zeugnisse der Bibel eine Befreiung und Erneuerung für die Theologie bedeutet. Inzwischen aber sind historisches Wissen und kritische Forschung selbst zum Hemmschuh und Ballast geworden. »Der Text« ist das Ein und Alles in der protestantischen Theologie; er steht in ihr an derselben Stelle wie in anderen Religionen der Altar. Und wie es darauf ankommt, das Opfer peinlich korrekt, nach genau vorgeschriebenem Ritual, zu vollziehen, so hat alles, was in der Theologie geschieht, nur dem einen Ziel zu dienen, was »geschrieben steht« möglichst genau herauszufiltern und so getreu wie möglich zu wiederholen. Zwar betonen wir den hermeneutischen Grundsatz, daß alle biblischen Zeugnisse im Horizont gegenwärtigen Daseins auszulegen seien und somit eine »Horizontverschmelzung« stattzufinden habe – in der exegetischen Praxis aber bleiben viele Neutestamentler immer noch im ersten Jahrhundert nach Christus stehen und erblicken

Von der Kathedertheologie zur Weisheitslehre   247

darin sogar noch einen Ehrenstandpunkt. Wenn die biblischen Verfasser erlebten, wie ängstlich wir wortwörtlich mit jedem ihrer einzelnen Wörter, ja Buchstaben und Satzzeichen umgehen, sie würden über uns erstaunt die Köpfe schütteln.

Die kopernikanische Wende in der Theologie hat Konsequenzen auch für ihr Selbstverständnis als Wissenschaft, bis in die Praxis des Lehrens und Lernens hinein.

Wenn die Bibel ein Buch voll menschlicher Erinnerungen an Gott ist, die Offenbarung Gottes daher Aufklärung der Welt durch den Glauben bedeutet, wenn Gottes- und Welterfahrung sich mithin gegenseitig entschlüsseln und es außerhalb der Welt kein Heil gibt – wenn der Weg der Theologie darum vom Jenseits zum Diesseits, vom Himmel auf die Erde, von der Historie zur Religion und von der Institution zur Inspiration führt: Dann kann die Theologie Gott und die Welt nur immer zugleich, sozusagen in einem und demselben Augenblick erkennen und muß daher ständig zwischen der biblischen Offenbarung und der zeitgenössischen Situation hin und her schwingen. Daraus ergibt sich für alle Theologie gleichzeitig die Konzentration auf den Glauben an Gott und ihre Ausweitung in die Welt hinein – beides stets »ad hominem«, im Blick auf den heutigen Menschen gedacht und geredet.

Das aber hat empfindliche Folgen für die sogenannte »akademische Theologie«. Es unterbricht ihren elitären »Kreisverkehr« und verweist auf die Erfahrung als die gemeinsame Grundlage sowohl der Gottes- als auch der Weltbeziehung des Menschen.

»Erfahren« heißt ursprünglich durch das Land fahren und das, was man dabei wahrnimmt, in sich aufnehmen – wie wir heute noch von einem sagen: Er hat sich das Land »erwandert«. Das Land, in dem wir Gott auf solche Weise »erfahren«, ist die Welt in der spannungsvollen Fülle ihrer Lebensbeziehungen.

Damit wird die Theologie vom Kopf auf die Füße gestellt. Die Erfahrungen der Gläubigen bilden den elementaren Grund und Boden aller Theologie. Ohne Gotteserfahrung gäbe es überhaupt keine Theologie. Das erste ist stets die religiöse Erfahrung, das zweite die theologische Reflexion, und die theologische Reflexion verhält sich zur religiösen Erfahrung wie die Landkarte zur Landschaft. Theologie ist stets ein nachträgliches, bisweilen auch abträgliches Geschäft. Jede theologische Rationalisierung bringt zwangsläufig eine Reduzierung der religiösen Intuition mit sich.

Aus der notwendigen Versöhnung zwischen Theologie und Religion ergibt sich von selbst die Forderung einer zeitbezogenen »Erfahrungstheologie«. Ihre Aufgabe besteht darin, bisherige, aus der Vergangenheit überkommene Gotteserfahrungen kritisch zu sichten und verständlich zu vermitteln, um in der Gegenwart neue Erfahrungen Gottes zu erschließen: Religion von gestern in der Welt von heute. Dazu speist die Erfahrungstheologie sich aus zwei Quellen und muß deshalb stets in zwei Texten gleichzeitig lesen: im Text der Bibel und im Kontext der Welt. Bei all dem müssen die Frauen aufgrund ihrer eigenen Gottes-, Welt- und Selbsterfahrungen dazu helfen, daß die Theologie eine Alchimie aus Gefühl und Verstand wird: intellectus cordis, raison du cœur.

Durch die Geschichte der christlichen Theologie zieht sich eine doppelte, teilweise gegensätzliche Auffassung von der Theologie als Wissenschaft: Theologie als »theoretische«, »spekulative« Wissenschaft und Theologie als »scientia practica«, als Reflexion des Glaubens im Alltag. Ich habe mich stets stärker zur zweiten Auffassung hingezogen gefühlt. Darum liebe ich Augustins Bezeichnung der Theologie als »sapientia Dei«, als Weisheit Gottes, und ebenso Martin Luthers bekannte Definition: »Vera theologia est practica«, wobei ich freilich nicht mit Luther fortfahren würde: »...speculativa igitur theologia, die gehört in die Höll' zum Teufel.« (Tischreden I, Nr. 153)

Betrachte ich meinen theologischen Weg, so muß ich feststellen, daß der Intellektuelle und der Spirituelle in mir je länger desto besser miteinander ausgekommen sind: Mein Glaube gibt mir zu denken, und mein Denken verlangt nach Gewißheit. Vertrauen auf Gott und Einsicht in die Welt gehen, wenn auch gewiß nicht widerspruchslos zusammen. Diese wechselseitige Beziehung zwischen Gott und Welt, zwischen Glauben und Denken, aber auch zwischen Vertrauen und Skepsis begegnet mir in der alttestamentlichen Weisheitsliteratur.

»Die Furcht des Herrn ist der Weisheit Anfang« (Sprüche 1,7; Psalm 110,10), lautet die Quintessenz der Weisheit Israels. Was aber heißt dies anderes als Aufklärung der Welt durch den Glauben an Gott? Und so bedeutet »Weisheit« Gottesglaube, der sich als Welt- und Lebenserfahrung ausspricht. »Weisheit« ist scientia practica – sie lehrt Lebenskunst. Vertrauen auf Gott und Einsicht in den Gang der Welt sollen dem Menschen dazu verhelfen, nicht nur richtig, sondern wahrhaft zu leben.

Daher taugt in meinen Augen keine Theologie etwas, die den Menschen nicht zum Leben verhilft. Und kein Theologe sollte gegen diese »Lebensdienlichkeit« seines Berufs beleidigt protestieren. Kann es denn in der wirren Welt, in der wir täglich leben, eine wichtigere und würdigere Aufgabe geben, als Menschen in die Kunst des Lebens einzuführen, so daß sie ihren Weg in der Welt finden und am Ende »nach Hause kommen«?

Was Gott nicht zur Ehre gereicht und den Menschen nicht zum Leben dient, das hat kein Recht und keinen Raum in einer christlichen Theologie.

Weil Gott immer auch etwas mit der Grammatik zu tun hat, verlangt eine der »Lebensdienlichkeit« verpflichtete Theologie auch einen entsprechenden Denk- und Sprachstil. Wer anderen Lebensweisheit vermitteln will, kann dabei von seinen eigenen Lebenserfahrungen nicht absehen. Er hat eine Botschaft – was er erfahren hat, erzählt er weiter. Statt seine Mitmenschen nur dogmatisch anzupredigen, historisch zu belehren oder moralisch anzufeuern, lädt er sie ein, an einem gemeinsamen Erfahrungsaustausch teilzunehmen und gleichfalls von ihren – ähnlichen oder gegenteiligen – Erfahrungen mit Gott und der Welt zu erzählen.

Auf diese Weise wird der elitär-autoritative Anspruch, der wie jeder Fachwissenschaft auch der Theologie anhaftet, abgebaut. Es erzählt zwar nur einer – dennoch ist die Erzählung ihrem Wesen nach kein Monolog. Der andere hört zu, aber gehorcht nicht, er fällt ins Wort und erzählt mit seinen Worten weiter. Beim Erzählen kommt die Wahrheit nicht »von oben«, sondern geht »in die Runde«.

Von der Kathedertheologie zur Weisheitslehre

»Die Dogmatiker stellen wir zur schönen Literatur«,
hat Adolf von Harnack einst zu dem Studenten gesagt, der
ihm beim Aufstellen seiner Bibliothek half. Dieser Satz
war ironisch gemeint. Aus ihm sprach der Verdacht des
Historikers, es möchte bei den Dogmatikern nicht mit der
nötigen wissenschaftlichen Strenge und Methode zugehen. Ich hielte es freilich für keinen Schaden, wenn die
Theologie in der Tat etwas mehr vom Sprachstil der schönen Literatur lernte.

Schon von Beginn an war die Theologie eng mit der
Poesie verschwistert. Alle Christologie hat ihren Ursprung in den Christushymnen der ersten Christen; die
Trinitätslehre ist, richtig verstanden, eine große geistliche
Dichtung, ein gott-menschliches Weltdrama, und die
Aussagen der Bibel über die Schöpfung lassen sich zu
einem bilderreichen Naturpsalm zusammenfügen. Wenn
manche dogmatischen Formulierungen ursprünglich poe-
tische Erzeugnisse waren – warum sollen nicht auch umgekehrt aus Dogmen wieder Geschichten und Gedichte
werden?

Fragt sich nur, ob die Theologen noch Gotteserfahrungen machen und ihren Zeitgenossen also etwas zu erzählen haben!

Daß ich mich allzeit als »Theologe« verstanden habe, bildet das Kontinuum meiner Biographie. Gott und die Welt
zu erkennen, war der Grund, warum ich Theologie studiert habe und mein Leben lang in allem Auf und Ab dabei
geblieben bin. Ich habe meinen Berufsweg daher immer
unter dem Gesichtspunkt gewählt, daß ich möglichst viel
Freiheit und Zeit haben wollte, um in der Weise Theologe

zu sein, wie es mir vorschwebte. Allein aus diesem Grunde bin ich fünfundzwanzig Jahre beim »Deutschen Allgemeinen Sonntagsblatt« geblieben und habe jedes Angebot einer anderen Stellung – vom Funkhausdirektor über ein politisches Mandat oder eine Professur bis zum Kirchenpräsidenten – am Ende abgelehnt.

Dies ist mir freilich von Anfang an nicht so klar gewesen. Zunächst lautete die Alternative für mich: Pfarramt oder Wissenschaft? Indem ich zwischen diesen beiden Möglichkeiten schwankte, gestalteten sich die ersten Jahre meines beruflichen Weges zum Zickzackkurs. Im Rückblick hat sich freilich gezeigt, daß gerade diese Zweigleisigkeit die geeignete Vorbereitung auf das war, was ich dann endgültig und lebenslang als Theologe treiben sollte.

Dieser »dritte Weg« zwischen Pfarramt und Wissenschaft kündete sich, vorerst noch ungeahnt, nach dem Ende des Krieges an. Ich war damals zum Studentenpfarrer an der Universität in Kiel gewählt worden. Damit begann jene Zeit, die ich nachträglich als die Phase meiner »theologischen Erweckung« bezeichnet habe.

Kirchenkampf und Krieg hatten in mir einen theologischen Nachholbedarf hinterlassen. Diesen geistigen Hunger teilte ich mit den Studenten, von denen die meisten, fast gleichaltrig mit mir, gerade aus Krieg und Gefangenschaft zurückgekehrt waren. Damals habe ich mich mit Theologie geradezu vollgestopft. Dabei war ich an der akademisch-theologischen Binnenproblematik nur mäßig interessiert. Mir ging es im Grunde immer nur um die eine und selbe Frage nach der Wirklichkeit Gottes in der Wirklichkeit der hiesigen Welt: wie der christliche Glaube in unserer Zeit glaubwürdig bezeugt und konkret bewährt

Von der Kathedertheologie zur Weisheitslehre 253

werden könne. Ich wollte »glauben und verstehen« und hätte auch dann Theologie getrieben, wenn ich einen anderen Beruf gehabt hätte, wie denn auch die allermeisten Mitglieder der Studentengemeinde keine Theologen waren.

Niemals vorher und nachher habe ich so intensiv mit einer Gemeinde gelebt und in ihr Theologie getrieben. Vielleicht war es überhaupt die fruchtbarste Zeit meines unmittelbaren pastoralen Wirkens. Mein eigenes theologisches Interesse fiel aufs glücklichste mit meinem pfarramtlichen Auftrag zusammen. Hätte mich damals jemand gefragt, ob ich, wenn ich die Wahl hätte, wieder Theologe würde, ich hätte ohne Zögern mit Ja geantwortet.

Aber die Antwort auf die Frage, ob ich endgültig im Pfarramt bleiben oder in die Wissenschaft gehen sollte, stand immer noch aus. Da bahnte sich die Lösung unerwartet von einer ganz anderen Seite her an. Ich begann zu schreiben – warum, weiß ich nicht. Noch vor der Währungsreform arbeitete ich die Predigten, die ich im Universitätsgottesdienst zu halten hatte, zum Briefwechsel und Gespräch zwischen zwei Kommilitonen um und gab sie als Buch heraus. Ich nannte es »Der Mensch an der Grenze«. Dabei dachte ich an den gegenwärtigen Nachkriegsalltag, ohne zu ahnen, welche Bedeutung der Begriff der »Grenze« durch Paul Tillich für mich einmal gewinnen sollte. Auch meine Heidelberger Doktorarbeit schrieb ich alsbald allgemeinverständlich für einen größeren Leserkreis um und veröffentlichte sie gleichfalls als Buch; dabei war aus dem gelehrt formulierten Thema der Dissertation der knappe, eingängige Titel »Luther deutet Geschichte« geworden.

254   Zehntes Kapitel: »– und leider auch Theologie«

Das Echo blieb nicht aus. Das »Deutsche Allgemeine Sonntagsblatt«, das mir bis dahin nur dem Namen nach bekannt war, trug mir die theologische Leitung an. Aus der von mir erbetenen halbjährigen »Probezeit« sollten fünfundzwanzig Jahre werden.

Daß es das Ewige nur im Jetzt, die Sache Gottes nur in den Sachen der Welt, die Taten Gottes nur in den Tatsachen der Geschichte gibt, mußte sich in einer Zeitung, die sich als »Wochenzeitung des deutschen Protestantismus« verstand, noch konkreter erweisen als in der Kirche und an der Universität. Hier kam es ganz real und à jour darauf an, die christliche Botschaft nicht allgemein und immer gleich, sondern pointiert und datiert in die jeweilige Situation hineinzusprechen, sie gleichsam als einen genau adressierten und ausreichend frankierten Brief aufzugeben, statt nur ziellos als Flaschenpost treiben zu lassen. Wenn es denn stimmt, daß ich Theologie in einem verständlichen Stil schriebe, so hat dies eben hierin seinen Grund.

Damit hatte sich auch die Frage, ob ich vornehmlich praktisch-theologisch oder wissenschafltich-theologisch arbeiten wollte, fast von selbst entschieden. Die Lösung der Alternative bestand in der engen Verbindung beider Seiten: Weil ich die Gotteserfahrung des christlichen Glaubens so konkret wie möglich als Welt- und Lebenserfahrung verständlich machen wollte, mußte ich selbst so gründlich wie möglich Theologie treiben – denn je gründlicher, desto einfacher und klarer!

So hat mich mein beruflicher Lebensweg immer mehr ins Weite und Freie geführt und damit zu einem theologischen »Libero« gemacht: Pfarramtsvertretung in Schles-

Von der Kathedertheologie zur Weisheitslehre 255

wig – Assistent an der Universität in Wien – pastorales Zwischenspiel in Rosenheim – Studentenpfarrer in Kiel – Theologischer Chefredakteur des »Deutschen Allgemeinen Sonntagsblatts« in Hamburg mit immer großzügiger gehandhabter Residenzpflicht – schließlich vollends der Weg in die freie Schriftstellerei. Dabei ist mein Motiv in allem Wechsel immer gleich geblieben: Ich wollte die »gute Nachricht«, die Jesus aus Nazareth den Menschen von Gott gebracht hat, unter meinen Zeitgenossen publik machen.

Inzwischen frage ich mich freilich, und zwar in zunehmendem Maße, ja mit wachsendem Zweifel, ob denn ein Mensch Gott überhaupt zum Beruf haben kann.

Nicht, daß die Frage nach Gott mich nicht mehr bewegte und die Erfahrung seiner Nähe oder Ferne mich nicht mehr beglückte oder bedrängte – aber die berufliche Beschäftigung mit ihm macht mir zunehmend zu schaffen. Dieses ständige Bedenken, Bereden und Beschreiben: weiße Blätter mit Wörtern und Sätzen füllen und dabei etwas in Worte fassen, was nicht mit Augen zu sehen und nicht mit Händen zu greifen ist, damit die Menschen es dennoch vernehmen.

Von Jesus aus Nazareth heißt es, daß er das Evangelium vom Reich Gottes gepredigt und allerlei Krankheiten geheilt habe. Das Heilen der Krankheiten haben die Ärzte übernommen, den Theologen ist die Predigt geblieben. Man hat uns zwar das Wort überlassen, und »das Wort sie sollen lassen stahn« – aber eben nur das Wort, immer wieder nur das Wort. Mit dem Wort allein jedoch ersäuft man in »Metaphysik« und mißt jedes Ding immer sofort am Absoluten.

256   Zehntes Kapitel: » – und leider auch Theologie«

Ich möchte am eigenen Leibe ausprobieren, wie das ist:
an Gott glauben und den Glauben praktizieren, ohne Gott
gleich zum Beruf zu haben. Dahinter steht natürlich auch
der Wunsch nach existentieller Entlastung. Der »weltliche« Beruf gibt im Vergleich zum »geistlichen« einen Bo-
nus. Wenn ein Theologe von seiner Gotteserfahrung redet,
hält man dies für »selbstredend«: Er tut, was seines Amtes
ist, und wird dafür auch noch bezahlt. Spricht hingegen ein
Nichttheologe von seinem Glauben, zumal wenn es ein
angesehener Mensch ist, hört man unwillkürlich hin. Sein
gesellschaftliches »Standing« verleiht der Wahrheit eine öffentliche Stütze; sein »Ansehen« hilft dem unsichtbaren
Gott auf: Wer ein tüchtiger Arzt, ein berühmter Gelehrter,
ein erfolgreicher Schriftsteller ist, kann doch auch in dem,
was er glaubt, nicht völlig unrecht haben!

Ich leugne nicht, daß ich in meinem Beruf als Theologe
ein Trauma erlitten habe. Ich fühle mich verletzt, nicht
durch die Atheisten, Gottesleugner und Zweifler, sondern
durch die Rechtgläubigen, Strenggläubigen, Allgläubigen
und ihre amtskirchlichen Beschützer. Daß ich, obwohl die
Welt so ist, wie sie ist, auf Jesu Wort hin an Gott glaube, das
war ihnen nie genug, und darum haben sie mir meinen
Glauben insgesamt abgesprochen. Wer nicht daran glaubt,
der muß eben dran glauben.

Ich bin es leid, meinen Glaubensstand ständig öffentlich
von anderen prüfen und benoten zu lassen – ich möchte
meines Glaubens fröhlich und unbeschwert leben. Zwar
halte ich nichts von der Reinkarnationsidee – aber gäbe es
ein zweites Leben, so würde ich nicht wieder Theologie
und Geschichte, sondern Geschichte und Politikwissenschaft und als das Salz dazu Theologie studieren.

Von der Kathedertheologie zur Weisheitslehre

Eine Lösung des Zwiespalts zwischen dem Christen und dem Theologen in mir ist nicht in Sicht, aber die Erlösung von diesem Zwiespalt steht in Aussicht.

Anhang
Gedanken zur notwendigen Reform des Theologiestudiums

Das Selbstverständnis einer Wissenschaft hat stets Konsequenzen für die Praxis ihres Lehrens und Lernens. Dies gilt auch im Blick auf die fällige Neuorientierung der wissenschaftlichen Theologie. Und so habe ich mir in den letzten Jahren zunehmend Gedanken über eine notwendige Reform des Theologiestudiums gemacht. Anlaß dazu haben mir vor allem Begegnungen und Gespräche mit Theologiestudenten und Vikaren gegeben.

Den Eindruck, den ich von den Studenten gewann, kann ich am treffendsten so beschreiben: Sie oblagen gefügig den auferlegten Pflichten des vorgeschriebenen Studiengangs, aber sie schienen weitgehend nicht in innerer Übereinstimmung mit ihm zu stehen. Fragte ich Vikare, wie sie ihre Predigten vorbereiteten, so zählten sie alle gängigen Predigthilfen her – auf meine Frage jedoch, wann sie zuletzt einen Roman, ein politisches Buch, eine Biographie gelesen hätten oder wann sie zum letztenmal im Theater oder in einer Kunstausstellung gewesen seien, erstatteten die meisten Fehlanzeige.

Nicht jeder Christ, der Abitur gemacht hat, muß auch gleich Theologie studieren. Ich rate Abiturienten, die mich danach fragen, in den meisten Fällen ab. Ob ein Theologe es wahrhaben will oder nicht, in der Öffentlichkeit gilt er als jemand, der »Gott zum Beruf« hat – und wer wagte es, einem Mitmenschen dies zu empfehlen? Nur wenn jemand mir besonders lebendig, aufgeschlossen und begabt erscheint, zudem nicht aus »christlichen Kreisen« oder einem Pfarrhaus stammt, ermutige ich ihn, es zunächst einmal zu versuchen und nicht gleich zu verzagen, wenn er enttäuscht ist.

Das Theologiestudium soll weder Taschengelehrte hervorbringen noch Pfarrer vorfertigen, sondern Frauen und Männer befähigen, das Christentum in der Welt mit Herz, Sinn und Verstand überzeugend zu vertreten. Zur Erreichung dieses Ziels muß der jetzige Lehrstoff gleichzeitig konzentriert und erweitert werden. Sicher werden die Anstrengungen des Studiums dadurch erhöht, aber auch in die richtige Richtung gelenkt und darum hoffentlich willkommen geheißen. Wenn auf diese Weise eine erste Auslese erfolgte, so hielte ich dies nicht für einen Schaden.

Als Leitgedanken stelle ich meinen Reformvorschlägen einen Satz voran, der den Kern der kopernikanischen Wende in der christlichen Theologie in sich faßt: Außerhalb der Welt gibt es kein Heil – ohne die Welt ist Gott nicht Gott und ohne Gott die Welt nicht Welt.

Entsprechend sollte die theologische Ausbildung drei Stufen umfassen: Ein vierjähriges Studium an der Theologischen Fakultät einer Universität – ein einjähriges Gemeindevikariat unter Leitung eines geeigneten, dafür vorgebildeten Pfarrers – eine zweijährige praktisch-theologische Ausbildung in dem Predigerseminar einer Landeskirche.

Ziel des Theologiestudiums an der Universität ist die

Gedanken zur notwendigen Reform des Theologiestudiums   261

gründliche Kenntnis des Christentums in seiner Gesamterscheinung, wobei das persönliche Lebensverhältnis zur Sache die selbstverständliche Voraussetzung bildet – nicht anders als bei jedem Studienfach sonst. Geist und Glaube aber lassen sich weder einplanen noch organisieren.

Das Theologiestudium an der Universität umfaßt die Fächer Altes und Neues Testament, Kirchen- und Theologiegeschichte, Konfessionskunde (vornehmlich unter ökumenischem Aspekt), Philosophie, Religionsgeschichte, Dogmatik und Ethik – keine praktische Theologie! Darüber hinaus sollen die/der Studierende sich ein »Lieblingsfach« wählen, das heißt ein Wissensgebiet, das sie persönlich besonders interessiert. Es kann Geschichte, Literatur, Politikwissenschaft, Soziologie, aber auch Mathematik, Naturwissenschaft, Volkswirtschaft sein, möglichst nur nicht Psychologie, weil diese ohnehin schon zur Fluchtecke vieler Theologen geworden ist.

In jedem Fach hat die/der Studierende eine enzyklopädische Grundvorlesung von mindestens vier Wochenstunden (zusätzlich einer Besprechungsstunde) zu besuchen, danach einzelne Vorlesungen und Seminare nach freier Wahl.

Wer nach wie vor die Kenntnis der drei alten Sprachen – Hebräisch, Griechisch, Latein – als Voraussetzung für das Theologiestudium fordert, sollte sich überlegen, ob er die Theologie damit nicht im Gefängnis der Subkultur eines vergangenen Humanismus festhält: Melanchthon läßt grüßen! Nur die wirklich gründliche Kenntnis einer fremden Sprache verhilft zum tieferen Verstehen eines Textes. Wer aber lernt die alten Sprachen heute noch so profund auf einer Schule? Die meisten Theologiestudenten bringen

262 Gedanken zur notwendigen Reform des Theologiestudiums

die Sprachkurse und -prüfungen verständlicherweise so rasch wie möglich hinter sich und lassen sie dann auch dahinten. Der Gewinn steht in keinem vernünftigen Verhältnis zur aufgewandten Mühe und Zeit. Ich fürchte sogar, daß wir durch den Zwang zu den alten Sprachen einen Typus von jungen Menschen abstoßen, der uns eigentlich willkommen sein sollte.

Selbstverständlich muß es innerhalb der Christenheit Fachleute geben, die in besonderer Weise für die Zuverlässigkeit der biblischen und kirchlichen Überlieferung verantwortlich sind. Darum gehört zur Promotion und Habilitation nach wie vor die – dann aber auch wirklich gründliche – Kenntnis der drei alten Sprachen, meinetwegen auch noch des Aramäischen dazu.

Nach sechs Semestern haben die Studierenden in den Fächern Altes und Neues Testament, Kirchen- und Theologiegeschichte, Konfessionskunde, Philosophie und Religionsgeschichte, nach acht Semestern in Dogmatik und Ethik eine schriftliche und mündliche Prüfung abzulegen, bei der es mehr auf das Verstehen als auf das Wissen ankommen sollte. Dabei sind alle Fächer gleichen Ranges. »Nebenfächer« gibt es nicht – wer wagte heute noch die Religionsgeschichte als »nebensächlich« zu bezeichnen?

Die bisherige pseudowissenschaftliche Hausarbeit entfällt. In dem gewählten nichttheologischen Fach findet, um die Lust an der Sache nicht durch die Angst vor dem Examen zu mindern, keine Prüfung statt; es sollte aber der ernsthafte Besuch von Vorlesungen und Übungen nachgewiesen werden.

Gedanken zur notwendigen Reform des Theologiestudiums 263

Die Examina werden innerhalb der Fakultät, ohne Teilnahme von seiten der Kirche, abgehalten. Erst nach bestandenem Examen melden sich die diplomierten Theologen / innen zur weiteren Ausbildung bei einer Landeskirche. Auf die Zeit des Studiums verteilt, hat die / der Studierende drei je achtwöchige Praktika in der Industrie, in der Diakonie und in der Gemeinde zu leisten. Das Industriepraktikum entfällt, wenn der Studierende Wehrdienst, das Praktikum in der Diakonie, wenn er Zivildienst geleistet hat. Studentinnen haben – um der Gleichberechtigung willen – alle drei Praktika nachzuweisen. Neben dem achtwöchigen Gemeindepraktikum ist die aktive Teilnahme am kirchlichen Leben zu empfehlen, nicht zu gebieten.

Nach dem einjährigen, durch keinerlei Kurse unterbrochenen Gemeindevikariat beginnt die zweijährige praktisch-theologische Ausbildung im Predigerseminar einer Landeskirche. Sie soll Hochschulrang haben; die Dozenten sollen deshalb die bisherigen Professoren der praktischen Theologie sein, dazu Lehrbeauftragte für einzelne Fächer wie Liturgie, Sprechschulung, Soziologie, Psychologie, Kirchenrecht. Die praktisch-theologische Ausbildung schließt nicht mit einem schriftlichen und mündlichen Examen ab, sondern mit einer Predigt, einer Katechese und einem gründlichen Kolloquium.

Nach der Erteilung der Zulassung zum kirchlichen Amt – Pfarrer oder Religionslehrer – folgt eine gemeinsame Reise nach Israel und darauf eine vierwöchige Klausur. Die sieben Jahre dauernde Ausbildung schließt mit der Ordination durch den zuständigen Bischof ab.

264 Gedanken zur notwendigen Reform des Theologiestudiums

Da die Kirche auf die »Weisheit der Laien« mindestens so angewiesen ist wie auf das Wissen der Theologen, sollte es auch »Seiteneinsteiger« in das Pfarramt geben – etwa nach dem anglikanischen Modell: Frauen und Männer, die nach einem abgeschlossenen Studium längere Zeit im Beruf gestanden haben und Lust zum Pfarrdienst verspüren, können eine zwei- bis dreijährige Ausbildung in einem Kirchlichen Seminar erhalten. Nach bestandenem Examen und empfangener Ordination bilden sie nicht etwa einen »Clerus minor«, sondern sind gleichen Ranges mit den Pfarrern, die ein volles Theologiestudium absolviert haben.

Alle einzelnen Reformvorschläge sind disponibel – es muß nur die Richtung im ganzen stimmen, gemäß dem vorangestellten Leitsatz: Außerhalb der Welt gibt es kein Heil – ohne die Welt ist Gott nicht Gott und ohne Gott die Welt nicht Welt. Es ist der Kern der kopernikanischen Wende in der christlichen Theologie, der auch meinen theologischen Lebensweg in allem, was ich geglaubt, gedacht, geredet und geschrieben habe, bestimmt hat.

Heinz Zahrnt

Gotteswende
Christsein zwischen Atheismus und neuer Religiosität
276 Seiten. Serie Piper 1552

Heinz Zahrnt analysiert die religiöse Situation der Gegenwart und ihre
Zukunftsperspektive: Wenn das Christentum den Dialog mit den
Suchenden nicht scheut und auf eine Verbindung von Weltvernunft und
Spiritualität hinarbeitet, kann es Antworten finden, die auch in der
Zukunft tragfähig sind.

Jesus aus Nazareth
Ein Leben. 320 Seiten. Serie Piper 1141

Heinz Zahrnt hat *sein* Jesus-Buch geschrieben: keine Biographie, keine
Christologie, sondern »ein Lebensbild, geformt aus den verschiedenen
Aspekten seiner Erscheinung und so lebendig und anschaulich erzählt, wie
Stoff und Autor es hergeben«.

Leben als ob es Gott gibt
Statt eines Katechismus
256 Seiten. Geb.

Geistes Gegenwart
Die Wiederkehr des heiligen Geistes
85 Seiten. Serie Piper 165

Die Sache mit Gott
Die protestantische Theologie im 20. Jahrhundert
430 Seiten. Serie Piper 890

Wie kann Gott das zulassen?
Hiob – Der Mensch im Leid
96 Seiten. Serie Piper 453

PIPER

Hans Küng

Das Christentum
Wesen und Geschichte.
Die religiöse Situation der Zeit
1056 Seiten. Leinen

Mit dieser historischen Bilanz legt Küng ein grundlegendes Werk
vor, das in seiner umfassenden Darstellung des christlichen
Denkweges durch die Jahrtausende und seinem Bezug zur Gegenwart
eine neue Ebene der Diskussion erreicht. Wer immer sich an
dieser Diskussion beteiligen will, sei es als Christ oder Atheist, als
Historiker oder Philosoph – er wird an diesem Buch
nicht vorbeikommen.

Das Judentum
Die religiöse Situation der Zeit
907 Seiten mit zahlreichen Graphiken. Leinen

In seiner einzigartigen Verbindung von Darstellung und Deutung
wird dieses Buch für Christen und Juden gleichermaßen
neue Zugänge zur Religion eröffnen.

Große christliche Denker
287 Seiten. Geb.

In diesem Buch verbinden sich Zeitgeschichte, Biographie,
Werkgeschichte, Darstellung der Theologie und ihre Kritik auf
eine Weise, wie das nur Hans Küng vermag.

PIPER

834 Seiten. Leinen

»Wer vieles richtig erfahren möchte, der findet hier eine großartige Lektüre. Da werden die bedeutenden Theologen Adolf von Harnack, Karl Barth, Rudolf Bultmann in ihren Grundgedanken skizziert; man erfährt etwas über Lebenszusammenhänge, politische Implikationen und die Realität des Glaubenskampfes. Wir sehen die Kämpfer vor uns. Das alles wirkt erhellend – und ungeheuer spannend.«
Süddeutsche Zeitung

Karl-Josef Kuschel
Streit um Abraham

Was Juden, Moslems und Christen trennt –
und was sie eint
336 Seiten. Geb.

PIPER